日本語教育学研究 7

接触場面の言語学
母語話者・非母語話者から多言語話者へ

村岡英裕　サウクエン・ファン　高民定【編】

Linguistic studies of contact situations
From Native/Non-native Speakers to Multi-language Speakers

Linguistic studies of contact situations:
From Native/Non-native Speakers to Multi-language Speakers

First published 2016
Printed in Japan

All rights reserved
© Hidehiro Muraoka, Sau Kuen Fan, & Minjeong Ko, 2016

Coco Publishing Co., Ltd.

ISBN 978-4-904595-84-8

はじめに

　本書は「接触場面の言語学」に関心をもつ研究者、学生、教育者のために編まれた論文集である。接触場面とは、言語や文化背景の異なる人々が参加するインターアクションの場面を意味するが、それは言語間の境界、主流の社会や文化の周縁に由来をもちながら、今や広大な領域を占めるにいたった私たち現代人の活動の場を指す。

　接触場面研究は、当初、日本では日本語教育研究の中で拡がりを見せたが、21世紀に入り外国人住民が増えるにしたがい、彼らの言語とコミュニケーションの実態を捉え、言語問題を理解しようとする社会言語学者の一部にも拡がり始めている。おそらくそれぞれ別個ではあるが、多言語化の進行や多文化社会の到来に対する認識が共有されるようになってきた結果なのであろう。学問的な伝統に沿った問題関心から、私たちの現在を果敢に探ろうとする領域横断的な課題先行型の学問のあり方へと関心が移行するさまも、そこには垣間見ることができるのかもしれない。それぞれの理論的な出自はいろいろあるにしても、「接触場面の言語学」ともいうべき学際的な領域が必要とされるときが来ているように思われる。

　編者は学際的な領域としての接触場面の言語学が少なくとも次のような内容を共有するべきであると考えている。

　第1は、接触する人々の背景言語や文化の重要さは言うまでもないが、そうした言語や文化の体系に還元されることなく、接触の場を直接のフィールドとして重視すること。

　第2に、接触の場に参加する人びとの当事者の視点を重視すること。たとえば、接触場面の参加者を非母語話者と規定するのではなく、使用言語に対する参加者の意識を言語運用の重要な要素として取り上げるこ

と。言語マイノリティーとみなされる人々、長期に滞在して社会のメンバーとして参加する人々との接触を考えることは、日本語をふくめて複数の言語リソースを駆使する人について考えることを意味している。

第3に、発話、ディスコース、テキストなどのかたちで表出された言語的、周辺言語的、さらに非言語的なプロダクトに注目し、参加者間の相互作用（インターアクション）を取り上げると同時に、そうしたプロダクトや相互作用が生じるまでのプロセスに関心をもつこと。さらにプロダクトがその結果どのようなプロセスを生むかにも関心をもつこと。こうした関心をもつことにより、言語に対する私たちの潜在化された言語イデオロギー、流動的な規範意識、評価など、従来の言語学であまり取り上げられてこなかった現象もまた視野に入れていきたい。

最後に、接触場面に参加する人々の言語問題やコミュニケーション問題を明らかにし、これらの問題に対する解決方法や対処方法を考察すること。これらの問題は、ミクロなレベルの言語能力やコミュニケーション能力の習得問題からマクロなレベルの人的ネットワークや言語教育、さらには言語政策の問題まで幅広い。たとえば日本語教育は教室での教育を越えて社会的な役割にまで考察が拡げられてきたが、接触場面の言語学はそうした役割を体系的にとらえる枠組みを提供できるだろう。

以上のような接触場面の言語学を構想するときに、編者はまずそうした諸研究の一部が参照でき、これから研究を始めようとする読者の方々に参考になるような論文集が必要になると考えた。そこで1990年代後半からこれまで学会誌、報告書などで公表されてきた研究論文の中から、独自性が高く、具体的な場面性が強くて読みやすいと思われる論文を集め、論文集として出版することとした。結果としては上にあげたようなさまざまな研究の領域をカバーすることはできなかったし、言語管理に集中的に取り組んでいる論文もほとんど取り上げていない。ただし、とりあえずは「接触場面の言語学」の案内書としては最小限の目的は達せられたのではないかと考えている。

本書は全部で5部から構成されている。第1部では接触場面と言語問題研究の基礎的な概念を紹介するために新たに書き下ろした2論文を掲載した。第2部からは各研究論文を掲載した。第2部では接触場面に見

られる言語現象のうち、とくに言語プロダクトや談話の分析に焦点を当てた3論文、第3部では接触場面の3つの類型にそれぞれ相当すると思われる3論文を掲載した。第4部では接触場面の問題に至るプロセスを分析している3論文を取り上げた。第5部ではグローバル時代の接触場面の特徴を捉えようとした4論文を掲載した。最後に接触場面研究の今後の課題を考察した。なお、すでに書籍の形で出版されたり、比較的最近発表された論文は、掲載の基準から外してある。また、言語管理研究の趣が強い論文も、本書のような入門書には不適切と考え、ほとんど掲載していない。本書を一読され、関心をもたれた読者の方々にはそうした文献にも手をのばしていただくようお願いしたい。

*

　本書は2010年秋にココ出版の吉峰、田中両氏に企画を打診したところから始まる。論文執筆者への掲載依頼を行い、修正論文が集まったのが2011年2月末であった。そして3.11の大震災が起きた。未曾有の困難を目のあたりにして、編者はこれまでのささやかな学問的な営みや本書の企画にどのような意味があるのかと考えざるを得なかった。とりあえずホームページやブログに外国人のための地震情報を掲載し、近くの被災地で外国人住民への聞き取り調査を始めたが、答えは私たち編者の胸に自ずとやってきた。
　震災直後、多くの外国人が帰国手続きをとり、また海外から来日する予定だった人々も中止を余儀なくされた。本書の読者の多くが関わりをもっている日本語教育にも影響が大きかった。しかし、じつは日本にとどまることを自ら選択したり、とどまらざるをえなかった外国人のほうが圧倒的に多かったのである。私たちはこの事実を記憶しておくべきであろう。日本にとどまった多くの外国人とともにこの社会は成り立っており、そうした社会の現在と将来を探求することこそが接触場面の言語学の目的なのである。
　本書を準備する過程で、直接間接に多くの方々のお世話になった。論文それぞれの初出先の学会や研究機関からは日本では先例の少ない本書のような企画に対して快諾を頂くことができた。執筆者の皆様にはお忙

しい中、論文の修正に時間をかけていただき本当に感謝している。また編集作業をしてくださった庄山健一氏の補助がなければ編集作業はさらに時間がかかっていたものと思われる。改めて謝意を表したい。言語管理研究会をこれまで支えて下さった方々や学生の皆さんにもお礼を申し上げたい。

　最後に、編者三人の共通の指導教官であった故J. V. ネウストプニー先生に感謝を捧げたい。これまで先生の博識と深い洞察を仰ぎ見るだけであり、いまもなお学問が足りないと恐縮するばかりだが、本書により少しでも恩返しができればと思う。

編者一同

目次

はじめに………iii

第1部 | 接触場面研究とは何か………1

第1章 接触場面研究のパラダイム
村岡英裕………3

第2章 接触場面における言語問題と問題分析
高民定………19

第2部 | 接触場面とディスコース………37

第3章 接触場面における日本語のフォリナー・トーク
非言語行動を含めた特徴と話者によるバリエーション
御舘久里恵………39

第4章 母語話者による場面に応じたスピーチスタイルの使い分け
母語場面と接触場面の相違
伊集院郁子………61

第5章 中日接触場面の話題転換
中国語母語話者に注目して
楊虹………89

第3部 | 接触場面のタイポロジー………109

第6章 チューター場面における言語管理
チューターの言語管理プロセスを中心に
吉田千春………111

第7章 非母語話者同士の日本語会話における言語問題
【追記：第三者言語接触場面研究の意義と今後の課題】
サウクエン・ファン………131

第8章 共通言語接触場面における帰国生の挨拶行動
榊原佳苗………157

第4部 | 接触場面とプロセス………183

 第9章 接触場面における不一致応答
   中国人学習者と日本語母語話者の相違
    王玉明………185

 第10章 接触場面における勧誘談話の分析
   勧誘者によるシグナル判定をもとに
    武田加奈子………209

 第11章 韓国人超上級日本語話者の言語管理
   事前調整を中心として
    キム キョンソン………241

第5部 | 接触場面の変容………261

 第12章 多言語使用者の言語管理を考える
   多言語社会であるマレーシアでの言語選択の例から
    石田由美子………263

 第13章 接触場面の接触性 (contactedness)
   海外在住日本人参加者の意識する接触性
    舛見蘇弘美………289

 第14章 「参加者」の視点から考える
   「接触場面の変容」と言語管理
   日本の韓国人居住者の
   接触場面の参加に関するケーススタディー
    高民定………317

 第15章 接触場面に向かう言語管理
   多言語使用者の会話におけるfootingと
   言語バイオグラフィーによる分析
    村岡英裕………339

終わりにかえて これからの接触場面研究を考えるために
 サウクエン・ファン………365

索引………371

編著者紹介………375

第 1 部 接触場面研究とは何か

第1部では接触場面研究の現状を理解してもらうために、接触場面研究が生まれた背景や主な問題意識、中心課題について、主要な文献や事例研究をもとに概説を行った。

　第1章では、接触場面研究のパラダイムについて、参加者の視点、場面の構成要素、外来性のキーワードを中心に接触場面研究のためのフレームワークを紹介している。また、グローバル化時代に向けて、今後の接触場面研究に必要な視点を取り上げ、その重要性を指摘している。第2章では、接触場面の言語問題に注目し、接触場面研究における問題の捉え方をはじめ、問題のタイプ、また、その問題分析に有効な枠組みとして言語管理理論を使った問題分析の例を紹介している。それにより、今後の接触場面研究における問題分析の可能性と課題を指摘した。

　社会のグローバル化に伴い、異文化との向き合い方や、付き合い方に対する「変容」や「多様性」を考えることが求められている今日、個人や社会の現状を限りなく取り上げ、そこでの言語問題を考えていくことは接触場面研究に与えられた重要な課題であろう。　　　　　　（高）

第1章　接触場面研究のパラダイム

村岡英裕

1　はじめに

　接触場面研究は広く捉えるならばグローバル化のすすむ世界の住民として、わたしたちはどのように異文化と向き合うかを考える学問である。接触場面研究は、異文化を自文化と対立するものとして捉えることをせず、あらゆる文化が多文化化しているということを前提にしている。日本、韓国、北米、南アジア、オセアニア、ヨーロッパなどの内部に多様な民族や文化があり、マジョリティもいればマイノリティもいるが、重要なことはどちらの側の人々も多様な文化や言語を採り入れているということであり、わたしたちは多文化な存在として、また多言語の使い手として、グローバル化がすすむ世界に参加していると言える（cf. 住原他 2001）。

　多文化な存在、多言語の使い手としてのわたしたちは、文化内の差異の中で自分自身の位置づけを探っているが、文化間の大きな差異に直面する中では自分自身の変容もまた経験する。自分が変容するだけでなく相手に対しても影響を与えている。つまり、接触することによって自文化を見つめ直し再構成しようとするし、相手文化の一部を採り入れようとするだろう。そのプロセスを経ることで、新しい文化が相手との関係の中に構築されていく。

　以上のような異文化との向かい合いはさまざまな枠組や視点から考察することが可能である。文化変容、雑種、ハイブリッド、クレオール文化など、文化そのものについて多文化接触の結果から考察することもできるし、そのおおもとにある接触場面の対人コミュニケーションや言語

行動のプロセスから、異文化理解の可能性や異文化に対する対応の仕方を学ぶことも可能である（cf. 伊佐2007）。

本章では、20世紀の人の移動に触発され活発に研究されてきた言語接触論（cf. Weireich 1952, Haugen 1956）を養分としながら、そこから離陸し、ハイムズ（Hymes 1972）のコミュニケーション理論と相携えるようにしてあらたなパラダイムを構築してきたNeustupný（1973, 1985a, 1985b, 1994, 2005）、Jernudd & Neustupný（1987）などの接触場面と言語管理に関する諸研究、また彼らの同僚や学生であった研究者の論文などをもとに、接触場面研究のパラダイムを考察する[1]。

よく言われるように、言語接触論は、移民言語をおもに対象としながら彼らの言語の変化、維持、摩滅とその要因を研究し、さらには言語転移、コード・スイッチング、借用、フォリナー・トークなど言語使用に見られる諸特徴を明らかにしてきた。ただし、言語接触論は言語体系の変化にもっぱら関心があり、変化の場そのもの、文法外のコミュニケーション、人為的な介入のプロセスなどにはほとんど注目していない。

接触場面研究は異文化に向き合うわたしたち自身が社会の参加者として、現在どこに立ち、これからどこに向かおうとしているのかを社会言語学的な基礎の上に探求していく学問である。

2 | 接触場面のパラダイム

接触場面研究はネウストプニーによる一連の言語研究に端を発している。接触場面（contact situations）という用語が初めて採用されたNeustupný (1985a)は、言語接触論との区別を宣言した重要な論文である。そこで接触場面は次のように提示されている。

> 場面の根本的な区別は、文化内と文化間である。文化内の場面は「母語 native」または「内的 internal」場面、文化間の場面は「外来 foreign」または「接触 contact」場面と呼ぶことができる。1つまたはそれ以上の場面の構成要素が当該の文化システムに外来であるとき、その場面のコミュニケーションは「母語」場面のそれとは本質的に異なるものになる。
> 　　　　　　　　　　　　　　　　　　　　　　（Neustupný 1985a: 44）

ご覧になってわかるように、接触場面という用語には、「場面」という概念が含まれている。これは言語研究において言語使用の「場」が重要であることを意味しており、ミクロな社会言語学や言語人類学に共通した関心概念であると言ってよい (cf. Hymes 1972, Gumperz 1982, Duranti 1997)。では、接触場面研究はこの「場」についてどのような見通しを持っているだろうか。本章では上の引用に含まれている、参加者の視点、場面の構成要素、外来要因を中心に、接触場面研究のアプローチを見ていくことにする。

2.1　参加者の視点

　参加者の視点は、外国語を用いたコミュニケーションに関する最初の考察、Neustupný（1974）から見られる。

> 外国語が一人ないし数人の参加者によって使用される場面は、その外国語を母語とする参加者にとって特別な場面として認められるということを外国語教授者は理解しなければならない。そこではコミュニケーション規則はしばしば修正され、また新しい規則が導入される。
> 　　　　　　　　　　　　　　　　　　　　　　　（Neustupný 1974: 18）

　当時外国語使用場面（foreign language use situation）と名付けられていた接触場面は、言語学的に認定できるというよりは、参加者が特別なものとして認めることによって成立することが指摘されている。それによって、例えば、母語話者にはまず外国人を日本語の初心者と上級者に分けてそれぞれに異なる規範を持って外国人に接するといった事象が起こることがある。非母語話者は外国語への文法的な切り替えだけにとどまらず、文法外コミュニケーション規則（非言語、エチケット、ネットワーク等）の切り替えの難しさを経験することになる[2]。

　言語接触論が言語体系の変化の要因を追求したのに対して、接触場面研究はその最初期からまずそうした変化の場に注目すると同時に、その場が参加者の言語に対する行動（behavior towards language）によって動かされていることに強い関心を持ったと言えるだろう。その研究の成果の一

部は、ネウストプニー（1982）や『日本語教育』45号（1981）の特集となって残されている。

2.2　場面の構成要素と基底規範

本節の冒頭に引用したNeustupný（1985a）では、上述の外国語使用場面の説明とは異なり、場面概念が理論的に提示される。もっとも重要な論点は場面がコミュニケーションの構成要素によって構築されているということだろうと思われる。蒲谷（2003）なども、敬語にまつわる待遇コミュニケーションを場面要素から考察しているが、場面要素が重要なのは敬語や待遇表現に限られるものではない。

場面は言語行為が行われる具体的なコミュニケーション場面（Hymes 1972）を指している。そこでは一定の参加者、時間と空間、機能等によって当該場面に特徴的な談話が生成され、支えられている。つまり、ハイムズの「コミュニケーション能力」[3]による適切な言語使用が可能になるような場面であり、コミュニケーションの諸要素によって言語行為のデフォルト（どのような言語行為が適切であり、どこまで許容されるか）が設定されるものとみなされている。場面ごとにデフォルトを設定するのに適用されるコミュニケーション要素の束は（基底）規範（base norm）と呼ばれる。

断っておかなければならないのは、「基底規範は常に固定されたものでも、1つの種類しかないわけでもな」く（ファン2010: 85）、コミュニケーションが開始されてからも参加者間で交渉される可能性があるということだ。私たちは友人との雑談、先生との面談、買い物の交渉など、その具体的な顔や場所を思い浮かべることでそうした場がどのようなデフォルトからできているか――その場での言葉遣い、態度、話題、非言語行動など――を思い浮かべることができる。同時にコミュニケーションの目的によってそうしたデフォルトから基底規範が修正される可能性があることもまた知っているわけである。

2.3　外来要因

こうしたデフォルトが成立している場面に、外来要因（foreign factors）が介在すると、適切さをつくりあげていたコミュニケーション要素の束

（規範）が、あるときは微妙に、あるときは劇的に変容してしまう。たとえば、日本人が外国人に話しかけられたとき、その人の青い眼を見ただけでうまく話せなくなることがある。また、ある人が「外国人と会っても普通にふるまう」と主張しても、すでにそこには〈普通にふるまおう〉とする意識が働いており、「普通のふるまい」のためのコミュニケーション要素の束が過度に強調されるだろうし、結果としてその言語行為は普通とは異なってしまう。一方、自分が外国人として見られる海外の場面を考えてみれば、内的場面の規範は適用が難しいのはもちろんのこと、海外の場面の規範も十分にわからないために、不確実性の中で言語を使わなければならないだろう。

いずれにしても参加者によって外来要因が認知された場面はもはやデフォルトの場面ではなくなる。デフォルトが成立しない状態に現れるのが借用、転移、切替であり、ピジン化、中間言語化、フォリナー・トークであるとすれば、そこにはデフォルトの場面とは異なる、独立した場面があると言ってよい。「場面の根本的な区別は、文化内と文化間である」とは、以上のような理論的な考察に基づいている。

接触場面をデフォルトのコミュニケーションが損なわれる状態と考えるならば、そこにはコミュニケーション上の多くの言語問題が出現することは容易に想像できる。次のリストは、稿者の所属する大学の短期留学生や私費留学生の自由記述式アンケートで報告された言語問題の一部である。もちろん言語問題は単に発話とその理解に係わるだけではなく、コミュニケーション上の問題も含めて考えなければならない。

- 日本人と話すときに、近すぎたのか、日本人は退きました。
- 日本人は声が小さくて、聞こえにくい。
- 誘われて飲みにいったら、最後に割り勘だときいて「えっ？」と思いました。
- ごはんの食べ方：初めてバイト先でご飯を食べました。ご飯をそのままテーブルにおいて食べたら、その食べ方は失礼だと聞いたとき。ご飯を味噌汁に入れてスプーンで食べたら、怪しい視線を受けた。
- 留学生の歓迎パーティーで話が盛り上がって友達ができたと喜ん

だのに、翌日キャンパスですれちがったときはその日本人は軽く会釈して通り過ぎてしまった。友達にはなれなかったのかとがっかりした。

こうした言語問題が生じた場合、言い換えれば内的場面の基底規範から見て不適切さが生じた場合には、次のような不適切さの原因と思われるものの除去や修正、また潜在化が試みられるだろう。

・自分や相手の発話の調整
・コミュニケーション自体の回避
・自信のない話題や発音、語彙、文法の回避
・内容や発話の簡略化、言い替え
・コード・スイッチング
・不適切さを評価しない（e.g. 相手の言い間違いを気にしない）
・相手の参加を支援する（e.g. 共感を示す、質問をする）

　また、デフォルトの規範が適用できないとみなされれば、参加者間の相互行為を通じて、あらたな基底規範がつくり出されるように努力する必要が出てくる。外国人が参加することから最初からデフォルトの規範を緩めるということはよく見られる[4]。また、基底規範を1つの言語コードに限らず二重規範とする場合もある。国際結婚の夫婦のコードの混交、バイリンガル家族の親子やメール交換で自分の得意な言語を選択して産出する場合、相手の文法外コミュニケーションの一部を採用する場合（e.g. 英語の接触場面で英語母語話者側もお辞儀や呼称「〜さん」を使用する）、などさまざまな言語に対する行動（behavior towards language）が企てられるわけだ[5]。

2.4　接触場面研究の3つの特徴

　Neustupný（1985a）によれば、接触場面研究は内的場面と接触場面の区別以外に、さらに3つのポイントによって研究の方向が定められている。
　第1は訂正（後に言語管理と言われる。詳細は第2章を参照のこと）であり、不

適切さを軽減するために実施される言語活動を研究の対象とすることを意味する。

　第2は言語使用の場、つまりディスコースに注目する。ただし、ここでは会話分析や談話分析が強調するコミュニケーションの表層に見られる言語の相互行為だけを扱うという意味ではない。むしろ逆で、たとえば訂正について見るときも、その言語プロダクト（e.g. 言い直し、聞き返し）だけではなく、そこにいたるプロセス、つまり表層には見えない訂正のきっかけ、相手や自分の言葉遣いに対する評価、訂正の回避、などに注目することが強調される[6]。

　第3は文法外コミュニケーション能力で、接触場面は3つの相互行為、つまり社会文化的、コミュニケーション的、言語的な相互行為から成っており、訂正のプロセスについても3つの面がどのように関連しあっているかに注目すべきであるとする[7]（Neustupný 1985a: 46–47）。この文法外コミュニケーションに関しては、先に引用したNeustupný（1973）でも、文法能力と切り離せない表裏一体のシステムであることが強調されており、場について考える上でも無視できない分析の対象であると言える。

3 ｜ 接触場面の類型

3.1　言語共同体と3種類の外来性

　ファンの一連の研究（cf. Fan 1994）によって提出された接触場面の類型は、接触場面研究をさらにつぎの段階に移行させた重要な理論である。すでに述べたように、接触場面は、外来性要因を引き金にして内的場面のデフォルトのコミュニケーションが損なわれる場面である。と同時に、そこにはデフォルトの基底規範のもとになる使用言語の母語話者が存在している（後に述べるように母語話者と非母語話者といった概念は望ましいものではないが、とりあえず説明の便宜のために利用する）。

　しかし、わたしたちが英語を使ってコミュニケーションをはかる相手は、英語母語話者ばかりではなく、英語非母語話者も少なくない。日本に住む外国人の場合でも、母語の異なる外国人同士が英語や日本語でコミュニケーションをとることは少しも珍しいことではない。また、日本語が流暢な日系の南米出身者と日本人の場面は内的場面と言えるだろう

か。基底規範の母語話者が参加していない場面は、グローバル化の進行する現在では少しも珍しくないし、参加者双方が基底規範の母語話者であっても内的場面とは言いにくい場面も考えられるだろう。

ファンは、これら接触場面のバリエーションを整理するために、言語共同体（speech community）を言語コード規則、社会言語規則、社会文化規則が共有されている参加者の場面と定義することから出発する[8]。そしてどれか1つでも共有されない場合を接触場面として捉え直す。引き金となる外来性にも、言語的外来性（e.g. 発音、文法の間違い）、社会言語的外来性（e.g. 挨拶システム、握手やお辞儀）、社会文化的外来性（e.g. 衣服、習慣）がありうることになり、基底規範となる言語コードが共有されていても、その他の外来性が引き金となって接触場面に移行する場合のあることが説明可能になるわけだ。

3.2 接触場面の3類型

以上の考察を前提にするとき、どのような接触場面の類型が考えられるだろうか。いくつもの可能性がありそうだが、その場面の基底規範と参加者の関係を軸とすることがもっとも接触場面を統合的に理解できるように思われる。つまり、基底規範となる言語コードはだれのデフォルトなのかという観点と、基底規範を共有してもなおその他の外来性要因によって接触場面に移行するかどうかという観点である。以下に、簡単に接触場面の3類型を紹介する。

（1）相手言語接触場面（Partner language contact situation）

使用言語の基底規範が参加者のどちらかに属していると考えられる場合である。例えば英語母語話者と日本語母語話者が参加して、英語ないし日本語が使用言語となる場合に、その場面を相手言語接触場面と呼ぶ。この場面で重要なことは、言語能力に大きな不均衡が生まれるということである。場面の基底規範を持つ側は、権力をふるうのではなくて、相手を支援してコミュニケーションがうまく続けられるようにする言語ホストの役割を担う傾向がある。フォリナー・トーク、積極的な話題提供や質問などは言語ホストの行動として理解される。相手もまた、ホスト側の能力をみとめて、支援を求める言語ゲストの立場に立つこと

になる。

（2）第三者言語接触場面（Third-party language contact situation）
　使用言語の基底規範が参加者のどちらにも属していないと考えられる場合である。つまり、どちらにとっても母語ではない第三者の言語を使用言語とする場合で、日本人ビジネスマンと中国人ビジネスマンが交渉を英語で行うとすれば、それは第三者言語接触場面とみなすことができる。この場合には、使用言語についての能力の差は相対的になるため、参加者は自分をホストやゲストとしてみなさないようにする傾向がある。また、母語話者がいないために、想定される基底規範を厳格に使わなくてもよく、例えば日本語を使用言語とする場合でも敬語は簡略化されるなど、母語話者の規範から外れた言語に対する行動が見られる。

（3）共通言語接触場面（Cognate language contact situation）
　基底規範となる言語コードは共有されているが、その他の外来性のために接触場面に移行する場合である。イギリス英語とアメリカ英語のように参加者はそれぞれの母語である英語の変種を使ってコミュニケーションをすることが可能であるが、その他の規則が共有されていないために、かえってコミュニケーションにおいて誤解や支障が生じやすく、表層化されないさまざまな言語に対する行動が見られる[9]。

3.3　接触場面のバリエーション

　当然のことながら、実際の場面にはさまざまなバリエーションが存在する。たとえば、第三者言語接触場面でどちらも使用言語の母語話者ではないと言っても、その言語能力に大きな差があれば、そこには言語ホストと言語ゲストに似た関係が生じることはありうる。しかし、その役割の果たし方は控えめであり、興味深いことに言語ゲスト側の参加者もまた相手に対して言い換えや他者調整を行っていることが報告されている（春口2003）。
　また、相手言語接触場面の基底規範の母語話者であっても、相手のほうが社会的に上位である場合や、相手文化への収束的なアコモデーションが強い場合には、相手のコミュニケーション・スタイルや文化に合わ

せて、自分は言語ホストとしてふるまわないことも起こる（Fan 2009）。これは端的に、社会文化的な要素がコミュニケーションに強く作用した結果と言えよう。

　高・村岡（2009）は、日本に住む中国朝鮮族の多言語話者が韓国人との出会いにおいて、中国朝鮮語と韓国語での共通言語接触場面が可能なのにもかかわらず、事情がゆるす限り、どちらにとっても第三者言語である日本語を基底規範として選択する傾向が強いことを報告している。ここにも社会的、言語的な序列（権力関係）がコミュニケーションに強く働いている様子が観察できるが、同時に彼らの言語選択からは、相手言語接触場面と共通言語接触場面を回避し、第三者言語接触場面を選ぼうとする意識もまた明瞭である。接触場面のバリエーションは確かに多様であるが、本節で紹介した3類型は、単に研究者による恣意的な分類ではなく、場面の参加者によって言語に対する行動を決める参照枠組になっていると言ってよいだろう。

　以上、接触場面研究のために欠かせない概念や要素を見てきた。最後の節ではグローバル化、多文化共生社会などと呼ばれる現代社会における接触場面にアプローチする上でとくに重要と思われる点を取り上げて、考察してみたい。

4　グローバル化時代の接触場面研究

4.1 「母語話者・非母語話者」を越えた参加者の視点

　母語話者・非母語話者の概念は、言語研究においては調査協力者を属性から統制する有効な道具である。本章でもこれまで場面の基底規範がだれのものかを論じる際に、「使用言語の母語話者」と説明してきた。たしかに接触場面においてある言語が選択されるとき、通常、その言語の母語話者の規範が基底規範として設定されると考えられる。

　ただし、参加者の視点を重視する立場から見れば、母語話者と非母語話者の概念がつねに有効とは限らないことにも注意が必要になる。とくに2つの点でこの概念を前提にしないことはさらなる研究につながる可能性がある。

　第1に基底規範の所有者が決まるに際しては、母語話者という属性を

持っているから自動的にその所有者の規範が基底規範になるということではない。ここでは日常的実践におけるカテゴリー化の作用（Sacks 1995）が働いており、参加者の一方が自分自身を選択された言語の共同体に属している「母語話者」であると認知し、他方からも「母語話者」であると認知されることによって、つまり「自然な属性」として相互認証されることによって基底規範の所属先が決まると考えられる。ここには「母語話者」のイデオロギーが基底規範の選択に作用するプロセスがあると想定され、参加者の「属性」がどのように決められていくかを研究する端緒があると言えよう。

第2に少数言語話者、多言語使用者、バイリンガル、移民とその二世、など複雑な言語、文化背景を持つ人びとが増えている現在では、どの言語が母語なのかという参加者の属性を問うことはますます難しくなっている。参加者が接触場面の使用言語との関係をどのように捉え、また相手にどのように捉えられるかについても考察が必要になるだろう。ファン（2010）は母語かどうかより「使用言語（接触言語、contact language）に対する参加者の帰属感が（管理の）基準になる」と指摘しているが（p.80）、母語話者ではない流暢な話し手が増えるにつれて、この基準は重要になっていくように思われる。

なお、接触場面研究において重要な言語ゲストと言語ホストの概念は、言語能力の差が大きい参加者間における参加の対等性を動機とする役割調整（村岡2003）として考えられるが、参加者を母語話者・非母語話者という固定的な属性概念ではなく交換可能な役割概念によって捉え直すことを目指したものである。したがって、母語話者・非母語話者という属性と同一視しないことが大切になる。同一視しないことによって、3.3でも述べたように、母語話者であっても言語ホストの役割を果たさない場合のような属性と役割が一致しない事例の観察が可能になる。また、第三者言語接触場面のように母語話者自体が存在しない場合、言語能力に相対的に差がある参加者がどのような役割を担うのか、といった考察もできるだろう。

4.2　習慣化された言語に対する行動

本章で説明してきたように接触場面を内的場面のデフォルトの規範が

損なわれる状態として考えるとき、接触場面＝非日常的、例外的とみなしてしまうかもしれない。内的場面で生活をしているホスト社会のメンバーにとっては、接触場面はまさにそのようなものとしてあるだろう。非日常的であり言語問題が頻発するとすれば、問題の解決をめざした「言語に対する行動」が現れるのも当然であり、研究の焦点もそこに置かれてきたと言える。

　他方で、外国人居住者の滞在が長期化していくに従って、接触場面への参加の多少にかかわらず、言語問題への対処の仕方には習慣的なパターンがうまれ、事前に問題を回避したり、問題化させないような管理を試みるようになることも次第に明らかになってきている。頻繁な接触が日常化している外国人であれば、自信のない話題を避けたり、べつな話題を提供したりすることは難しくない。また、接触が少ない場合には同国人ネットワークを形成し、ホスト社会とは最少限の表面的なコミュニケーションにとどめることもよくある。逆に意図的に外来性を表示して、ホスト社会側の基底規範を緩めさせようとする場合もある（村岡2006）。

　つまり、言語に対する行動は「言い直し」のように接触場面に参加したその場限りのものだけではなく、習慣化された言語に対する行動のストラテジー（e.g. 意見が違うときはあいづちを打つにとどめる）や原則（e.g. 日本人に対しては深い話をしないようにする）が確立されている場合があり、接触場面のコミュニケーションにはそうした予め決められた行動も含まれていると考えることができる。こうした行動がどのような社会文化的、社会言語的な相互行為から形成されているかを考えることは、グローバル化社会の行方を探るためにも大切なことのように思われる。

4.3　接触場面と権力作用

　4.1で触れたように基底規範の設定には「母語話者」のイデオロギーが介在している可能性がある。母語話者と非母語話者の二分法は意識するとしないとにかかわらず垂直的な社会関係を想起させる。

　多言語社会と移民言語を取り上げたBlommaert（2010: 12）は「社会の空間や場面に置かれる諸言語のリソースにはそれぞれ特定の指標的な価値がある」と述べて、言語が社会的に序列化されており、価値の違いがあ

ることを指摘している。つまり利用価値や流通価値が高く、文化的にも認められた言語は序列の上のほうに置かれ、そうではない言語は下のほうに位置づけられる。接触場面においても、基底規範をどのように設定し、またどのように問題を解決しようとするかという、言語に対する行動のプロセスには相手の言語や文化の価値を見積もったり序列化したりする微視的な権力作用についての視点も必要かもしれない（cf. 山田1999）。

社会言語学が本来そうであるように、接触場面研究も参加者の視点を重視する限り、透明で価値中立的な言語研究ではありえない。とくにホスト社会側に属する研究者にとっては忘れるべきではない視点であると思われる。

5 最後に

本章では接触場面のパラダイムとタイポロジー、そして接触場面研究の最近の課題を取り上げ、説明を試みた。

接触場面は今やあらゆるところに遍在している。とくに都市を活動の場とする多様な背景を持つ人びとを考えれば、内的場面と思われる場にすら、本章でふれたさまざまな局面が垣間見られるはずである。研究の課題を見つけるために必要なのは視点を少しだけ変えてみることだけである。

次章では接触場面研究の主な課題と分析の枠組について紹介することとする。

注　[1]　接触場面についての理論的紹介はすでにいくつも公表されている。例えば、ファン（2006, 2010）、村岡（2006, 2010）、加藤（2010）なども参考にしていただきたい。
　　[2]　Neustupný（1974）では、文法外コミュニケーションのシステムについて、母語システムのまま残る（文法は英語に切り替えるが、挨拶のシステムは母語であるドイツ語のシステムを使用する、等）、新しいシステムが発展する（日本語母語話者が英語では言語的なエチケット規則は存在しないと信じる、等）、統制を失ってゼロになる、など

[3]	周知のようにHymes（1972）はコミュニケーションの構成要素をSPEAKINGモデルによって説明している。状況設定（Setting）、参加者（Participant）、目的（Ends）、行為連続（Act sequence）、雰囲気（Key）、道具性（Instrumentalities）、規範（Norms）、ジャンル（Genre）。ネウストプニー（1982, 1995）は、点火、セッティング、参加者、内容、バラエティ、形（またはフレーム）、チャンネル、操作をあげている。
[4]	Neustupný（1985b）、フェアブラザー（2000）はこうしたリラックスした基底規範のことを接触規範と呼んでいる。
[5]	Neustupný（2005）、ファン（2010）、加藤（2010）ではこうした基底規範の類型を論じている。
[6]	接触場面研究では、言語接触論の1つのテーマである言語変化の要因は、エンドプロダクトとしての言語現象だけでなく、表層化されにくいコミュニケーションのプロセスから見ていくことで明らかになる可能性があると考えている。
[7]	この論文では、ビジネスが順調にすすんでいるという社会経済的な相互行為によって、異文化コミュニケーションの問題が潜在化することを指摘した研究などが紹介されている。
[8]	Hymes（1972）では言語共同体は「少なくとも1つの言語変種を共有している共同体の集団」と定義しているが、後で述べるようにさまざまな定義がある。
[9]	Gumperz（1982）には、イギリス人とアメリカ人の夫婦のコミュニケーション・ギャップや、インド人とイギリス人の質問におけるイントネーションの違いによる誤解の例が示されている。

参考文献

Blommaert, J. (2010). *The sociolinguistics of globalization*. Cambridge: Cambridge University Press.

Duranti, A. (1997). *Linguistic anthropology*. Cambridge: Cambridge University Press.

フェアブラザー，リサ（2000）「言語管理モデルからインナーアクション管理モデルへ」村岡英裕（編）『接触場面の言語管理研究vol.1』（千葉大学大学院社会文化科学研究科研究プロジェクト報告書）pp.55–65．千葉大学大学院社会文化科学研究科

Fan, S. K. (1994). Contact situations and language management. *Multilingua*, 13(3), pp.237–252.

ファン，サウクエン（2006）「接触場面のタイポロジーと接触場面研

究の課題」国立国語研究所（編）『日本語教育の新たな文脈——学習環境、接触場面、コミュニケーションの多様性』pp.120–141．アルク

Fan, S. K. (2009). Host management of Japanese among young native users in contact situations. In Nekvapil, J. & Sherman, T. (Eds.), *Language management in contact situations: Perspectives from three continents* (pp.99–121). Frankfurt: Peter Lang.

ファン，サウクエン（2010）「異文化接触——接触場面と言語」西原鈴子（編）『シリーズ朝倉〈言語の可能性〉8　言語と社会・教育』pp.75–99．朝倉書店

Gumperz, J. (1982). *Discourse strategies*. Cambridge: Cambridge University Press.

春口淳一（2003）「言語ホストとしての上級学習者の自己調整参加調整ストラテジー——第三者言語接触場面における会話参加の一考察」『千葉大学日本文化論叢』5, pp.73-86.　千葉大学文学部日本文化学会

Haugen, E. (1956). *Bilingualism in the Americas*. Alabama: American Dialectal Society.

Hymes, D. (1972). Models of the interaction of language and social life. In Gumperz, J. & Hymes, D. (Eds.), *Directions in sociolinguistics* (pp.35–71). New York: Holt, Rinehart and Winston.

伊佐雅子（2007）『多文化社会と異文化コミュニケーション』三修社

Jernudd, B. H. & Neustupný, J. V. (1987). Language planning: For whom? In Lafarge, L. (Ed.), *Proceedings of the international colloquium on language planning* (pp.71–84). Ottawa: Les Presses de l'Universite Laval.

蒲谷宏（2003）「「待遇コミュニケーション教育」の構想」『講座日本語教育』39.　早稲田大学日本語研究教育センター（http://www.gsjal.jp/kabaya/tc2.html）

加藤好崇（2010）『異文化接触場面のインターアクション——日本語母語話者と日本語非母語話者のインターアクション規範』東海大学出版会

高民定・村岡英裕（2009）「日本に住む中国朝鮮族の多言語使用の管理——コードスイッチングにおける留意された逸脱の分析」『言語政策』5, pp.43–60.

Neustupný, J.V. (1973). An outline of a theory of language problems (First draft). Paper prepared for the section Language Planning, VIIIth World Congress of Sociology, Toronto, August 16–24, 1974.

Neustupný, J. V. (1974). Sociolinguistics and the language teacher. *Linguistic*

Communications, 12, pp.1–24.
ネウストプニー，J. V.（1981）「外国人の日本語の実態（1）外国人場面の研究と日本語教育」『日本語教育』45, pp.30–40.
ネウストプニー，J. V.（1982）『外国人とのコミュニケーション』岩波新書
Neustupný, J. V. (1985a). Problems in Australian-Japanese contact situations. In Pride, J. B. (Ed.), *Cross-cultural encounters: Communication and mis-communication* (pp.44–64). Melbourne: River Seine.
Neustupný, J. V. (1985b). Language norms in Australian-Japanese contact situations. In Clyne, G. M. (Ed.), *Australia, meeting place of languages* (pp.161–170). Canberra: Pacific Linguistics.
Neustupný, J. V. (1994). Problems of English contact discourse and language planning. In Kandiah, T. & Kwan-Terry, J. (Eds.), *English and language planning: A Southeast Asian contribution* (pp.50–69). Singapore: Times Academic Press.
ネウストプニー，J. V.（1995）『新しい日本語教育のために』大修館書店
Neustupný, J. V. (2005). Foreigners and the Japanese in contact situations: Evaluation of norm deviations. *International Journal of the Sociology of Language*, 175–176, pp.307–323.
村岡英裕（2003）「アクティビティと学習者の参加――接触場面に基づく日本語教育アプローチのために」宮崎里司・マリオット，H.（編）『接触場面と日本語教育――ネウストプニーのインパクト』pp.245-260. 明治書院
村岡英裕（2006）「接触場面における社会文化管理プロセス――異文化の中で暮らすとはどのようなことか」国立国語研究所（編）『日本語教育の新たな文脈――学習環境、接触場面、コミュニケーションの多様性』pp.172–194. アルク
村岡英裕（2010）「接触場面のコミュニケーション――日本に住む外国人の言語管理を通してみた言語問題の所在」『日本語学　臨時増刊号　言語接触の世界』29(14), pp.153–169.
Sacks, H. (1995). *Lectures on Conversation*. (Jefferson, G. & Schegloff, E. A. eds.) New edition. Wiley-Blacwell.
住原則也・芹沢知広・箭内匡（2001）『異文化の学びかた・描きかた――なぜ、どのように研究するのか』世界思想社
山田富秋（1999）「エスノメソドロジーから見た"言語問題"」『社会言語科学』2(1), pp.59–69.
Weinreich, U. (1952). *Languages in contact*. The Hague: Mouton.

第2章 接触場面における言語問題と問題分析

高民定

1 はじめに

　文化間のコミュニケーション場面を表す基礎概念として「接触場面」（contact situation）（Neustupný 1985a, ネウストプニー 1995a）が取り上げられて以来、その接触場面をめぐってはさまざまな言語現象が指摘されてきた（Asaoka 1987, 尾崎 1993, Fan 1994, Fairbrother 2000, 村岡 2006b, 武田 2004 など）。特に接触場面における言語問題は、その問題の現れ方（種類と頻度など）が文化内のコミュニケーション場面（以下内的場面（internal situation））と実質的に異なるとして注目されてきた。また接触場面では問題処理のための調整過程においても内的場面とは異なる規範の適用や調整行動が見られるとされる（Neustupný 1985a, 1985b）。
　本章では第1章での接触場面のパラダイムの考察を踏まえ、接触場面の特徴に深く関わる「言語問題」[1]と「問題分析」について考える。まず、接触場面の先行研究を基に、接触場面において「言語問題」はどのように捉えられるかを考察する。次に、接触場面の参加者の問題処理の過程における特徴と、その問題分析の理論的枠組みとして注目されている「言語管理理論」について、実際の日本語の接触場面の問題分析例を取り上げながら考察する。それを基に接触場面における問題分析の可能性と今後の課題を考えていきたい。

2 接触場面における「言語問題」とは

2.1 どのように「問題」を見るのか

　接触場面は異なる言語（文化）体系が接触するものであるが、そこには接触による新たな言語現象が起こるだけではなく、人々の接触に伴うインターアクションも絶えず行われる。接触場面のインターアクションにおいてはその場に存在するコミュニケーション体系の1つが「基底規範」[2]として用いられる（Neustupný 1985b）。接触場面では参加者はその場の基底規範に基づき、インターアクションを生成することになるが、時には不適切なインターアクションを生成することもあり、そこに言語問題が現れる。

　接触場面における言語問題の分析モデルとして知られる「言語管理理論」（Language Management）（Jernudd & Neustupný 1987, ネウストプニー 1995b）では、典型的な言語問題はこの基底規範からの逸脱から始まるとされ、逸脱の主な要因としてその場面に存在する「外来性」（foreign factors）[3]をあげている（Neustupný 1985a）。ただし、接触場面に外来性があるだけでそれがそのまま言語問題になるわけではない。参加者がその外来性に気付き、逸脱として留意しなければならない。しかし、接触場面における逸脱の多くは参加者に気付かれず、いわゆる潜在化した逸脱も少なくない。明らかなルール違反があってもそれをその場面の参加者が「不適切」であると認識しない限り、そのルール違反は少なくともその場の当事者の言語問題にはならないことが多い。ネウストプニー（1997: 9）は、このように参加者によって留意されない逸脱について、研究者の問題カテゴリーにはあるものの、その場にいる参加者の中には問題として存在しないので、「問題」であるとは言いにくいと指摘している。このような問題の捉え方は、従来の異文化間コミュニケーション研究や第二言語習得研究などの関連研究分野では見られなかった視点で、そこには言語問題を誰の立場から見るのか、また問題のどこに注目するのかといった視点が反映されていると言える。

　では、接触場面にはどのような言語問題が想定され、また実際起きているだろうか。いろいろなレベルの言語問題が考えられるが、実質行動

というインターアクションを基にして考えると、接触場面における言語問題は、言語行動やコミュニケーション行動を含む「インターアクション」において問題が生じることを意味する。インターアクションは文法能力（言語能力）、文法外コミュニケーション能力（社会言語能力）、社会文化能力によって実現される。そして、これらの能力の基礎になっているのがそれぞれの能力に関わる規範（言語規範、社会言語規範、社会文化規範）である。例えば、接触場面の基底規範の1つである言語規範の習得が不十分である場合、文の生成をはじめ、ディスコースを伴う言語行動に問題が生じることが考えられる。

　一方、接触場面に現れた言語問題は参加者によって解決のために何らかの調整行動が取られるが、すべての言語問題が解決されるのではなく、当然解決されない問題もある。つまり、取り除けない言語問題もあるということである。例えば、外国人のリテラシー問題（金子2002）をはじめ、外国人訛り、社会言語行動の一部などは解決できない問題とされている（村岡2006a: 109）。村岡（2006a）はこうした解決できない問題について、それは接触場面だけではなく、内的場面にもある普遍的な社会的特質であるとし、それについては2つの態度を取ることが可能であると指摘している。1つは解決できない問題を軽くするストラテジーを考察すること（ネウストプニー 1995b）であり、もう1つは解決できない問題を潜在化するストラテジーを考察することである。前者については、ファン（2010）などでも指摘しているように、参加者がいかに問題を認識しているのか、また取り除けない問題の負担をどのようにして軽くするのか考えることが重要である。後者については当面の問題よりインターアクションのゴールを重視することによって言語問題を潜在化させる、あるいは問題を、いかにインターアクションを促進するためのリソースとして利用するかを考えることである（村岡2006a）。こうした考え方は接触場面の「問題分析」のゴールを考える上でも重要な点を示唆していると言えよう。

2.2　「問題」のどこに注目するか
2.2.1　「問題」の背景にある規範
　我々はあるコミュニケーション場面への参加やそこでのコミュニケー

ション行動のために複数の規範を身に付け、運用している。接触場面も同様で参加者はある言語のコミュニケーション行動において必要な複数の規範を持ち、接触場面に参加している。しかし、参加者の持つ規範はあるコミュニケーション場面においてすべて使用されるとは限らない。コミュニケーション場面ではそこでの発話行為がコミュニケーションの目的や相手、内容などの場面要素によって制約されるようにその場において選択されない規範もある（ファン2010: 89）。その場に求められる複数の規範の中から具体的にどの規範を優先して選択し、どのように使用するかは参加者自身によるところが大きいと考えられる。つまり、参加者自身が意識的にあるいは無意識的に規範の選択や使用を調整する場合があるということである。それに規範が使用される場面が接触場面となれば、他にも接触場面の場面的な性質や参加者の持つ性質が規範の選択に複雑に影響すると考えられる。場面による規範の適用については、例えば、接触場面では参加者が接触場面であることを意識し、内的場面であれば顕在化しない言語規範（e.g 文法的な間違い）を顕在化し、相手のコミュニケーションに留意することが考えられる。またその逆もあり、内的場面であれば顕在化することの多い言語規範、例えば、発音や語彙選択などが接触場面であることで潜在化し、問題にされなくなることがある。参加者の持つ性質による規範の適用については、Neustupný（1985b）は接触場面における規範のバリエーションに言及する中で、外国人参加者（非母語話者）の規範と母語話者の規範には違いがあるとし、外国人参加者の規範の特徴について以下の4つをあげている。

① 規範の不完全さ：言語規範の不完全な習得による不適切な言語使用は母語話者に否定的に評価されることが多い。
② 規範の代替性（中間言語規範）：必要とする規範をすべて習得していない場合、限られた規範を使い、効率よくコミュニケーションを行っていくためにすでに習得した規範を適合させたり、新たな規範を作ったりする。
③ 借用、母語からの干渉：参加者の母語規範を言語行動の生成に使ったり、母語話者の言語行動を評価するために利用したりする。
④ 規範の厳格さ：基底規範を厳格なものとして捉える意識が強く、場

面に応じて規範を調整するストラテジーが不足する。

(Neustupný 1985b: 163–165)

　非母語話者は接触場面においてこれらの参加者自身の属性による規範に制約されながら、インターアクションを行っていると考えられるし、それが時には接触場面の言語問題にもなると言える。
　以上、「問題」の背景に関わる規範の捉え方や使われ方について見てみた。接触場面の言語問題を考えるには、そこに参加者のどのような規範の選択や調整があったのかを見ることが重要であると言えよう。

2.2.2 「問題」のプロセス

　接触場面研究ではその場面で起こっているインターアクションや言語問題のプロセスを理解することに焦点を当てている（Neustupný 1985b）。つまり、プロダクトとしての言語行動を考察することとは別に、ディスコースの中でのプロセスとしての言語行動に関心があると言える。特に言語問題のプロセスは問題が起こってからの調整プロセスだけを見るのではなく、問題が現れる以前のプロセスにまで注目し、潜在化する言語問題までを広く捉えようとしている。前者では接触場面の参加者がどのような規範の適用によって問題に留意し、評価しているのかに関する調整プロセスがうかがえる。例えば、談話に現れる言い直しや、話題の切り替え、非言語行動などがどのような問題の留意による調整だったのかが問題のプロセスを見ることで分かるようになる。後者のプロセスからは参加者の問題に対する事前の留意やそれによる問題処理としての「回避」の様子がうかがえる。中でも後者のプロセスに注目することは、「回避」の調整により生じる二次的な言語問題についても明らかにすることができる。例えば、フォーマルな討論の場面では、非母語話者はしばしば自分の言語的な間違いを気にし、できるだけ発言を控えるといった調整をとることがある。しかし、このような非母語話者の調整は、参加者の積極的な発言が求められる場面であるだけに他の参加から不適切な行為として、否定的な評価の対象になることがある。

3 どの時点で、どのように問題処理を行っているか

　接触場面では異なる規範を持った参加者による場面であることから、絶えず問題が起こり、参加者はその問題処理のための調整行動を頻繁に行う。ネウストプニー（1982, 1995a）は問題処理について接触場面の問題が参加者にどの時点で気付かれ処理されるかによって、①問題の予測、②問題が現れた時、③コミュニケーションが終わった後の3つに分けている。以下では3つの段階における問題処理の特徴について見ていく。

3.1　問題の予測

　接触場面の非母語話者の場合にはインターアクション能力が不十分なことから参加者が問題を事前に予測し、それを避けるための「事前調整」（pre-adjustment）がとられることが多い。いわゆる問題の「回避」がその代表的な調整であると言える。文法能力における事前調整の例としては、発音やある表現の回避などがあげられている。事前調整は問題が起こる前の処理であるため、ディスコースの表面には現れないことが多く、問題があったことに気付かれないことも少なくない。文法外コミュニケーション能力による事前調整の例としては、内容のルールによる問題を予測し、ある話題を回避したり、形のルールの問題を事前に予測し、スピーチスタイルを相手や場面に関係なく固定化するなどの処理が考えられる。社会文化能力における事前調整の例としては、ネットワーク作りの回避や限られた実質行動しか行わないという処理が考えられる。特に実質行動の回避は他の行動による問題までを目立たなくしてしまうので、二次的な言語問題に発展する可能性が高い。外国人問題の多くが表面化していないのも実質行動の回避が1つの原因であると考えられる。

　一方で事前調整は非母語話者だけではなく、母語話者によるものもある。外来性が認知された瞬間にコミュニケーション問題を予測し、フォリナー・トークに変える、あるいはコード・スイッチングをするといった行動が1つの例である。しかしながら、我々が把握している事前調整は参加者が行っている調整の一部に過ぎない。接触場面の参加者がどのようなインターアクションにおいて事前調整を行っているか、またその

時具体的にどのような回避（調整）ストラテジーが使用されているかをより広く調べていく必要があるだろう。

3.2　問題が現れた時

　コミュニケーションの途中に問題が現れた時の調整は「事中調整」(in-adjustment) と呼ばれる。それには、ためらいや言い直しなどの調整があり、大概は参加者の意識を伴う調整過程であることが多い。調整ストラテジーの使用によっては問題が現れる途中に潜在化してしまうこともある。さらに、外来語への切り替えや、メッセージを短くするといった言語行動における事中調整は相手から肯定的に評価されることもある。また、社会文化行動における問題の場合は、相手に情報を求めるといった事中調整がとられることが多いため、参加者は問題があることは認知しても特に否定的な評価まではしない場合もある。

3.3　コミュニケーションが終わった後

　外国人参加者の多くは問題の事前調整とともにコミュニケーションが終わった後からも問題に対する留意をすることが多い。これは「事後調整」(post-adjustment) とも呼ばれているが、問題にどの時点で気付くかによって問題への処理が十分に行われないまま、即ち事後調整を実行できないままの処理で終わってしまうことがある。コミュニケーションの終了の直後に問題があったことに気付ければ、問題処理のために聞き返したり、言い換えたり、非言語行動を付け加えたりする事後調整が可能である。しかし、問題に気付きながらもその問題の原因や処理方法が分からない場合は、問題の処理がなされないままになる。

　以上、接触場面に現れる問題がどの時点で、どのように処理されているかを見てみた。これらの問題の処理過程からもやはりプロセスとしての問題に注目することがいかに重要であるかが分かる。

4 ｜ 接触場面における問題分析

　接触場面ではプロダクト分析とは別に、問題の認知から始まる一連の

問題処理の過程を分析することが求められており、こうした問題分析の視点を実際の接触場面の問題分析に生かしているのが「言語管理理論」である。接触場面研究ではインターアクションのプロセスに対する分析モデルの1つとして言語管理理論が使用されている（Neustupný1985a、ネウストプニー 1995b）。以下では、接触場面における問題分析の有効なモデルの1つとされる言語管理理論を取り上げ、そこでの問題分析の特徴やそのモデルを使った先行研究の例を見ていく。

4.1 言語管理理論による問題分析モデル──管理プロセス

言語管理理論では、抽象的な言語問題分析ではなく、談話などの「具体的なインターアクション行為」の中で言語問題を捉えようとする。そして、実際の問題分析のために以下の管理プロセスモデルを設定している。

〈管理プロセスの5段階〉
① 規範（norm）からの逸脱（deviation）の段階
② 留意（noting）の段階
③ 評価（evaluation）の段階
④ 調整（adjustment）の段階
⑤ 実施（implementation）の段階

上記の5段階の管理プロセスを簡単に説明すると、ある接触場面の参加者のインターアクションにおいて規範からの逸脱が生じると、その逸脱は参加者の誰かによって留意される場合とされない場合がある。留意された逸脱は参加者によって否定的または肯定的に評価され、さらに、否定的に評価された逸脱は参加者により調整計画が立てられ、実行される。

ただし、参加者により留意された逸脱は必ずしも上記の5段階のプロセスをたどるとは限らず、途中で終わることもある。つまり、否定的な評価や調整計画は途中で変更されることもあるということである。また、これらの管理プロセスはその場の状況や参加者などからもさまざまな影響を受けることが予想され、したがって、接触場面における管理プロセスもその時の場面や参加者によって異なる程度と形で現れると言える。ただし、問題の処理において、上記の一定の段階を踏むということ

だけは普遍的であると言えよう。以下では言語管理理論において述べられているそれぞれの段階の特徴や関係についてもう少し紹介する。

① 逸脱の留意：すべてが参加者によって留意されるわけではない。留意は必ずしも意識を意味しない。どの逸脱が留意されるか、あるいはされないのかを調査することは言語問題の目録を作成する上で重要であるとしている。
② 逸脱の評価：逸脱が留意されてもそれが必ずしも評価を伴うとは限らない。次の評価の段階に行かず、管理プロセスが終わってしまう場合もある。しかし、逸脱に対する積極的な評価は言語問題の調整や解決につながるとされる。
③ 逸脱の調整：参加者が必ずしも積極的に調整を行うとは限らない。調整計画があっても遂行しない場合もある。参加者が使用した調整ストラテジーをはじめ、規範との関係についても調べることが重要である。

また、調整においては問題の当事者である参加者が自分で調整を行う場合もあれば、他者による調整もある。言語管理理論ではそれぞれを「自己調整」と「他者調整」と呼んでいる。自己調整は特に非母語話者が自身の言語能力を心配し、事前調整を行ったり、あるいは母語話者が相手の言語能力や参加者の言語使用に合わせ、自身の言語使用を調整することがあげられる。他者調整では、母語話者が非母語話者の逸脱の調整を助けたり、また非母語話者同士の接触場面では非母語話者が相手の言語問題を調整することがあげられる（ファン1999）。

4.2　管理モデルによる接触場面の問題分析の例
（1）言語行動における言語問題と管理

接触場面における言語問題の中でもっとも代表的な問題として挙げられているのが非母語話者の言語行動における問題である。例えば、非母語話者が命題を形成したり、理解したりする能力がないことによる問題がそうであるが、Neustupný（1985a）はこの種の問題を命題的な逸脱（proposition deviance）とし、いわゆる文法能力（狭い意味の言語行動の生成に関

わる能力）の低さが要因になっていると指摘している。具体的には言いたいことや言うべきことが言えず、相手が言ったことが理解できない問題や、また発音の間違いや語彙の不適切な選択の問題などがそうである。では、これらの言語行動における問題は、接触場面の参加者によりどのように管理されているだろうか。加藤（2010）では次のように非母語話者の発音の間違いが母語話者によって管理される例を紹介している。

> K7：実際に外国人の<u>ハチュオン</u>（発音）を見れば、で、だいたいどの国っていうのが分かるんですか？　　　　　　　　（加藤 2010: 145）

　加藤（2010）によれば、ここでは非母語話者（K7）が「発音により国の違いが分かるか」という発話をしており、そこに音声的な逸脱が現れているという。これに対し、母語話者は拗音化した音声的逸脱（ハチュオン）を留意していたと報告している。また加藤（2010）は、このような音声的な逸脱は発話の理解を一時妨げることもあり、言語規範からの逸脱として相手に留意されやすいという。しかし、問題の解決が早ければ否定的な評価の段階までには管理が進まないとしている。言語行動における言語管理の例をもう1つ見てみよう。

　王（2010）は接触場面の非母語話者の人称詞の使用における問題を取り上げているが、そこでは次のような非母語話者による人称詞への留意と言い直しの調整が報告されている。

> C2：わたしははつか、ふたりとも北京ーだけど、かえるじかんはばらばら、
> J2：うんー、あそうなんだ、
> C2：うん、でも、おうき、<u>おうきさん</u>
> J2：うん、
> C2：うん、おうきさん、ほかのせんぱいは、上海で、でもかえるじかんもばらばらだからみんなじぶんでチケット、しらべるの。
> 　　　　　　　　　　　　　　　　　　　　　　　　（王 2010: 90）

　王（2010）によれば、会話の非母語話者（C2）は、会話に出てくる人物

について、普段は中国語の規範で「おうき」とフルネームで呼んでおり、中国人留学生の間でも日本語を使う時は中国語規範のままでフルネームを日本語音読みにして呼ぶことが多いという。そのため、非母語話者（C2）は日本人との接触場面においても普段の規範から「おうき」と呼び、その後逸脱に気付き、「おうきさん」と「さん」付けに言い直したという。さらに王はこのことについて「会話の相手が同じ中国人ではなく、しかも話題の人物と会話の相手は先輩と後輩の関係にあり、そのことに気付いた非母語話者が「おうきさん」と「さん」付けの人称詞に言い直した」と述べている（王2010: 90）。ここでは非母語話者の人称詞使用における言語管理がうかがえる。また高（2006, 2008）でも接触場面における非母語話者の受身表現の使用や、終助詞の使用において、参加者により否定的な評価の言語管理があったことを報告している。

従来の問題分析では、このような言語行動における問題は誤用としてただそこに問題があったことしか指摘されなかったが、管理プロセスモデルによる分析では、参加者が具体的にどのような言語行動の問題を認識し、どのような調整ストラテジーを使い、どのように問題の解決を図っているかの一連の問題処理過程を見ることができる。

(2) コミュニケーション行動における言語問題と管理

コミュニケーション行動における問題は、言語行動における問題よりコミュニケーションの成立に直接影響することが多く、参加者による言語管理も目立つ。例えば、コミュニケーションの構成要素やルール（Hymes 1972）に関わる問題をはじめ、会話参加の態度、話題選択、発話の丁寧さの問題、さらには、勧誘や断り、謝罪、感謝などの発話行為における適切な表現選択と態度表示の問題、非言語行動などの問題があげられる。例えば、非母語話者は誰かに情報を尋ねたり、何かを依頼する際、電話で話すよりは直接対面によるコミュニケーションを好む傾向がある。それには電話などの非対面式のチャンネルを使うことに自信がないこともあるが、問題が生じた際、電話では調整ストラテジーが限られ、また使用が難しいという理由も大きい。では、コミュニケーション行動では具体的にどのような言語管理が取り上げられているのか、社会言語規範に基づく管理の例を少し見てみよう。

G：あー、じゃあ私がー＊あー＊もうすぐドイツに帰るー、ので、＊
　　　　その前、ちょっと、一緒に食べましょう。
　　J：ご飯？あー、いいですよー。　　　　　　　　　（東條2009: 99）

　この例は非母語話者（G）の母語話者への勧誘の言い方が直接的過ぎたとして母語話者（J）に留意され、否定的に評価されたものである。東條（2009）では上記の例のやりとりをめぐって母語話者と非母語話者はそれぞれ異なった管理を行っていたことをフォローアップ・インタビューの調査を基に明らかにしている。東條によれば、非母語話者（G）は日本人を誘ったのが今回が初めてで、「一緒に〜しよう」は一番便利だと思ったので使ったという。それに対し、母語話者（J）は「「食べましょう」だと、すごくストレートな印象があり、相手が一緒に行くのが前提になっていて、非母語話者（G）はすごく行きたいのだと思った。なので、ちょっと違和感があった」と否定的な評価をしたという（東條2009: 99）。さらに東條は母語話者の管理について、「母語話者は非母語話者の勧誘の発話に対し、間接的に相手の意見を聞くという日本語の規範（ザトラウスキー1993）を適用していた可能性があり、それにより非母語話者の勧誘の言い方を逸脱として留意したと考えられる」と述べている。もう1つ、言語管理の例を見てみよう。ディサーナーヤカ（2008）はスリランカ人非母語話者の日本語での挨拶行動を調べているが、そこではスリランカ人非母語話者が初対面の日本人宅を訪問した際、持参したお土産をいつ、誰にどのように渡すかが分からず、帰りの際に渡していたことを紹介している。それに対し、母語話者は帰りにお土産を渡され、ビックリしたと留意があったことを報告している。日本では人の家を訪ねる際、お土産を持っていくことは人の家にお邪魔していることへの礼を非言語的に表す一種の社会言語規範となっている。またそのような非言語的な礼（お土産を渡す）は最初の挨拶行動とともに行われることが望ましいとされる。しかし、スリランカ人非母語話者の場合、お土産を持参するという日本の社会言語規範はうまく使えたものの、それをいつどのように開始するか（渡すか）に関わる規範については知識がなく、結局お土産を最後の別れの挨拶の時に渡すということで問題を解決している。このような例からは、非母語話者にとって、挨拶行動などの複数のコミュニケ

ーションルールを同時に使うことの難しさや、それに関する参加者の言語管理の一面がうかがえる。

(3) 社会文化行動における言語問題と管理

社会文化行動とは「日常生活の行動、経済、政治、思想行動など」の実質行動を指しており（ネウストプニー 1995a: 41）、これらの実質行動に問題があると、実質行動に伴うコミュニケーションもできなくなったりする。社会文化行動における管理はこのような実質行動において管理が行われることであるが、例えば、日本に居住する外国人は、日本の生活や社会的な環境などにおいて、自分の母文化の社会文化行動規範を参照しながら、接触する異文化要素を留意したり、評価することによりその異文化要素を受け入れたり、回避したりしている（村岡 2006b）。例えば、日本にいる外国人が日本の交通規則やマナー、サービス精神、お風呂文化などについて、自分の母文化の規範と比較し、肯定的に評価することは日本のテレビのインタビューなどでよく聞く。またその逆の評価もあるが、中でも日本でのネットワーク作りや交友関係の問題は、外国人参加者からよく指摘される社会文化行動の問題の1つである（田中 2000, 朴 2007）。次の村岡（2006b）の例は、日本の飲み会の時における親しい関係があとに続かないことを留学生から問題として指摘されたものである。

> オーストリア人 AM1 は短期留学生で、大学でスポーツ系のサークルに参加していた。インタビューの前日には飲み会があったが、参加せずに帰ってきた。というのも、AM1 はこれまで何回か飲み会に参加して、友達を作ろうと努力してきた。飲み会では日本人学生は打ち解けて、友達のようにつきあうことができた。しかし、せっかく友達ができたと思っても、次にキャンパスやサークルで会うと、以前と同じよそよそしい関係に戻ってしまうというのである。こうしたことが重なって、AM1 はしばらく飲み会やサークルから遠ざかっていたという。ただし、インタビューでこうした話をしながら、もしかしたら日本では友達ができるのに時間がかかるのかもしれないとも付け加えた。
>
> （村岡 2006b: 179）

村岡はこの外国人の留意について、「日本では飲み会は単に親睦のためにその場で盛り上がって楽しむ場として捉えられることが多く、友だちを作る機会としては考えられていない。しかも飲み会の場は非日常的であり、そこでの関係はその場に限られる傾向がある」と解釈している（村岡2006b: 179）。この例からは、留学生が日本の「飲み会」と呼ばれる交際の場に対し、自分が考えていたことと違うことを否定的に評価し、その後、日本の交際の場（飲み会やサークル）に参加しないようにするといった調整をしたこと、つまり言語管理を行っていることがうかがえる。
　一方、社会言語文化規範は、接触場面においては目標言語の文化への同化という問題があるため、社会文化規範の採用は他の規範の適用と違って個人差があり、個別に管理される可能性が高いとされる（加藤2010）。そのため、接触場面ではその場の基底規範となる社会文化規範からの逸脱が起こっても、参加者は自分の母文化規範に基づき、自身の逸脱を調整しない場合がある。また相手から留意されても調整までは行わないような管理をすることもある。

5 おわりに──管理モデルの課題と接触場面研究にむけて

　以上、管理モデルによる問題分析の例を見てみた。管理モデルは言語問題をめぐる参加者の意識や問題処理の過程を捉えるのに有効であることは言うまでもない。しかし、モデルによる問題分析が有効性を保つためには、その分析のデータとなる参加者のインターアクション時の意識に基づく裏付けが欠かせない。それを満たすための調査方法の考察は今後の接触場面研究の重要な課題の1つであるといえる。また管理プロセスのそれぞれの段階に見られる参加者の意識と行動が接触場面全体やインターアクション全体の管理にどうつながっているか、いわゆる個々の談話や発話におけるミクロレベルの管理と接触場面全体のマクロレベルの管理がどういう関係にあるのかについてもまだ明らかにされていないことが多い。さらに、異なる地域や社会、言語環境を持つ参加者による言語管理のバリエーション研究も今後の接触場面研究の重要な課題の1つであると言えよう。
　最後に、本章では接触場面の言語問題分析についてできるだけ広く捉え

ようとしたものの、一部の接触場面の問題や考察に留まっているところが多いことを記しておく。また先行研究への取り上げ方や考察においても不十分なところがあり、それらについてのすべての責任は筆者にある。

注　[1]　「言語問題」という用語は「言語管理」という言語学の分野において出現したものである。従来の言語問題の捉え方は「言語政策」と「言語計画」というマクロレベルの言語問題を対象にしていたのに対し、言語管理ではすべての言語問題はミクロな相互行為レベルにおける談話にその基礎があるとし、そこで生じる問題を扱おうとしている。また言語問題をコミュニケーション過程の中で考え、「言語」だけの問題としてではなく社会問題とのつながりで見ていこうとしている（Jernudd & Neustupný 1987, ネウストプニー 1995b）。本章での「言語問題」はこのような言語管理理の視点に従っており、接触場面の参加者の相互行為としてのインターアクションにおいて現れた問題とする。

　　　[2]　基底規範に関する詳しいことは第1章（2.2）の村岡氏の記述を参照されたい。

　　　[3]　Neustupný（1985a）は参加者の持つ外来性の特徴は接触場面のさまざまなコミュニケーション問題へと導くとしている。またファン（2006）では外来性の内容について、①言語的外来性（linguistic foreignness）、②社会言語的外来性（sociolinguistic foreignness）、③社会文化的外来性（sociocultural foreignness）を挙げており、外来性は研究者による判断ではなく、あくまで参加者自身の主観的な評価になるとしている（ファン 2006: 126）。「外来性」についてのより詳しいことは第1章の村岡氏の論文を参照されたい。

参考文献

Asaoka, T. (1987). Communication problems between Japanese and Australians at a dinner party. *Working Papers of the Japanese Studies Center*, 3, pp.1–35.

朴金秋（2007）『在日留学生のネットワーク構築に関する研究——中国・韓国・台湾の留学生の事例を中心に』博士論文（未公刊）桜美林大学大学院国際学研究科

ディサーナーヤカ，サジーワニー（2008）「家庭訪問における挨拶行動——日本語母語話者とシンハラ語母語話者の別れの場面の事例」村岡英裕（編）『言語生成と言語管理の学際的研究——接触

場面の言語管理研究 vol.6』(千葉大学大学院人文社会科学研究科研究プロジェクト報告書 198) pp.30–47. 千葉大学大学院人文社会科学研究科

Fairbrother, L. C. (2000). Analysis of intercultural interaction management within a party situation. *The Japanese Journal of Language in Society*, 2(2), 33-42.

Fan, S. K. (1994). Contact situations and language management. *Multilingua*, 13(3), pp.237–252.

ファン, サウクエン (1999)「非母語話者同士の日本語会話における言語問題」『社会言語科学』2(1), pp.37–48.

ファン, サウクエン (2006)「接触場面のタイポロジーと接触場面研究の課題」国立国語研究所（編）『日本語教育の新たな文脈——学習環境、接触場面、コミュニケーションの多様性』pp.120–141. アルク

ファン, サウクエン (2010)「異文化接触——接触場面と言語」西原鈴子（編）『シリーズ朝倉〈言語の可能性〉8 言語と社会・教育』pp.75-99. 朝倉書店

Hymes, D. (1972). Models of the interaction of language and social life. In Gumperz, J. & Hymes, D. (Eds.), *Directions in sociolinguistics* (pp.35–71). New York: Holt, Rinehart and Winston.

Jernudd, B. H. & Neustupný, J. V. (1987). Language planning: For whom? In Lafarge, L. (Ed.), *Proceedings of the international colloquium on language planning* (pp.71–84). Ottawa: Les Presses de l'Universite Laval.

金子信子 (2002)「日本語非母語話者の日常場面における文字接触と言語管理て——自己管理と他者管理」村岡英裕（編）『接触場面における言語管理プロセスについて——接触場面の言語管理研究 vol.2』(千葉大学大学院社会文化科学研究科研究プロジェクト報告書 38) pp.99–113. 千葉大学大学院社会文化科学研究科

加藤好崇 (2010)『異文化接触場面のインターアクション——日本語母語話者と日本語非母語話者のインターアクション規範』東海大学出版会

高民定 (2006)「文法能力の規範についての一考察——接触場面の受身の生成を中心に」村岡英裕（編）『多文化共生社会における言語管理——接触場面の言語管理研究 vol.4』(千葉大学大学院社会文化科学研究科研究プロジェクト報告書 129) pp.91–102. 千葉大学大学院社会文化科学研究科

高民定 (2008)「接触場面における終助詞の言語管理——非母語話者の終助詞「ね」と「よ」の使用を中心に」村岡英裕（編）『言語

生成と言語管理の学際的研究──接触場面の言語管理研究 vol.6』（千葉大学大学院人文社会科学研究科研究プロジェクト報告書 198）pp.97–112．千葉大学大学院人文社会科学研究科

村岡英裕（2006a）「接触場面における問題の類型──多文化共生社会における言語管理」村岡英裕（編）『多文化共生社会における言語管理──接触場面の言語管理研究 vol.4』（千葉大学大学院社会文化科学研究科研究プロジェクト報告書 129）pp.103–116．千葉大学大学院社会文化科学研究科

村岡英裕（2006b）「接触場面における社会文化管理プロセス──異文化の中で暮らすとはどのようなことか」国立国語研究所（編）『日本語教育の新たな文脈──学習環境、接触場面、コミュニケーションの多様性』pp.172–194．アルク

ネウストプニー，J. V.（1982）『外国人とのコミュニケーション』岩波書店

Neustupný, J. V. (1985a). Problems in Australian-Japanese contact situations. In Pride, J. B. (Ed.), *Cross-cultural encounters: Communication and mis-communication* (pp.44–64). Melbourne: River Seine.

Neustupný, J. V. (1985b). Language norms in Australian-Japanese contact situations. In Clyne, G. M. (Ed.), *Australia, meeting place of languages* (pp.161–170). Canberra: Pacific Linguistics.

ネウストプニー，J. V.（1995a）『新しい日本語教育のために』大修館書店

ネウストプニー，J. V.（1995b）「日本語教育と言語管理」『阪大日本語研究』7, pp.67–82.

ネウストプニー，J. V.（1997）「プロセスとしての習得研究」『阪大日本語研究』9, pp.1–15.

王冰菁（2010）「接触場面における中国人日本語非母語話者の人称詞の選択──社会的・心理的要因の分析」村岡英裕（編）『接触場面の変容と言語管理──接触場面の言語管理研究 vol.8』（千葉大学大学院人文社会科学研究科研究プロジェクト報告書 228）pp.79–94．千葉大学大学院人文社会科学研究科

尾崎明人（1993）「接触場面の訂正ストラテジ──「聞き返し」の発話交換をめぐって」『日本語教育』81, pp.19–30.

ザトラウスキー，ポリー（1993）『日本語の談話の構造分析──勧誘のストラテジーの考察』（日本語研究叢書5）くろしお出版

武田加奈子（2004）「接触場面における勧誘応答の分析──勧誘者が被勧誘者の応答を断りと判断する要素」村岡英裕（編）『接触場面の言語管理研究 vol.3』（千葉大学大学院社会文化科学研究科研究プロジェクト報告書 104）pp.35–54．千葉大学大学院社会文

科学研究科
田中共子（2000）『留学生のソーシャル・ネットワークとソーシャル・スキル』ナカニシヤ出版
東條友美（2009）「日本語学習者の勧誘談話行動」村岡英裕（編）『多文化接触場面の言語行動と言語管理――接触場面の言語管理研究 vol.7』（千葉大学大学院人文社会科学研究科研究プロジェクト報告書 218）pp.87–104．千葉大学大学院人文社会科学研究科

第2部 接触場面とディスコース

接触場面研究において「ディスコース」とは、参加者が経験するインターアクションの実際の相互行為を意味している。言うまでもなく相互行為にはそこに参加する人々の思惑、気づき（留意）、評価など意識に現れる現象から、結果として生み出される発話や交渉などの言語化された現象まで幅広く含まれている。第2部ではこうした相互行為のうち、言語化された談話から接触場面の特徴を取り出そうとする3論文を掲載した。

　談話に注目する研究は、周知のように会話分析はもちろん、社会言語学や第2言語習得論においても広く採用されてきており、それだけに研究の新たな視点やデータ収集の工夫がいっそう必要になる。御館論文では、実際の道聞き場面を調査し、非言語行動も含めることで、日本語のフォリナー・トークのパターンをみごとに浮かび上がらせた。伊集院論文では、時間的な経緯と参加者の意識的な操作に注目することで、スタイルシフトの変化をモデル化するところまですすめることに成功している。また楊論文は、話題転換の文化背景のちがいによるパターンと、具体的なストラテジーという、マクロとミクロの談話的な特徴から話題転換の問題を取り出している。

　なお、各論文とも何らかの「シフト」をめぐって論が展開されている。談話においてもっとも明瞭に観察できる対象であるとともに、そこに接触場面研究の重要な領域があると言ってよいだろう。　　　　　（村岡）

第3章 接触場面における日本語のフォリナー・トーク
非言語行動を含めた特徴と話者によるバリエーション[1]

御舘久里恵

1 はじめに

　非母語話者との接触場面において、母語話者は特有の調整をおこなうことが多く、このような調整は一般に「フォリナー・トーク」(以下「FT」)と呼ばれる。1960年代後半にこの用語を初めて用いたファーガソンによれば、FTは、「当該言語を十分に使用する能力を持たない(あるいはほとんど持たない)外国人に話しかけるために主に用いられる、特定のレジスター(言語使用域)」(Ferguson 1981)と定義される。

　このようにFTはレジスターのひとつとして位置づけられ、主に音声面(ポーズや強調)、語彙(借用やパラフレーズ)、統語構造(省略や順序変え)といった文レベルの調整について、その特徴の解明・記述が進められた。Snow et al. (1981) はそれまでの研究成果を概観し、外国人話者の誤用を真似たり、FTを使用しなかったりといった、様々なバリエーションがあることを指摘した。そしてこのようなバリエーションを生み出す要因として、外国人の社会的地位や言語能力、母語話者の性格やこれまでの外国人との接触経験、会話の性質などを挙げている。

　一方でLong (1981, 1983) は、インターアクションの調整(談話レベルの調整)に着目し、インターアクションの調整のほうが言語的な調整(文レベルの調整)よりも多く、一貫して観察されることを明らかにした。Long (1981, 1983) はインターアクションの調整のほうが非母語話者にとって理解可能なインプットになりやすく、さらにそれが習得を促進するのではないかということを示唆している。Long (1983) はインターアクションの調整を、会話に支障をきたさないための方策としての「ストラテジ

ー」、会話で生じた問題を修復するための「タクティクス」、ストラテジーとタクティクスの両方の機能をもつものとに分類したが、Ellis（1994）は後に前者を「談話管理」（トピックのコントロール、理解の確認など）、後者を「談話修復」（意味の交渉、誤用の訂正など）と名づけて特徴を整理した。

日本語のFTについては、ネウストプニー（1981）においてその特徴が仮説として記述され、スクータリデス（1981）において初めてその実在が明らかにされた。さらにその後も多くの研究がおこなわれている。志村（1989）はLongの分類にならい、日本語のFTの特徴を「言語学的修正（文レベルの修正）」と「相互交流的修正（談話レベルの修正）」とに分けて分析し、母語話者同士の場合に比べ、文法的に正しい文が多く使用されていること、談話レベルの修正のほうが量的に多いことを明らかにした。田部井（1992）は、トピック選択と誤解の対応という談話レベルの調整に焦点をあて、その特徴を分析している。ロング（1992）は自らおこなった道聞き場面でのデータと、スクータリデス（1981）のデータをもとに、日本語母語話者の対外国人行動の特徴をまとめている。さらに横山（1993）では、日本人の日本人に対する「断り」とアメリカ人に対する「断り」を比較し、社会言語学レベルでのFTを検証している。

2 本研究の目的

以上のように、日本語のFTについては、これまでにさまざまな観点から多くの研究がなされている。しかし、以下の3点についての分析が未だ不十分であると考える。

1) コミュニケーションは言語行動と非言語行動から成るとされる（ネウストプニー 1989）が、日本語のFTにおける非言語行動の特徴は言及されるにとどまっており（ネウストプニー 1981、坂本他 1989 など）、映像資料に基づく分析がされていないこと
2) 日本語のFTを、母語話者同士の場面（「内的場面」；ネウストプニー 1989）と比較して分析していないか、あるいはしていたとしても接触場面と同一の状況における同一の母語話者のものではない場合が多いこと

3）全ての話者のデータをまとめて日本語のFTの特徴を分析したものが多く、話者によるバリエーションが検討されていないこと

したがって本研究では、日本語のFTを、内的場面と比較しながら、非言語行動や話者によるバリエーションも含めて分析し、その実態を明らかにすることを目的とする。

3　調査方法

ロング（1992）と同様に、道聞きの場面を設定して調査をおこなった。同一の母語話者に対して、まず接触場面として、日本語非母語話者が道を尋ね、時間をおいて今度は内的場面として、日本語母語話者が同じ目的地への道を尋ねた。調査は以下の2カ所でおこなった。

【A地点】：京都市内で阪急河原町駅から清水寺の間にある飲食店、土産物屋などの店頭にいる人に道を尋ねたもの。往路は非母語話者が尋ね、時間をおいて復路は母語話者が尋ねた。尋ねた目的地は場所によって異なるが、同じ人に対して往路と復路で同じ目的地を尋ねた。

【B地点】：関西地方にある大学のキャンパス内で、学園祭の模擬店にいる学生に、別のキャンパスへの行き方を尋ねたもの。まず非母語話者が尋ね、時間をおいて母語話者が尋ねた。

音声は、道を尋ねる人が小型テープレコーダを携帯して録音した。また、調査者が道聞きの様子をビデオカメラで撮影し、映像資料とした[2]。B地点では、調査後に簡単なフォローアップ・インタビュー（ネウストプニー 1994）をおこなった。

A地点で8名×2場面＝16、B地点で2名×2場面＝4、計20のデータを収集した。インフォーマントについての情報は表1の通りである。

表1 インフォーマント（年齢、滞在歴、学習歴は調査当時）

地点	道を尋ねた人	道聞きの相手
A	F1…ニュージーランド出身 　　母語は英語 　　女性・24才 　　日本滞在歴1年4カ月 　　日本語学習歴1年半 N1…京都府出身・女性・24才	J1…女性・中年[3]　J2…女性・中年 J3…男性・中年　　J4…女性・中年 J5…男性・中年　　J6…女性・若年 J7…女性・中年　　J8…女性・中年
B	F2…マレーシア出身 　　母語はマレー語 　　女性・21才 　　日本滞在歴7カ月 　　日本語学習歴2年半 N2…群馬県出身・男性・24才	J9…男性・20歳　　J10…女性・20歳

4　分析方法

　Long（1983）の「ストラテジー」と「タクティクス」の分類や、Ellis（1994）の「談話管理」と「談話修復」の分類は、コミュニケーションの過程においてなんらかの問題がおこるという予測から、話し手が一定の措置をとる「事前調整」（ネウストプニー1981, 1995[4]）と、実際に表面に出てきた問題を修正する「事後調整」（ネウストプニー1981, 1995）に相応するものである。LongとEllisは談話レベルの調整においてのみ、これらの分類をおこなっているが、本研究では、接触場面でのインターアクションにおいては、すべてのレベルにおいて事前調整と事後調整があると考え、FTを図1のように分類して分析する。

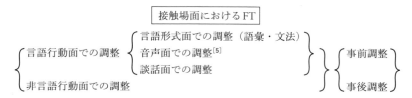

図1　FTの分類

言語行動の特徴の分類は、以下のロング（1992）の項目を参考にする。

表2　対外国人行動の分類（ロング1992）
Ⅰ 無返答型
　　①無言／②無提供
Ⅱ 返答型
　A 他言語の文ごとの使用
　　　③他言語（英語など）の使用
　B 日本語の使用
　　1 FT使用型
　　　a 語彙面
　　　　④他言語の単語の使用：（1）訳語　　（2）臨時借用語
　　　　⑤外来語の頻用
　　　　⑥日本語による言い換え：（1）同義語　　（2）釈義（分析的言い換え）
　　　　⑦語、節の繰り返し
　　　b 文法面
　　　　⑧文法の簡略化：
　　　　　（1）短い文の頻用　（2）格助詞の省略　（3）複雑な文構造の回避
　　　　　（4）敬語の回避（丁寧体の使用）　（5）丁寧体の回避
　　　　　（6）指定表現「ダ」の省略
　　　c 音声面
　　　　⑨聞き取りやすい発音：（1）話すスピードの減速　（2）拍を区切った発音
　　　d 談話面
　　　　⑩明確化の要求・理解の確認
　　2 FT無使用型
　　　⑪全国共通語の使用／⑫生活語（方言）の使用

また、非言語行動についてはEkman & Friesen（1969）とKey（1975）を参考に、表3のように分類して分析をおこなう。

表3　非言語行動の分類
①語彙的動作　　　　　……直接言語に翻訳できるもの
②情報提供　┌象形動作　……形態、大きさなどを描写するもの
　　　　　　│空間動作　……空間関係（距離など）を描写するもの
　　　　　　│運動動作　……運動の全体または一部を実際におこなうもの
　　　　　　└指示動作　……方向や対象物を指し示すもの
③韻律的動作　　　　　……発話に韻律・抑揚を付与するもの
④感情表出　　　　　　……心理状態を表出するもの（主に表情）
⑤アダプター　　　　　……心理面・身体面の維持や調整をおこなうもの

5 言語形式面での調整（語彙・文法）

5.1 語のパラフレーズと他言語（英語）の使用
（1）同義語あるいは釈義によるパラフレーズ
これらは非言語行動（象形動作）と共起する場合が多い。

【例1―接触場面】（（　）内は、J7の非言語行動）
F1：　　　　　　　はい、はい、
J7：左に行って、　　　そしたら、あの広い通りがある、車がたくさん通っている
　　　　　　　　　　　　　　　　　　　　　　（右手の掌を下に向けて左右に動かす）

【例1―内的場面】
N1：　　　　　　　　　　　　　　　　　　　　　　　　　　はい。
J7：すぐそこ左の道行ってね、しばらく行くと広い通りに出るのね、

（2）他言語（英語）の単語の使用

　英語の単語によるパラフレーズと、英語の単語のみの使用が見られる。ロング（1992）では前者を「訳語」、後者を「臨時借用語」として区別しているが、後者は前者のパラフレーズをきっかけとして、それを頭の中でおこなうようになったものと考えられ、調整の方法としては同種のものであろう。すなわち、例2の接触場面において、後半の「シグナル」や「レフト」は、「信号→シグナル」「左→レフト」というパラフレーズを頭の中でおこなっていると考えられる。

【例2―接触場面】
F1：　　　　はい、　　　　　　うん、
J3：その道を、えーと、右折、右折ゆうか、えーと、なんちゅうかな。こっち
　　　　　　　　ああ、　　　　　ああ、
側。ライ、ライト。まっすぐ、ストレート、ワン、ツー、スリー、四つ目の、ああ三つ
　　　　　　　uh-huh,　　　　　right.　　uh-huh,
目のシグナル。スリーシグナル、をレフト。で、あとストレート。

【例2―内的場面】
N1 ：　　　　　　　右に曲がって、
J3 ：ここ右に曲がって、　　　　で、一つ、二つ、三つ目の信号を左。

　上の接触場面の例においては、J3が英語の単語を使用し続けるにつれ、F1のあいづちが、「はい」「うん」から、あいまいな発音の「ああ」に変わり、英語のあいづち詞「uh-huh」に変わっていっている点も注目される。

5.2　指定表現「ダ」の省略（単語の羅列）
【例3―接触場面】
F1 ：　　　　　　　はい、はい、　はい。
J4 ：ここまっすぐ上がったら池。　そこ右。　かいてある、地図。

【例3―内的場面】
N1 ：　　　　　　　あ、はい。
J4 ：一番上の池のとこ右ですわ。　（略）かいてあります、向こう行ったら。

　この例のほか、上に挙げた例2の接触場面でも、英語の単語が羅列されている。

5.3　待遇表現の回避
　同じ意味内容の同じ語において、内的場面で用いられている敬語表現が、接触場面では使われていない例が見られる（J6の「坂を下りられたら」と「坂下りたら」、J7の「右を見て頂くと」と「右見たら」など）[6]。

5.4　生活語（方言・口語表現）の回避
【例4―接触場面】
F1 ：　　　　　　　うん、
J2 ：そこからにいまる乗って、　清水坂で降りて頂いたらいいです。

【例4―内的場面】
N1 :
J2 ：<u>ほんでまたそっから</u>、（略）坂道ずーっと<u>歩いていかんと</u>、

　方言の回避はJ5にも見られ、またJ6において、接触場面では「～ますので」、内的場面では「～ますんで」（それぞれ2回ずつ）というFTにおける口語表現の回避が見られた。

5.5　格助詞の使用または省略
　これまで日本語のFTの特徴として、助詞の強調（スクータリデス1981、志村1989）と、助詞の省略（ロング1992）が共に挙げられている。
　そこで、省略されうる格助詞「が」「を」「に（対格と補格）」「へ」について、省略あるいは使用の状況を見た。
　接触場面と内的場面とで差があるものを見ていくと、まず、J5は、接触場面においてのみ、格助詞を使用可能な位置で必ず使用している。これは、J5が接触場面においては談話全体を通して方言を回避し全国共通語を使用していることとも関係し、すなわち話し方そのものを改まった話し方に変えているために格助詞が省略されずに使用されていると言え、接触場面において規範意識がはたらいているものと考えられる。
　一方、J2、J6、J7は、接触場面のほうが、格助詞をより省略する傾向にある。特にJ2とJ7は、内的場面では「を」しか省略していないが、接触場面では他の格助詞も省略している。「を」は関西地方の方言として最も省略されやすい（井上1992）ことから、FTとしての格助詞の省略がおこっていると判断できる。接触場面でのみ省略されている格助詞の前の名詞は、道順の中でポイントとなる語（「坂」「バス停」など）や方向を示す語であり、接触場面でのみプロミネンスが実現されている（プロミネンスについては6.2に後述）。生活語や待遇表現を回避しているこれらのインフォーマントに格助詞の省略が見られるのは、より非母語話者にとって「わかりやすい」と判断した日本語を意識して実現させたためであると考えられる。

6 音声面での調整

6.1 減速

談話の速度は、発話部分のモーラ数を秒数で割り、1秒あたりのモーラ数を計測した。

内的場面に比べ、接触場面において全体的に大幅な減速をおこなっているインフォーマントがいるほか、特定の箇所においてプロミネンスや他の強調手段と共に減速をおこなっている例が観察された。

6.2 プロミネンス

プロミネンスについては、関東地方出身の日本語母語話者3名と関西地方出身の日本語母語話者3名に、文字化資料を見ながらテープを聞いてもらい、関東出身者、関西出身者共に2名以上が「話者が際立たせようとしている」と判断した部分をプロミネンスとして判断した。

内的場面、接触場面の両方においてプロミネンスが置かれるものと、接触場面においてのみプロミネンスが置かれるものがあった。

1) 内的場面、接触場面の両方においてプロミネンスが置かれるもの
 ・目印となる固有名詞（「清水寺」、「本部前」など）
 ・バスの番号（「二百七番」、「にーまるろく」）
2) 接触場面においてのみプロミネンスを置くもの
 ・目印となる一般名詞（「池」「坂」「バス停」など）
 ・方向、位置を示す語（「右」「左」「中」など）

接触場面において、以下のような特徴が見られる。

①目印となる一般名詞や方向を示す語にもプロミネンスが置かれる。
②固有名詞を使用する際は、必ず減速を伴ったプロミネンスが置かれる（7.3を参照）。
③同じ語について毎回プロミネンスを置いている（内的場面では、同一のものが二度目に出てきた際にはプロミネンスを置かない）。

すなわち、接触場面のほうが、道順を理解する上で重要な語をより際立たせて発音していることがわかる。

7 談話面での調整

7.1 聞き手の理解の確認

【例5―接触場面】（「＊＊」には大学名が入る）

F2 ：　　　　　　　　ほんぶまえ。　　　　＊＊大ほ、ほんぶまえ。
J9 ：＊＊大本部前っていう、　<u>わかります？</u>　　　　　　　そうそう。

【例6―接触場面】

F1 ：　　　　　　　　はい、はい。　　　　　　　　はい。
J5 ：清水寺です<u>ね</u>。　そこのバス停あります<u>ね</u>。

　例5のように、直接理解したかどうかを尋ねるものと、例6のように念押しの「ね」を用いて理解を確認するものとがある。どちらの例も内的場面では使用されていない。
　また、言語表現としては現れないが、非言語行動として、相手の表情をうかがって理解を確認する手段も確認された。

7.2 主題の明示・確認

【例7―接触場面】

F1 ：あの、円山公園はどこですか。
J1 ：　　　　　　　<u>円山公園は</u>、この道まっすぐ行ったら、

【例7―内的場面】

N1 ：円山公園はどう、
J1 ：　　　　　　この道まっすぐ行かはったら、

　例7では接触場面においてのみ、主題を明示している。また上の例6の接触場面における「清水寺ですね」も、主題の確認をおこなっている

ものであり、内的場面には見られない。

7.3　内容の要約

　J1、J6、J8は、接触場面においてのみ、ひととおりの道順の説明が終わった後に、再びそれを要約して話している。

　ただし、「主題の明示・確認」と「内容の要約」は、他のインフォーマントにおいては、内的場面でもおこなわれた例があり、対話者が"foreigner"であるがゆえの配慮であると断言することは難しい。Long(1983)でも言われているように、このような談話レベルでの調整においては、内的場面との差は、頻度差であると言えるだろう。

7.4　固有名詞・付加情報の省略

【例8―接触場面】

F1 ：

J8 ：角っこにね、おうどん屋さんがある。

【例8―内的場面】

N1 ：

J8 ：角っこにね、「きらく」ゆうておうどん屋さんがあります。

【例9―接触場面】

F1 ：

J8 ：あの、東山通りにもいろいろあるからね。東山通りの「京都駅」っていうのに、

【例9―内的場面】

N1 ：

J8 ：東山通りの「九条車庫」とかいろいろ来るんですけど、それ乗ったらだめ。

【例10―接触場面】

F1 ：　　　　　　　　　　　　　　　　　　はい、

J4 ：いちばん上まで上がって池があるから、まる、うん、見学していったらいいよ。

【例10―内的場面】
N1：　　　　　　　　　　　はい、　　　　　　　　あ、はい。
J4：高台寺いうとこね。　それであと、あの二年坂、三年坂。　　　（略）
　　　　　　　　　　　はい、　　　　円山公園。はい、わかりました。
ここまっすぐ、上あがって、　円山公園行く。　　　はい。

　内的場面で伝えている固有名詞を、接触場面では省略している。例10の接触場面では、「円山公園」を言いかけてやめていることからも、故意に省略していることがわかる。例9では、「東山通り」「京都駅」などの固有名詞は接触場面においても使用されているが、その場合は必ず減速を伴ったプロミネンスが置かれている。また、内的場面においてのみ別の行き方を付加情報として提供している例もある。
　これらのことから、接触場面においては、非母語話者が利用できない、あるいはかえって混乱を招く可能性のある情報を省略し、簡潔に伝えようとする傾向がうかがえ、Ellis（1994）がインターアクションの調整のひとつとして挙げた「伝える情報の量とタイプの調整」が日本語のFTにおいてもおこなわれていることがわかる。

8　非言語行動面での調整

8.1　言語行動と共に機能する調整
（1）指示動作
　方向や対象物などを指などで指し示す動作であり、道聞きという場面の性質上、両方の場面で多く現れるが、接触場面では回数が増えたり、大きく表現されたりする例が見られる。

（2）象形動作
　対象物の形態、大きさなどを描写する動作であり、語のパラフレーズと共起する場合や、あるいはその代役としてはたらくものが多い。（以下（　）内にJの動作を記入する。）

【例11―接触場面】
F1　：　　　　　　　　　　　　　　　　はい、はい、
J7　：二股に分かれてるんです。左に行って、　そしたら、あの広い通りが
　　　　（ピースサイン）　　（左を指差す［指示動作］）　　（掌を下に
　　　　　　　　　　　　　　あー、そう。
ある、車がたくさん通っている。
向け、左右に動かす）

　J7は、内的場面でも「二股」「広い通り」という言葉を使用しているが、象形動作は伴っていない。他のインフォーマントにも、「大通り」「バス停」「正門」など、接触場面でのみ象形動作をおこなっている例が観察された。

　（3）語彙的動作
　文化的、社会的に、それを直接言語に翻訳できる動作であり、これも言語形式面での語のパラフレーズとの共起あるいはその代役としてはたらく場合が多い。

【例12―接触場面】
F1　：　　　　　に？　　　ぜろ、ろく？　　　　　にーれいろく。
J6　：にーまるろく。にー、　　　　　にーぜろろく。
　　　　　　　　　（掌に指で「206」と書く）

　例12においてJ6は、バスの番号を言ったあとにF1に聞き返されたため、事後調整の手段として、「にー」と言いながら掌に指で「206」と書いている。それを見ながらF1が「ぜろ、ろく」と読んだため、J6は最初に「0」を「まる」と言ったためにF1に理解されなかったことに気づき、「にーぜろろく」と言いなおしている。
　このほか、接触場面において固有名詞を言いながら宙に指で文字を書く動作も数例あったが、これは実際に非母語話者にその文字を伝えるものではなく、その文字列が「書かれている」ということを示すものであり、象形動作に近いと言える。

次の例13は、F1に、過剰気味であると受けとられたものである。

【例13―接触場面】
F1：歩いて、は、な、何分ぐらい。　　　　　　　　　Twenty minutes。
J3：　　　　　　　　　え―と、トゥエンティミニッツかな。<u>二十分</u>。　はい。
　　　　　　　　　　　　　　　　　　　（右手でピースサイン、左手で丸を作って）

（4）韻律的動作
　発話に韻律、抑揚を付与する動作で、発話の区切りや強調の際に現れる。手先を軽く振る動作が主なもので、プロミネンスと共起し、接触場面において多用されている。また、自己の発話の区切りごとに軽く頷く動作も接触場面においては多い。

8.2　非言語行動のみで機能する調整
（1）姿勢
　非母語話者が話す際、身をのりだして非母語話者に近づき、その発話に神経を集中させている例が多い。

（2）視線
　接触場面では非母語話者の理解の確認のために何度も相手を見つめているが、内的場面では、指をさした方向を見たまま話すことが多い。

9　話者によるFTのバリエーション

　以上に挙げたFTの特徴のうち、どれをどのようにそれぞれの話者が用いているかを見たところ、大きく3つのタイプに分けられた（図2）。
　①のタイプは、発話がほぼ単語の羅列から成っており、文としての体裁をもたない。また、全体的に大幅な減速をおこなっている。このような非文法的な簡略化は"talking down"として非母語話者に否定的な感情をもたらすことが指摘されている（Ellis 1994）。
　②のタイプは、待遇表現や生活語の回避、格助詞の使用あるいは省略に加え、語のパラフレーズや減速、プロミネンスをおこなうなど、より

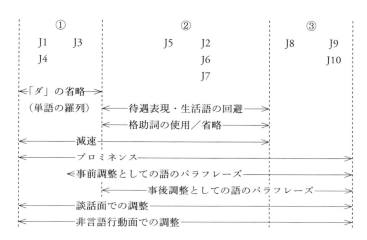

図2　FTのバリエーション

対話者にとって「わかりやすい」あるいは「規範的」であると考える日本語を、意識して使用しているものである。

　③のタイプは、基本的に話し方は変えずに、特定の箇所においてのみプロミネンスや語のパラフレーズなどの調整をおこなっているものである。特に、調査地点Bのインフォーマント（J9, J10）は、ほとんど事前調整をおこなわず、問題が生じた際にのみ調整をおこなっている。両者ともフォローアップ・インタビューにおいて、非母語話者の日本語能力の高さを認識したと述べており、非母語話者の言語能力を見極めながらFTを使用していることがわかる。

　談話面での調整は、上記の3つのどのタイプにおいても現れ、Long（1981, 1983）や志村（1989）と同じ結果が得られた。非言語行動面での調整も、すべてのタイプにおいて現れている。非言語行動面での調整が最も顕著だったJ9も、非言語行動については意識しなかったとフォローアップ・インタビューで述べており、より無意識におこなわれる調整であると考えられる。ただし、②や③のインフォーマントにおいては、事後調整の手段として有効にはたらいている例が見られるのに対し、①のインフォーマントの事前調整としての非言語行動が、非母語話者にとって過剰気味に受け取られる例があった。

図3 FTのバリエーションと談話の過程

　談話の開始から終了までの過程を見ると、どのインフォーマントも、談話の開始時において対話者の「外国人性」を認識してはいるが、①のタイプのインフォーマントにおいてはその認識が文法性の遮断をひきおこし、②のタイプのインフォーマントにおいてはその認識が自己の言語行動のモニターとして機能している。③のタイプのインフォーマントにおいてはその認識は談話の過程において常に強く意識されているものではないと考えることができるであろう。

　ただし、①のタイプのインフォーマントの中でも、非母語話者が聞き返しなどをまったくせず、理解していると判断できたせいか、談話が進行するにつれて、単語の羅列がなくなり、非言語行動も極端に少なくなった例があった。したがって、談話の開始時に外国人性を認識し、一旦は文法性が遮断されたものの、対話者の理解度の認識によりそれが解消される場合があることがわかる。

　同様に②のタイプのFTを使用する母語話者についても、そのモニター機能が変化することが考えられるし、③のタイプのFTを使用する母語話者においても、コミュニケーション上の問題が多くなれば、その調整の方法が変化することもありうるはずである。そしてこのような変化は、談話の過程で何度も起こる可能性がある。

　このような談話の進行に伴う調整方法の変化については、より長いスパンで談話を捉えることのできる状況下において、今後さらに分析が必要であるが、以上のことを図3に示しておく。

10 まとめ

　本研究では、日本語のFTについて、内的場面と比較しながら、非言語行動も含めてその実態を観察・分析した。

　談話面での調整や非言語行動面での調整は、どのインフォーマントにおいても観察された。非言語行動面での調整は、言語行動面での調整に比べ、より無意識におこなわれているが、言語行動面での調整と共に機能するものが多く、密接な関係を持っていた。

　また、話者が選択する調整の種類とタイミング（談話を通してか局所的か、あるいは事前調整をおこなうか事後調整をおこなうか）によって、FTのバリエーションは大きく3つのタイプに分類された。それは対話者の「外国人性」への意識や、それに対する自己の言語行動についての意識と関係するものであると考えられる。

　これらのバリエーションが、年齢、教育、あるいはこれまでのFT使用経験とその質などの、どのような要因によるものであるのか、また、談話の過程において変化するとすれば何が引き金になるのかなどを具体的に明らかにすることが今後の課題として残される。

11 FT研究の課題

　最後に、本研究をおこなった後の日本語のFT研究について概観し、今後の課題と展望を述べておく。

　理解可能なインプットの特徴よりも、インターアクションの中で参加者双方が「意味の交渉（negotiation of meaning; Varonis & Gass 1985など）」をし、理解を可能にしていく過程を重視した第二言語習得研究の流れの中で、町田（1997）は、非母語話者からの働きかけ（「交渉」）がどのように母語話者の調整を引き出すかを検証している。このように日本のFT研究の多くが第二言語習得研究の影響を受けておこなわれたために、レジスターとしての観点からの特徴の解明が、ロング（1992）以降十分におこなわれてこなかったと徳永（2003）は指摘している。

　さらに大平（2001）は、レジスターとしてのFT観にも、第二言語習得

における理解可能なインプットとしてのFT観にも限界があると指摘する。レジスターとしてのFT研究では、対話者の「外国人」という属性が静的に維持されるという前提に立っているが、実際の相互行為においては、その「外国人性」が開始から終了まで一貫して意識されることが少なく、なぜ、いつFTが用いられるのかという問いに答えが出ていないという。これは本研究でも確認され、課題として残された点である。そこで大平は相互行為的社会言語学における「文脈化の手がかり」などの概念を用いることを提案している。一方、第二言語習得研究においては、近年、インプットやインターアクションといった個々の現象ではなく、学習環境全体のデザインに関心が集まるようになってきたことを挙げ、社会文化的理論のアプローチから、「足場架け（scaffolding）」の概念に基づいたFT研究を提案している。足場架けの概念では、母語話者が与える援助はインプットの理解を促進する調整に限らず、言語を用いて達成すべき課題（タスク）に取り組むための様々な援助が含まれるという。

　本研究においてもうひとつの課題として残った、FTに様々なバリエーションをもたらす要因については、オストハイダ（1999）において、外国人の人種や国籍、母語話者の経験や意識といった、言語外的条件があることが明らかになったほか、池田（2004）では、社会心理学の観点から「アコモデーション理論」を援用して、母語話者が使用するストラテジーが検証された。その結果、非母語話者の日本語力やタスクを統一しても、収束ストラテジーを使用しFTが多くなる母語話者と、分岐ストラテジーを使用しFTをほとんど用いない母語話者がいることが明らかになり、その違いは、非母語話者の日本語力の低さを認知するか、「異質性」を認知するかに起因すると推論された。

　一方、話し言葉におけるFTの研究がほとんどであったなか、鄭（2002）や大平（2002）において、接触場面における書き言葉である「フォリナー・ライティング（FW）」という概念が提示され、その特徴の記述やメカニズムの考察がされている。

　日本社会の「多文化化」が進み、日本語によるインターアクションがさらに多様化・複雑化していく現状において、辛（2007）は、日本語話者を母語話者側と非母語話者側に単純に二分化する従来の枠組みに異議を唱え、FTを、「接触場面のみに関わらず、会話参加者双方が使用可能な

調整行動」「多文化社会における言語ストラテジーの一つ」として新たに捉えなおす必要性を訴えている。したがって今後のFT研究においては、日本語のインターアクション場面を、参加者間で協働的に構築するプロセスとして捉え、大平（2001）や池田（2004）などに見られる新しい理論や概念も援用し、その全体像を解明することが求められるだろう[7]。

注　[1]　本章は、『大阪大学日本学報』第17号（1998）に掲載された「日本語母語話者の接触場面におけるフォリナー・トークの諸相―非言語行動を含めた談話過程の観察から―」に、加筆・修正をおこなったものである。
　　[2]　この調査は1995年におこなったものである。当時はこのような街頭調査の方法が社会言語学の分野などでも用いられていたが、現在では研究倫理上、実施が困難であろう。
　　[3]　調査地点Aの道聞きの相手には年齢を尋ねていないため、外見から判断した。
　　[4]　ネウストプニーは、1981年の文献においては「訂正」という用語を用いているが、1995年の文献において、「調整」と呼び変えている。
　　[5]　音声面での調整は、パラ言語として、言語形式面での調整と区別した。
　　[6]　待遇表現を考える場合、年齢を考慮に入れなければならないが、調査地点Aで道を尋ねたF1とN1は同年齢（24歳）で外見もほぼ年齢相応に見える。また、調査地点Aの道聞きの相手は、J6以外はすべて明らかにF1、N1より年上であるので、これらの待遇表現は店員の、初対面の客に対するものとしてとらえることができ、ここで挙げた差異は、接触場面と内的場面の差異のみによるものと考えてよいだろう。
　　[7]　本章では割愛したが、近年、FTやFWを、非母語話者との円滑なコミュニケーションを促進したり、言語サービスを実現したりするための資源として捉えなおし、活用していこうとする動きが出てきており、今後の成果が注目される。

参考文献　鄭恵允（2002）「「接触場面」における日本語母語話者の言語調整に関する一考察――「フォリナー・ライティング」の概念形成に向けて」『桜花学園大学研究紀要』4, pp.257–265.

Ekman, P., & Friesen, W. V. (1969). The repertoire of nonverbal behavior: Categories, origins, usage and coding. *Semiotika*, 1, pp.49–98.

Ellis, R. (1994). *The study of second language acquisition*. Oxford: Oxford University Press.

Ferguson, C. A. (1981). 'Foreigner talk' as the name of simplified register. *International Journal of Sociology of Language*, 28, pp.9–18.

池田広子（2004）「接触場面においてなぜフォリナー・トークは使用されるのか――アコモデーション理論の観点から」『日本語教育研究』47, pp.69–82.

井上史雄（1992）「社会言語学と方言文法」『日本語学』11（5）, pp.94–105.

Key, M. R. (Ed.). (1975). *Paralanguage and kinesics (nonverbal communication)*. Metuchen: The Scarecrow Press.

ロング，ダニエル（1992）「日本語によるコミュニケーション――日本語におけるフォリナートークを中心に」『日本語学』11（3）, pp.24–32.

Long, M. H. (1981). Input, interaction and second language acquisition. In Winitz, H. (Ed.), *Annuals New York academy of sciences*, 379, pp.259–278.

Long, M. H. (1983). Native speaker / non-native speaker conversation and the negotiation of comprehensible input. *Applied Linguistics,* 4(2), pp.126–141.

町田延代（1997）「電話におけるフォリナー・トーク・ディスコースの違い――日本語非母語話者の言語能力と交渉」『第二言語としての日本語の習得研究』1, pp.83–99.

ネウストプニー，J. V.（1981）「外国人の日本語の実態（1）外国人場面の研究と日本語教育」『日本語教育』45, pp.30–40.

ネウストプニー，J. V.（1989）「日本人のコミュニケーション行動と日本語教育」『日本語教育』67, pp.11–24.

ネウストプニー，J. V.（1994）「日本研究の方法論――データ収集の段階」『待兼山論叢　日本学篇』28, pp.1–24.

ネウストプニー，J. V.（1995）「日本語教育と言語管理」『阪大日本語研究』7, pp.67–82.

大平未央子（2001）「フォリナートーク研究の現状と課題」『言語文化研究』27, pp.335–354.

大平未央子（2002）「日本語のフォリナー・ライティングにおける社会言語学的調整――ネイティブ・ライティングとの比較および調整のメカニズム」『言語文化研究』28, pp.211–228.

オストハイダ，テーヤ（1999）「対外国人言語行動と言語外的条件の

相互関係」『大阪大学日本学報』18, pp.89–104.
坂本正・小塚操・架谷眞知子・児崎秋江・稲葉みどり・原田知恵子（1989）「日本語のフォリナー・トークに対する日本語学習者の反応」『日本語教育』69, pp.121–146.
志村明彦（1989）「日本語のForeigner Talkと日本語教育」『日本語教育』68, pp.204–215.
辛銀眞（2007）「日本語のフォリナー・トーク使用に関する一考察——非母語話者日本語教師の意識調査を通して」『早稲田大学日本語教育学』1, pp.25–37.
スクータリデス，アリーナ（1981）「外国人の日本語の実態（3）日本語におけるフォリナー・トーク」『日本語教育』45, pp.53–62.
Snow, C. E., van Eeden, R., & Muysken, P. (1981). The interactional origins of foreigner talk: Municipal Employees and foreign workers. *International Journal of Sociology of Language*, 28, pp.88–91.
田部井圭子（1992）「日本語のフォリナー・トークにおけるトピック選択と誤解の対応の分析」『亜細亜大学教養部紀要』46, pp.148–133.
徳永あかね（2003）「日本語のフォリナー・トーク研究——その来歴と課題」日本言語文化学研究会（編）『第二言語習得・教育の研究最前線―2003年度版』pp.162–175.
Varonis, E. M. & Gass, S. (1985) Non-native / non-native conversations: A model for negotiation of meaning. *Applied Linguistics*, 6(1), pp.71–90.
横山杉子（1993）「日本語における、「日本人の日本人に対する断り」と「日本人のアメリカ人に対する断り」の比較——社会言語学レベルでのフォリナートーク」『日本語教育』81, pp.141–151.

第4章 母語話者による場面に応じたスピーチスタイルの使い分け
母語場面と接触場面の相違

伊集院郁子

1 はじめに

　会話を行う際、私たちは場面や相手、コミュニケーションの性質に応じ、敏感にスピーチスタイル[1]の使い分けを行っている。円滑な人間関係の構築を目指した言語ストラテジーは、どの言語にも普遍的に存在するであろう。日本語においては、デス・マス体とダ体というスピーチスタイルが言語形式に組み込まれ、意識的にせよ無意識的にせよ、これらが敏感に使い分けられている。

　スピーチスタイルシフトに関する研究の歴史は長く、母語場面を対象に、シフトが生起する際の条件をその前後の発話の関係から考察する手法を中心として多くの成果を残してきた（生田・井出1983, 宇佐美1995, 三牧1997など）。一方、近年増えてきた接触場面におけるスピーチスタイルシフトの研究では、日本語学習者は母語話者に比して目上に対するダ体へのシフト（上仲1997）やダ体の使用頻度（佐藤・福島2000, 陳2004）が多いことが報告されている。

　本研究は、先行研究とは異なった視点から、母語場面と同条件の接触場面データも収集し、（1）両場面における母語話者のスピーチスタイルを対照する、（2）15分間という時間軸を有したマクロなレベルでのシフトを分析する、（3）現象面の記述のみでなく話者の言語操作意識[2]を考察に加えることを試みた。

2 分析の方法論と理論的枠組み

　現実に生じる会話という相互作用は、時間軸を有した動的なものであり、話者の言語操作意識を反映して変化するものである。人間の相互作用と言語使用に焦点を当てた会話の分析には、帰納的・経験的である会話分析の手法が適すると考える。しかし、現象の記述に終始せずに体系立てを目指すため、Brown & Levinson (1987)（以下、B&Lとする）のポライトネス理論を枠組みに据えて分析を行う。

　あらゆる言語行動が、B&Lの定義したface-threatening act（フェイスを脅かす行為、以下FTAとする）になり得るため[3]、初対面場面での全ての発話においても、FTAの度合い（Wx）を求める公式[4]に従ってポライトネス・ストラテジーが選択されていると仮定して分析を行った。

　B&Lの唱えたポライトネス・ストラテジー[5]と日本語の発話末のスピーチスタイルとの関連は、以下のように考えた。

①ダ体の使用
例1　（友人に）「今日はいい天気だね。」
ポジティブ・ポライトネス・ストラテジー4[6]「グループ内のアイデンティティーマーカーを用いよ（Use in-group identity markers）」の中の「グループ内の言語または方言の使用（Use of in-group language or dialect）」に該当する。ダ体は、聞き手を同じグループに位置づけることで、他者に理解・共感されたいというポジティブ・フェイスに訴えるスピーチスタイルであると考えられる。

例2　（人が車にぶつかりそうな現場を目撃して）「危ない！」「車！」
ボールド・オン・レコードに該当する。ある種の緊急事態が発生した場合、効率が優先されるためにフェイスへの配慮は不要であるとみなされ、ダ体が用いられる場合がある。

②デス・マス体の使用
例3　（先生に）「今日はいい天気ですね。」
ネガティブ・ポライトネス・ストラテジー5「敬意を表明せよ（Give deference）」に該当する。デス・マス体は、聞き手との間に一定の距離を置くことによって、他者に立ち入られたくないというネガティブ・フェイスに訴えるスピーチスタイルであると考えられる。

③中途終了型の使用
例4　（食事に誘われて）「すみません、ちょっと予定があって…。」
オフ・レコード・ストラテジー15「不完全にせよ・省略を用いよ（Be incomplete, use ellipsis）」に該当すると考えられる。聞き手に解釈の余地を与えることにより、話者自身の責任を回避する手段である[7]。

3　本研究の方法

3.1　リサーチクエスチョン
分析と考察は、3つのリサーチクエスチョンを柱に行った。

①初対面母語場面及び接触場面では、それぞれ、どのようなスピーチスタイルが選択されるか。
②初対面母語場面及び接触場面では、それぞれ、スピーチスタイルシフトの過程にどのような特徴が見られるか。
③両場面において相違が見られるとしたら、それはどのような要因で生起しているのか。

なお、本章の分析の焦点は、両場面に参加した4名の母語話者による場面に応じたスピーチスタイルの使い分けの実態である。しかし、接触場面の特徴は、会話相手である学習者とともに作り出されるものであるため、母語話者のスピーチスタイルに影響を与えた学習者要因も考察に加える。

3.2 データの統制

会話データの収集に際し、B&Lが定義したFTAの度合いを同一にするため、3変数（D, P, R）の初期値を一定に設定した。B&LではD（距離）は相互行為の頻度（the frequency of interaction）に基づくとされている。全会話を同性同世代、異なる大学に所属する初対面の学生同士とすることで、会話によって相手との心理的距離に差が生じないよう統制した。Dが横（horizontal）の関係であるのに対し、P（力関係）は縦（vertical）の関係である。本研究では、会話相手の社会的地位や年齢、学年、性別がPの値を決定すると考え、全会話協力者を東京都内の総合大学に所属する学部生（2～4年生かつ20～22歳、女性）とした[8]。R（負担の度合い）は、初対面場面で相手と親しくなるために会話をする、という状況にかかる負担の重みを表す。会話の場所や話題によっても異なるであろうし、大人の母語話者であれば必然的に、「初対面の人とは最初はデス・マス体で話す」という規範意識も、この場面に付随して生じる重みであると考える。可能な限り全会話のRの初期値を一定に保つため、本会話データは、出身地を含め相手に関する情報を事前に一切与えず、自由な話題でタイマーが鳴るまでの15分間話をするという同一の状況下で収録した[9]。会話相手については、自分の寮やアパートで初めて会った人や、アルバイトの面接の待合室で一緒になった人など、今後も付き合いが予想される人を想定してもらった。

この他に、母語話者に関しては、非母語話者との接触頻度が言語使用に影響を与える要因となり得るため、接触頻度の少ない者に限った。また、学習者側の協力者は、日本語能力試験1級合格者に限定し、出身地も中国または台湾に限定することにより、母語の影響という変数を極力排除した。このように変数を統制した上で、初対面二者間15分の会話を、母語場面4会話と接触場面8会話の計12会話収集した（協力者の情報と組み合わせについては資料Aに、会話録音の実施日程については資料Bに示した）。

3.3 スピーチスタイルの分類

日本語においてスピーチスタイルマーカーが出現するのは、原則的に述部である。本研究では、杉戸（1987）を参考に、発話を実質的発話と相槌的発話[10]に分け、前者の発話末を分析の対象とした。

表1 スピーチスタイルの分類

スピーチスタイル		発話末の言語形式（例）
デス・マス体	Ⅰ型	デス・マス体の言い切り（〜です。〜でした。〜ます。〜ません。〜ください。〜ですか。)
	Ⅱ型	デス・マス体＋「ね」「よ」以外の終助詞（〜ですし。実家は横浜ですが。〜ですけど。なんでしたっけ。）
	Ⅱ′型	デス・マス体＋終助詞「ね」「よ」（〜ですね。〜でしたよ。〜ます（よ）ね。〜ませんねね。〜ますからね。）
ダ体	Ⅲ型	ダ体の言い切り（勉強した。すごい。できない。学生。私も自転車。漢字は一番簡単。） ※一語文や名詞、形容動詞の語幹で終了している文を含む
	Ⅳ型	ダ体＋「ね」「よ」以外の終助詞（難しいけど。すごいな。興味あったから。面白かったし。〜だっけ。〜のかな。）
	Ⅳ′型	ダ体＋終助詞「ね」「よ」（いいね。22だよ。あるよ。うれしい（よ）ね。歌ね。〜からね。）
＊型		中途終了型（もしできれば。〜と思って。〜みたいな。〜へ行ったり。〜っていうか。）

　実質的発話の発話末を、大きくデス・マス体とダ体と中途終了型の3つに分け、更にデス・マス体とダ体をそれぞれ、（1）言い切りにするスピーチスタイル、（2）「ね」「よ」以外の終助詞（「けど」「が」「から」「し」を含む）を伴うスピーチスタイル、（3）「ね」「よ」を伴うスピーチスタイル、の3種ずつに分類し、表1に示す計7種とした。デス・マス体とダ体に下位分類を設けたのは、「終助詞「ね」「よ」の付いた普通体の表現形式がそれらの付かないただの普通体形式よりも待遇レベルが低いと認識される」（佐藤・福島1998: 36–37）という指摘があるように、文末に付加される助詞の種類によって、会話の改まり度や待遇度が変化すると考えたためである。また、本来接続助詞である「けど」「が」「から」「し」に関しては、これらを末尾にもつ従属句は独立度が高いという指摘（南1993）や、終助詞化した接続助詞であるという議論（高橋1993, 小林2003）もあることから、「けど」「が」を含む発話が単なる前置き表現・言いさし表現であって、後続文との間に逆接の関係がないとき・後続文が存在しないとき、及び「から」「し」が後続する文との間に因果関係をもたないとき・後続文が存在しないときは、終助詞と同等の扱いとした。以後、本章で「終助詞」とする際は、これらの4つの接続助詞も含めて議論する。

4 分析と考察

4.1で各スピーチスタイルの出現傾向について、次いで4.2でスピーチスタイルシフトの特徴及び要因について分析する。

4.1 母語話者のスピーチスタイルの選択

全会話を文字化し[11]、発話ごとにスピーチスタイルをコーディングして集計した結果は、表2のとおりである。

表2のうち、各スピーチスタイルが実質的発話の総数に占める割合を算出したところ、両場面における各スピーチスタイルの出現率の平均は図1の通りであった。最も出現頻度の多かったスピーチスタイルはダ体の言い切り（Ⅲ型）、次いで中途終了型（＊型）となり、順序だけで示せば、スピーチスタイルの選択に、場面に応じた差は見られない。しかし、接触場面においては、デス・マス体（Ⅰ型・Ⅱ型・Ⅱ′型）及び中途終了型（＊型）がいずれも減少し、ダ体（Ⅲ型・Ⅳ型・Ⅳ′型）が増加していることが分かる。

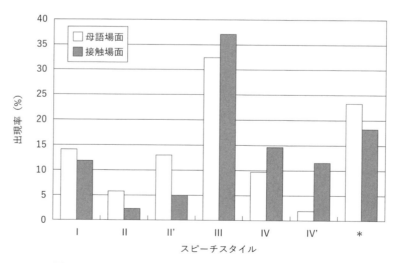

図1 母語話者による場面ごとのスピーチスタイルの出現傾向

表2 全会話データの概要

〈母語場面〉

会話番号 協力者	総発話数	協力者	発話数	I	II	II'	III	IV	IV'	＊	合計
会話1 J1-J2	408	J1	195	16	1	10	42	13	2	36	120
		J2	213	11	13	29	41	16	1	29	140
会話2 J1-J3	371	J1	193	28	12	42	32	8	0	31	153
		J3	178	30	11	29	11	6	0	36	123
会話3 J2-J3	372	J2	186	15	3	12	76	14	1	20	141
		J3	186	13	2	1	50	12	5	37	120
会話4 J3-J4	229	J3	102	14	7	7	18	4	0	23	73
		J4	127	6	4	4	36	16	7	8	81
合計	1,380		1,380	133	53	134	306	89	16	220	951
		平均	173	17	7	17	38	11	2	28	119
		標準偏差	38	8	5	15	20	5	3	10	28

〈接触場面〉

会話番号 協力者	総発話数	協力者	発話数	I	II	II'	III	IV	IV'	＊	合計
会話5 J1-L1	344	J1	175	7	0	2	31	13	24	10	87
会話6 J1-L2	402	J1	209	7	3	1	64	33	26	9	143
会話7 J2-L1	324	J2	155	11	5	5	37	20	13	15	106
会話8 J2-L2	510	J2	285	6	1	10	94	46	44	29	230
会話9 J2-L3	295	J2	138	17	3	15	43	6	2	18	104
会話10 J3-L1	257	J3	91	18	2	6	11	2	0	19	58
会話11 J3-L2	379	J3	171	20	3	0	45	8	0	45	121
会話12 J4-L4	336	J4	167	5	1	2	43	23	12	12	98
合計	2,847		1,391	91	18	41	368	151	121	157	947
		平均	174	11	2	5	46	19	15	20	118
		標準偏差	56	6	2	5	24	15	15	12	51

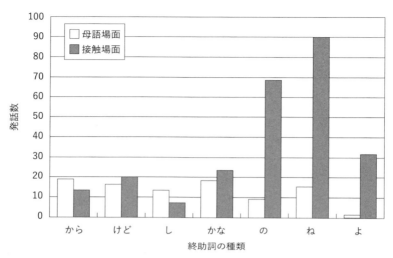

図2 母語話者による場面ごとの「ダ体+終助詞」の出現傾向

　中でも顕著な相違は、母語場面で有標であったダ体+終助詞「ね」「よ」（Ⅳ′型）が2.0%から11.5%と、著しく増加していることである。
　そこで、ダ体の発話末に付加される終助詞の出現頻度を比較してみたところ、図2のような結果を得た。「(よ)ね」「(の)ね」「(けど)ね」「(から)ね」は「ね」、「(の)よ」は「よ」、「(の)かな」は「かな」としてカウントした。
　母語場面では、「から」「かな」「けど」の順で高頻度に用いられているが、接触場面では、母語場面で使用が控えられている「ね」「の」「よ」が突出した頻度で用いられていることが分かる。これらの終助詞は従来、話し言葉で高頻度に用いられる助詞と言われてきたが（国立国語研究所1955, メイナード1993, 井出・櫻井1997）、母語話者同士の初対面会話でダ体に付加することは、有標の言語行動となるため、回避されていると言える。殊にダ体+「よ」という言語形式は、母語場面では一例しか発話されていない[12]。
　では、なぜ母語話者同士の初対面会話では、ダ体への「の」「ね」「よ」の付加が回避されるのだろうか。従来の日本の社会規範や先行研究の結果を省みると、初対面場面ではデス・マス体が基本状態として設定され

るはずだが、本データを見る限り最も多用されていたのは、次の例（1）に示すようなダ体の言い切りであった。例の左にある番号は会話のライン番号である。203行目の発話（Ⅱ′型）を除き、全てダ体の言い切り（Ⅲ型）が使用されている。

例（1）会話3

203　J2　うーんでもなんか、小田急ってそうだ、やたら、車種が多いんですよね？。
204　J2　なんか準急とか（あ）やったらいっぱい（うんうんうん）あった気がする。
205　J3　準急、急行と、各駅。
206　J2　3つ↑？。
207　J3　3つだと思う。
208　J3　あのー、京急よりはー、〈少ない〉{<}。
209　J2　〈京急よりは少ない〉{>}。

　近年、日本の若者のポジティブ・ポライトネス化が指摘されているが（大学英語教育学会中部支部待遇表現研究会2000）、今回のデータ結果からもその傾向を見ることができる。「ひかえる文化」（芳賀1977）、「わきまえ方式の比重が大きい」（井出他1986）、"negative politeness culture"（Brown & Levinson 1987）、と言われてきた文化の中で、初対面の早い段階でダ体というスタイルを選択することは、それだけでもポジティブ・ポライトネスを表すのに十分であろう。そのダ体に付加する助詞として、断定を回避するhedgeとなり、ネガティブ・ポライトネス・ストラテジーとして働く助詞「けど」「から」「し」や、独り言のように発話する「かな」を選択することはあっても、「親愛表現として用いられる」（水谷1985）、「相手に強く訴えるinteractional particlesである」（Maynard 1997）と言われ、更にポジティブ・ポライトネスを強化する働きをもつと考えられる「ね」「よ」や、「の」[13]が選択されることは、現在でも年代にかかわらず、初対面会話では回避される傾向にあると考えられる。
　以上の結果から、接触場面と比較すると、母語場面ではネガティブ・ポライトネスが重視されていることが明らかとなった。

4.2 時間軸でみるスピーチスタイルシフト
4.2.1 スピーチスタイルシフトの特徴

次に、マクロなレベルでのシフトの流れを観察するため、実質的発話に占めるデス・マス体（Ⅰ型・Ⅱ型・Ⅱ′型）の割合が、15分間の会話の中で変化していく様相を図3にグラフ化した。図は、横軸が時間（単位はステージ、1ステージ＝3分）、縦軸がデス・マス体の出現率を表している。

図3から、デス・マス体の出現推移を表す曲線は、母語場面では、時間の経過と共に徐々に減少していく「右肩下がり型」（会話1・2・3・4）の傾向が見られるが、接触場面での母語話者のスピーチスタイルシフトの様相は、以下に示す3つの異なったタイプに分類できると考えた。

①急降下型（会話5・6・7）
　　第1ステージでは42%から75%の使用率があるが、第2ステージで一気に0%となり、その後も上昇しないタイプ

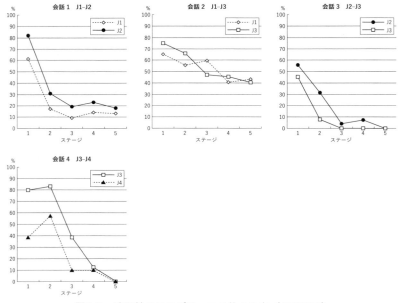

図3-1　時間軸で見るデス・マス体の分布（母語場面）

②低位置横這い型（会話8・12）

　第1ステージからほとんどデス・マス体を使用せず、その後も12%以下の使用率しかみられないタイプ

③変動型（会話9・10・11）

　下降も上昇もあり、一定の傾向がみられないタイプ

〈接触場面〉

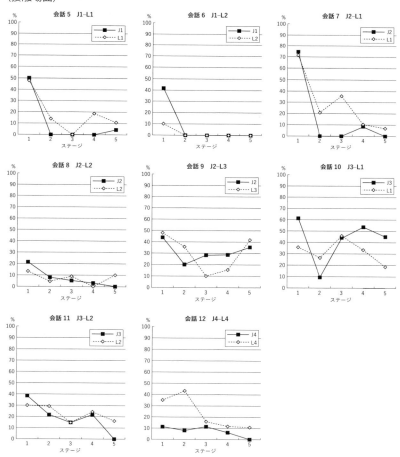

図3-2　時間軸で見るデス・マス体の分布（接触場面）

4.2.2　スピーチスタイルシフトの要因

4.2.1の分析結果と、フォローアップ・インタビューで得られた話者の言語操作意識に関するコメント（「　」で示す）をもとにして、シフトの特徴と要因を探ってみたい。

〈母語場面〉

会話1

第2ステージで急速にダ体へのシフトが進んだ際の特徴をみてみると、お互いの専門が語学系であることが分かり、また過去に同じ大学を受験した共通経験が話題になって、急速にシフトが進んでいることが分かる。その後、話題がお互いの専門に移った第4ステージでは、例（2）のように、J2が自身のスピーチスタイルを自己訂正する発話もみられる。

例（2）会話1【第4ステージ】

406　J2　スペイン語っていうのは、<u>あれかー、あ、あれかーじゃなくて、あれですか</u>、あのー女性名詞とか、あるんすか？。

407　J1　そうそうそう。

408　J1　もうフランス語とけっこう似て、（ふーん）なんだろ、作り的には似てる。

409　J1　綴りは（うん）ちょっとフランス語って変化が激しいから、（うん）ラテン語からの。

410　J2　ええ、ど、え、どういう意味ですか？。

J2の内省によると、406行目のような自己訂正は「親しい先輩と話す時など、微妙な距離にある人との会話で行っている」という。この場では、初対面相手に「あれかー、あのー女性名詞とか、あるんだよね？」とは言えないと考えて急いで訂正をしたが、「デス・マスを使いつつもくだけた話し方に聞こえるようにしたい」と考え、「あるんすか？」という音韻的省略を併せた発話末形式[14]で結んでいる。

会話2

J3が「自分のことを話しすぎて相手のことをあまり聞かなかったのは失敗だった」と記述しているように、話題はJ3の出身地や趣味が中心と

なったため、J1は必然的に質問をする回数が多くなった。聞き手目当ての行為である質問にはデス・マス体が使われることが多いため、J1の発話は会話1ほどダ体へシフトしていかなかった。しかし、そのような会話においても、時間の経過と共にデス・マス体の出現率が減少していく傾向が表れている。

 会話3

協力者の双方とも第1ステージからデス・マス体の使用率がやや低めになったのは、会話が始まって間もなく出身地に関する例（3）のやり取りがあり、お互いの実家が近所であることが判明してから会話終了まで、2人の地元に関する話題が続いたためである。

例（3） 会話3【第1ステージ】
64　J2　え、横浜のどこなんですか？。
65　J3　わたしはXX［地名］。
66　J2　えっ、ぎくっ。
67　J3　えっ、XX［地名］ですか？。
68　J2　XX［地名］。

「初対面相手とはデス・マスで話し、すぐにタメ口に切り替えるのは苦手だ」と語るJ2とJ3が参加した会話3で、早い段階でシフトが見られたのは、会話相手に対する心理的距離が他の会話に比べて近く設定され、また一貫して身近な話題が保たれていたからだと言えるだろう。

 会話4

会話4では、第1・第2ステージが殊に特徴的である。表2から、会話4の総発話数が他に比して極端に少ないことが分かるが、これは前半で学問的な話題になってしまい、両者が説明に窮し、1発話がフィラー等も含めてかなり長くなったためである。J4も、「最初の話題として、お互いに学生だから勉強の話に入ってしまったが、失敗したと思った」とコメントしている。そして、「学問的な話題に終始することを避けたかったために話題を変えた」という第3ステージの最初のやりとりが、例

(4) である。

例（4）　会話4【第3ステージ】
88　J4　/2秒/ちなみに、何歳？。
89　J3　私は21です。
90　J4　あ、同じだ。
91　J4　21です［笑い］。
92　J4　そっか。

　やや強引に学問的な話題を打ち切ったJ4は、「同年齢だしデス・マスで話さなくても良いだろう」と考えるが、例（4）に続くJ3の発話は例（5）であり、これに対してJ4は、「距離を取られている」と感じたとコメントしている。

例（5）　会話4【第3ステージ】
93　J3　えー、どちらにお住まいなんですか？。

　J3はこの発話について、「同じ年齢だと分かっても、初対面なのですぐには切り替えられなかった。話題が変わるし、個人的な質問なので丁寧に尋ねた」とコメントしている。しかしその後、「お互いに遠くて大変だなあと共感した」という通学時間の話から、J3もダ体にシフトしていく。この段階に至るまでに、「自分にとって最も話しやすい友達言葉に早く切り替えようと努力する」と言うJ4と、「初対面ではデス・マスが基本で簡単にタメ口に変えられない」と言うJ3のface-work[15]に滞りがみられたが、両者が徐々にスピーチスタイルの交渉を行い、共感をきっかけに互いに歩み寄りをみせてからは、順調にシフトが進んでいった。

　以上でみたとおり、会話の組み合わせによって期せずしてD（距離）が小さく設定された会話（会話3）があったことや、会話の当初からかなり意識的にポジティブ・ポライトネス・ストラテジーを駆使していた協力者（J4）がいたことから、スピーチスタイルの交渉過程は、会話ごとに異なった特徴を呈す結果となった。

しかし、異なった特徴がみられるとはいえ、各会話の性質や、スピーチスタイルに対する個人のビリーフに関する情報を得た上で改めて考察してみると、逆に個人差を超えた特徴も浮き彫りになる。まず、会話相手が同性同世代で、近所の住人であっても（会話3）、初対面である以上、第1ステージでは全発話の約5割はダ体で明言することを避けている。また、日頃からポジティブ・ポライトネスを心がけている話者（J4）も、第1ステージで全発話の38％にデス・マスのマーカーを用い、会話相手に構わずに自分のスタイルを押し通してはいない。このことは、第2ステージまでの発話の57％でデス・マス体を用い、自分と同じビリーフをもたないJ3に配慮して、自らのスタイルを一旦デス・マス体に戻していることからも窺える。また、「初対面からタメロはきけない」というJ3も、J4のスピーチスタイルを意識し、きっかけを見つけてダ体へのシフトを行っている。これらは、個人のビリーフの相違を超え、同じ規範を背景にもつ者同士のface-workの過程を浮き彫りにしていると言えるだろう[16]。

　以上の分析から、近年指摘されているような日本の若者のポジティブ・ポライトネス化の傾向が窺えるとはいえ、初対面の最初の段階では、いずれの話者もある程度のネガティブ・ポライトネスを保持した上で、相互にフェイスの調整を行い、共通話題や共感によるDの減少とともに、徐々にダ体へとシフトさせていく共通点がみられた。

　〈接触場面〉
　これに対し、接触場面では、母語場面で観察されたようなスピーチスタイルの交渉過程はみられなかった。「初対面では失礼にならないように基本的にデス・マスを使う」というJ1は、会話相手が非母語話者であると分かってからすぐにダ体にシフトし、その後は、会話5の最後に「ありがとうございました」と挨拶した1発話を除いて一切デス・マス体を用いなかった。これに関しJ1は、「会話相手が留学生であると知ってからデス・マスを使わない方が分かりやすいかと思って、意識的に使わないようにした」とコメントした。J1に限らず、J2・J4も「デス・マスを使わない方が分かりやすいと思った」、「留学生は、デス・マスを使わないで話すイメージがある」と述べ、日本語の敬語使用の難しさや留学

生の話し方に対するステレオタイプ的な見方が、会話相手が非母語話者であると認知した瞬間に浮かび上がったと考えられる。中でもJ4は、「外国人だと住む世界が違うから、日本での社会的な意識を取っ払うことができる」、「日本語が上手でもネイティブじゃないから距離を置かない方が良いと思い、自分から近づいてあげようと思った」と話し、自身が日頃心がけているポジティブ・ポライトネス・ストラテジーを、会話の早い段階から用いていた。

またJ3も、「日本人と話す時は、どう話すかでイメージが左右されることを知っているから気になるが、留学生との会話では意識する割合が低かった」とコメントし、会話相手のスピーチスタイルの変動に合わせて会話を進めていた。J3と同様に変動型のスピーチスタイルシフトを見せた会話9のJ2は、会話相手のL3に関し、「非常に日本語能力が高かったので、対母語話者と全く同じように話した」と語ったが、グラフ化したスピーチスタイルシフトの過程は、母語場面のような右肩下がりの曲線を描いていない。恐らく、会話相手の日本語に何ら不自然さを感じることがなければ、母語場面と同様のシフトの過程をたどったと予想できる。しかし、「L3が早い段階でタメ口になったことに外国人らしさを感じた」と述べたように、母語話者の言語行動の規範に照らせば違和感、不自然さがあると評価した場合に、母語場面とは異なった言語行動に変容すると考えられる。次に示す例（6）がその会話の冒頭部分である。

例（6）会話9【会話の冒頭部分】

1　J2　どうも、はじめまして。
2　L3　はじめまして。
3　J2　と、J2 [J2の氏名] です。
4　L3　あ、L3 [L3の氏名] です。
5　J2　あ、
6　L3　よろしくお願いします。
7　J2　日本の方では、/1秒/ないんですか↓？。[L3の名前が日本的でなかったため]
8　L3　じゃないんです。
9　J2　あ、どちらなんですか↑？。
10　L3　あのー、中国です。

11　J2　中国ですか↓。
12　L3　〈はい〉{<}。
13　J2　〈あれま〉{>}、"日本語お上手ですね"って、よく言われますよね。
14　J2　ちょっと、当たり前のこと言ってしまった［早口で］。
15　L3　ありがとうございます［笑いながら］。
16　J2　［笑い］、えっ（ん）、え、どれぐらい勉強してるんですか↑?。
17　L3　いまー、来てる、今3年、日本に来て3年目に入ったんですけどー。
18　L3　ですねー、まあ、<u>そのぐらいの時間ね</u>。
19　J2　えっ、えじゃー日本に来る前はぜんぜん、〈やっ〉{<}　／
20　L3　〈いや〉{>}、<u>全然とは言えないんだけどー</u>。
21　L3　で、なんていうか、<u>あのー挨拶ぐらい</u>。

　次の例（7）及び（8）も、母語話者が日本語学習者のスピーチスタイルシフトに影響された例である。

例（7）会話7【ステージ1の冒頭部分】

1　J2　はじめまして。
2　L1　はじめまして。
3　J2　こんにちは。
4　L1　こんにちは［笑いながら］。
5　L1　<u>急いで来たね</u>?。［急ぎ足で部屋に入ってきたJ2を見て］。
6　J2　え?。
7　L1　急いできた?。
8　J2　いや、そう。
9　J2　ちょっと今本を読んでいたら、（あ）時間を忘れてしまってですね、
10　L1　〈そうなんですか〉{<}。
11　J2　〈"あ、もう50分〉{>}　じゃん"と思って、来た〈わけでございます〉{<}。
12　L1　〈あそうですか〉{>}、そうですか、はい。
13　L1　〈な〉{<}、
14　J2　〈え〉{>}、あのーご職業は?。

　J2は、フォローアップ・インタビューで「（5行目のL1の発話が）不思議

な話し方だったので、どう距離を取ったら良いか分からなくなり、心の準備ができないまま（11・14行目のような）めちゃくちゃな言い方をしてしまった」と述べた。6行目の「え？」は、「「来たね？」って何だろう、と驚いて聞き返した」発話であり、その後、8行目で「不自然だったと思わせてはいけないと考え、それとなくフォローした」発話がある。しかし11行目の「〜でございます」や14行目の「ご職業」という言葉は「まだ心の準備ができずに混乱している」ことの表れである。しかしその後の会話でL1が留学生だと知ってからは、J2もダ体にシフトしている。

例（8）会話10【会話の冒頭部分】
1　J3　こんにちは。
2　L1　こんにちは［笑い］。
3　L1　［はははは／笑い］変な感じ。
4　L1　そうですね［笑いながら］。
5　L1　<u>今日は良い天気だね。</u>
6　J3　/1秒/そうですね。
7　L1　そうですね。
8　J3　や一、
9　L1　えー（はい）っと、今、何年生ですか？。

　J3は、5行目のL1の発話に対し、「自分なら言わないと感じた」とコメントしている。直後に、1秒の沈黙が生じていることからも、J3の戸惑いが感じられる。さらに、「初対面だったので、相手のカジュアルな話し方にうまく合わせられなかった」とコメントしたJ3は、途中でダ体へのシフトを試みたものの、「自分がデス・マスを崩した時にデス・マスで反応されてドキッとした」ことが影響し、スムーズなシフトが行われず、会話10のスピーチスタイルシフトは変動型となった。
　例（6）〜（8）で示したように、学習者が早い段階でスピーチスタイルをシフトした要因については、佐藤・福島（2000）や陳（2004）が指摘しているように、言語運用能力の不足による面もあるだろう。しかし、学習者へのフォローアップ・インタビューでは、「もし相手がずっとデス・マスで話したら、その日本人は中国系の人が好きじゃないのではないか

と思ってしまう可能性がある（L3）」、「ホームステイ先の日本人の子供におかしいと言われたからデス・マス体は使わない（L1）」、「初級の学習者がずっとデス・マスで話すのを聞いておかしいと思った（L1）」、「デス・マスで話すのは距離を置いているみたいでおかしいと思われる（L4）」といった、デス・マス体の使用に対する否定的なコメントが得られており、これが、デス・マス体の使用率の低さにつながった可能性も考えられる。

　これらのインタビュー結果から、接触場面で見られたダ体へのシフトの要因を、以下のようにまとめた。

①主にR（初対面という状況にかかるRank of imposition）の減少による急降下型・低位置横這い型：
会話相手が非母語話者であると認知した時点で、日本語の規範意識から解放され、母語場面で強かった「丁寧に話すこと」への意識が希薄になった。

②主にP（母語話者に対する日本語学習者のPower）の減少による急降下型・低位置横這い型：
会話相手が非母語話者であると認知した時点で、母語話者対日本語学習者という構図が浮かび、日本語の敬語体系の複雑さや非母語話者の話し方に対するステレオタイプ的な見方から、「デス・マス体の話し方は非母語話者には難しいだろう」と判断した。また、実際に会話の中で会話相手が急激にスピーチスタイルをシフトさせたことにも影響された。

③Wxの値（FTAの度合い）に無関係の変動型：
会話進行中に相手の日本語能力を判断し、学習者のスピーチスタイルシフトに合わせて言語的収束をした。

　言語的収束が行われる場合は、相手に合わせて自由にスピーチスタイルをシフトさせることになり、B&Lの公式で算出するWxの値が意味をなさなくなる。今回のデータでは見られなかったが、会話相手がデス・マス体で話し続ける学習者であった場合は、Wxが低く算出されてもデス・マス体に収束し、Wxの重みと選択された日本語のスピーチスタイ

ルが矛盾することも考えられる。また、母語場面で重く見積もられるＲ
が、異文化との接触において取り払われてダ体が出現した場合に、それ
がポジティブ・ポライトネスであると言えるのか、疑問が生じる。接触
場面では、ポライトネス理論の枠組みだけでは説明しきれないシフトが
生じていると考えられる。

4.3　スピーチスタイルシフトのメカニズム

　以上の分析から、母語話者は、上級の日本語運用力を備えた学習者が
会話相手であっても、接触場面では母語場面と異なったメカニズムでス
ピーチスタイルを選択していることが分かった。限られたデータではあ
るが、今回のデータにみられたシフトのメカニズムを、B&Lの枠組みを
もとに図4のように考察した。今回の会話データでは出現しなかった
が、学習者の言語運用レベルによって容易に想定できる過程は┈┈▶で
表した。
　場面によってスピーチスタイルシフトの過程が異なったのは、母語場
面ではＤの減少が、接触場面ではＰとＲの減少がシフトの主な要因とな
っていたためだと考えられる[17]。
　母語場面と接触場面を比較してみると、文化に属するＲが接触場面で
減少しやすいことから、母語場面でいかにＲが重みをもつかが顕著にな
った。B&LによるとＲの値は文化に大きく依存する。日本の規範に照ら
して想定される初対面場面でのＲは、「日本人同士だとちゃんとした話
し方をしなければ、と意識する (J1)」、「最初からタメ口っぽく話される
のを気にする人もいるから、親しくなるまではデス・マスで話す (J3)」
等のコメントにみられるように、「失礼にならないように、丁寧に」とい
う意識が強く働き、ある一定の重みで設定されることが分かる。しか
し、会話相手が母語話者ではないと分かれば、「日本の規範を意識しなく
ても良い」と考え、Ｒを低く設定し直すことがある。また、母語話者対
学習者という構図が浮かぶことで、Ｐの値が減少する。「日本語の敬語は
難しい」、「留学生はデス・マスを使わないで話すイメージがある」とい
った概念や、実際に会話の早い段階で学習者がダ体を用いたことも、こ
の傾向を強めた要因であると考えられる。しかし、このようにＲやＰが
減少した場合に、それがＤの減少によって生じたポジティブ・ポライト

ネスと同じであると言えるのか疑問が残ること、Wxの値にかかわらず言語的収束が行われることから、接触場面のシフトをB&Lのポライトネス理論だけで説明するのには限界が生じる結果となった。

これに対し、母語場面ではスピーチスタイルシフトの主な要因はDの減少であり、その過程は各会話によって異なるものの、徐々に減少していく一定の傾向が示された。

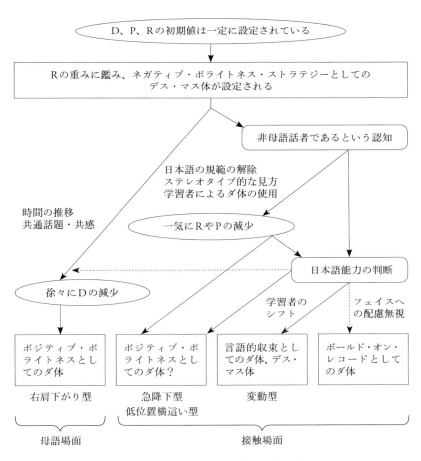

図4 スピーチスタイルシフトのメカニズム

5 おわりに

　小規模な探索的研究に過ぎないが、同じ初対面会話でも、場面によっていかにスピーチスタイルの出現の様相が異なるかを観察し、接触場面では社会言語学的な修正が行われている可能性を指摘した。母語場面と異なるコミュニケーションが繰り広げられる接触場面の特徴を浮き彫りにするためには、母語話者と学習者双方の言語行動を質的に探っていく必要があると考える。

付記
本章は、『社会言語科学』第6巻2号に掲載された同タイトルの論文に、加筆修正を加えたものである。加筆には、伊集院（2007）の一部も用いた。

謝辞
本研究の遂行にあたっては、東京大学大学院総合文化研究科（当時）の近藤安月子先生に丁寧なご指導をいただいた。また、同研究科の藤井聖子先生、沖縄大学法経学部の関山健治先生、横浜「言語と人間」研究会の皆様からも助言をいただいた。会話の収録と長時間にわたるフォローアップ・インタビューにご協力くださった8名の協力者の皆様に改めてお礼申し上げたい。

【資料】
A　協力者の情報と組み合わせ
〈母語話者〉

協力者	性別	年齢	学年	主な居住地
J1	女性	20	3	広島、東京
J2	女性	20	3	神奈川
J3	女性	21	3	神奈川
J4	女性	21	4	茨城、東京

〈学習者〉

協力者	性別	年齢	学年	出身地	学習期間	滞日期間	日能試1級合格点
L1	女性	21	2	台湾	3年7カ月	2年7カ月	320点ぐらい
L2	女性	21	2	台湾	3年2カ月	2年7カ月	320点ぐらい
L3	女性	21	2	中国	3年2カ月	2年11カ月	325点
L4	女性	22	2	中国	3年5カ月	3年	330点台

〈組み合わせ〉

母語場面	会話番号	会話1	会話2	会話3	会話4
	協力者	J1-J2	J1-J3	J2-J3	J3-J4
接触場面	会話番号	会話5	会話6	会話7	会話8
	協力者	J1-L1	J1-L2	J2-L1	J2-L2
	会話番号	会話9	会話10	会話11	会話12
	協力者	J2-L3	J3-L1	J3-L2	J4-L4

B 会話録音の実施日程

録音日 (2001年)	会話番号	J1	J2	J3	J4	L1	L2	L3	L4
3/23	会話12				○				○
	会話4			○	○				
	会話3		○	○					
3/26	会話9		○					○	
5/12	会話2	○		○					
	会話10			○		○			
	会話6	○					○		
	会話7		○			○			
	会話11			○			○		
	会話1	○	○						
	会話8		○				○		
	会話5	○				○			

注 [1] 「スピーチスタイル」は、文体の選択のみならず、語彙（敬語・俗語・幼児語など）の選択や方言の使用・不使用、縮約の有無などによっても異なるものであるが、本章では、発話末の文体の選択とシフトを分析する。先行研究では「スピーチレベル」、「待遇レベル」などとも呼ばれ、その分類方法も様々であるが、概念自体は同一のものである。「スピーチレベル」という用語の方が一般的であるが（宮武2009）、本章ではデス・マス体はレベルが高く（＋レベル）、ダ体はレベルが低い（－レベル）という解釈とは異なり、いずれも話者自身が様々な要因を考慮して選択するスタイルの1つとして捉え、「スピーチスタ

[2]　「言語操作意識」とは、ネウストプニー（1995）の「言語管理」と類似した概念である。言語管理理論では、期待（規範）からの逸脱、留意、評価、調整の手続き、調整の実施という管理プロセスの構造をとるが、本研究では、逸脱の有無は問題とせず、フォローアップ・インタビュー（ネウストプニー 1994）で得られたスピーチスタイルの選択や保持、シフトにかかわる留意、評価、調整の意識を考察に加えた。会話録音直後のインタビューでは、「会話の録音を意識したか」「会話相手の属性をどう判断したか」等に関する質問紙への記入と、会話の全般的な感想・印象について確認した。後日、文字化した資料と録音した音声を確認しながら、個別の発話について、発話意図やスピーチスタイルの操作、会話相手の話し方等に関する内省を問い、記録した。

[3]　B&Lは、「ある種の行為は、本質的にFTAになりうる」（B&L 1987: 65）としている。「ある種の行為」がどこまでを指すのかは明確にされていないが、様々な発話行為をはじめ、タブーとされるトピックを持ち出すこと、聞き手の話をさえぎること、話に関心を示さないこと、個人情報の要求、初対面における不適切な呼びかけや地位を表示する語の使用など、インターアクションの多種多様な側面が挙げられている。

[4]　B&Lの定義によれば、FTAの度合いWxは、以下のD（距離）、P（力関係）、R（負担の度合い）の3要素の総和で決定する。

Wx = D (S, H) + P (H, S) + Rx
D (S, H)：話し手（S）と聞き手（H）の社会的距離（Social Distance）
P (H, S)：聞き手（H）の話し手（S）に対する力関係（Power）
Rx　　　：ある文化で特定の行為xが意味する負荷の度合い（Rank of imposition）

[5]　B&Lは、FTAの度合いに応じて、以下のようにストラテジーが選択されるとしている。(ii) 〜 (iv) のストラテジーは、更に10または15の具体的な下位ストラテジーに分類されている。

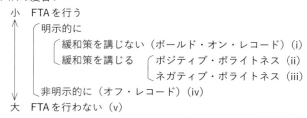

（B&L 1987: 60をもとに作成）

[6] ストラテジーに付されている数字は、B&Lが設けた下位ストラテジーの番号である。

[7] 初対面場面では例4のような断りや、依頼、勧誘といった発話行為は出現しにくいため、中途終了型が初対面場面においても、常にオフ・レコード・ストラテジーとして機能しているかについては、疑問もある。これらの疑問点に関しては、伊集院（2004b）で考察を試みた。

[8] 厳密に言えば、これらの要因が、DとPのどちらに該当するかは二者択一的に分類できず、実際は様々な要因が絡んでこれらの変数の値が決定すると考えられるが、便宜上分類して論じることにする。

[9] タイマーが鳴ったら会話を終了して退室するよう指示していたが、15分経過後も会話が終了しなかった場合は、調査者が入室して終了を指示した。最終的に1会話当たりの平均収録時間は15分32秒となった。

[10] 相槌的な発話とは、応答詞（例「はい」「うん」「そう」）や感動詞（例「えっ」「あれっ」）だけの発話、笑い声のほか、先行する発話をそのまま繰り返す、おうむ返しや単純な聞き返しの発話（例「実家は横浜です」という先行発話に対する「横浜」という繰り返し発話）など、聞き手に判断・要求・質問などの積極的な働きかけをしない発話を指す。本研究の分析の対象は、これらの相槌的発話を除いた実質的発話の文末である。

[11] 文字化に際しては宇佐美（1997）を参考にした。例に用いた記号の意味を以下に記す。

　　。　　発話末を表す
　　／　　相手にさえぎられて終了しなかった発話を表す
　　XX　　話者のプライバシー保護のため、必要に応じて一部をXで置きかえる
　　（　）　相手の発話に重なり、話を聞いているという以外の情報性がない相槌は、発話者の発話に最も近い部分に（　）に括って入れる
　　↑↓　　上昇、下降のイントネーションを表す（特記する必要がある場合のみ）
　　／秒／　沈黙の時間を秒数で表す（特記する必要がある場合のみ）
　　" "　　直接引用された場合、その引用された部分を表す
　　〈 〉{〈}{〉}　発話の重なりを表す。同時に発話されたものは、重なった部分双方を〈 〉で括り、重ねられた発話には〈 〉の後に{〈}を、重ねた方の発話には〈 〉の後に{〉}をつける
　　[ ]　　周辺言語情報や発話の状況等に関する補足説明を表す

[12] この一例は、質問紙の自由記述欄に「私はタメ口を使うことを、相手

[13]　との距離を縮めるのに利用します」と明記し、B&Lのいうポジティブ・ポライトネス・ストラテジーを意識的に駆使していたJ4によるものである。

[13]　Cook（1990: 431）に、「の」が"positive politeness"を表すとの主張がある。

[14]　「～すか」という言語形式は、J2のみに観察されたものであること、及び音声的側面を判断材料に加えなければならないことから、今回のスピーチスタイルの分析対象からは除外したが、以下にJ2による「～すか」形式の使用回数をステージごとに示しておく。

	ステージ1	ステージ2	ステージ3	ステージ4	ステージ5
会話1	0	1	1	1	2
会話3	0	4	2	1	1
会話9	0	1	0	0	1

[15]　「何かを行う際に、その行いがフェイスと調和するよう、取り計らうこと」（Goffman 1967: 12、筆者訳）

[16]　同様のスピーチスタイルシフトの過程は、三牧（2002）、申（2007）でも報告されている。三牧（2002）では、初対面同学年ペアの会話で、双方が相手の待遇レベルに注意を払いながら歩み寄り、相手に合わせていった様子、協調して普通体を基本的待遇レベルに設定していったプロセスが報告されている（p.63）。また、申（2007）にも、日本語初対面会話では、相手のスタイル変化に合わせる「同調パターン」がみられたとの指摘がある。

[17]　当然、時間の経過と共に両場面のRの値が減少することや、共通話題や共感によって接触場面のDの値も減少することは考えられるが、図4では各場面のシフトを特徴付ける主な要因についてだけ明示した。

参考文献

Brown, P. & Levinson, S. C. (1987). *Politeness: Some universals in language usage.* Cambridge: Cambridge University Press.

陳文敏（2004）「台湾人上級日本語学習者の初対面接触会話におけるスピーチレベル・シフト――日本語母語話者同士による会話との比較」『国立国語研究所 日本語教育論集』20, pp.18-33.

Cook, H. M. (1990). An indexical account of the Japanese sentence-final particle no. *Discourse Processes*, 13, pp.401-439.

大学英語教育学会中部支部待遇表現研究会（2000）『現代若者ことばの潮流――距離をおかない若者たち』

Goffman, E. (1967). On face-work. In Goffman, E. (Ed.), *Interaction ritual*

(pp.5–46). New York: Pantheon Books.
芳賀綏（1977）「日本人の思考と表現」野元菊雄・野林正路（監修）『ことばと文化』pp.1–32.　三省堂
井出祥子・荻野綱男・川崎晶子・生田少子（1986）『日本人とアメリカ人の敬語行動――大学生の場合』南雲堂
井出祥子・櫻井千佳子（1997）「視点とモダリティの言語行動」田窪行則（編）『視点と言語行動』pp.119–153.　くろしお出版
伊集院郁子（2004a）「母語話者による場面に応じたスピーチスタイルの使い分け――母語場面と接触場面の相違」『社会言語科学』6(2), pp.12–26.
伊集院郁子（2004b）「ポライトネス・ストラテジーとしての発話末省略に関する一考察」『東京大学外国語教育学研究会研究論集』8, pp.14–31.
伊集院郁子（2007）「接触場面に見られるスピーチレベル及びスピーチレベルシフト――中国・台湾人学習者の初対面会話データの分析から」『元智大学ワークショップ：談話コーパスの構築とその利用』pp.23–44.
生田少子・井出祥子（1983）「社会言語学における談話研究」『月刊言語』12(12), pp.77–84.
小林隆（2003）「繋ぐことばから閉じることばへ」『月刊言語』32(3), pp.60–67.
国立国語研究所（編）（1955）『国立国語研究所報告8　談話語の実態』秀英出版
メイナード，S. K.（1993）『会話分析』くろしお出版
Maynard, S. K. (1997). *Japanese communication: Language and thought in context*. Honolulu: University of Hawaii Press.
三牧陽子（1997）「対談におけるFTA補償ストラテジー――待遇レベル・シフトを中心に」『大阪大学留学生センター研究論集　多文化社会と留学生交流』創刊号, pp.59–77.
三牧陽子（2002）「待遇レベル管理からみた日本語母語話者間のポライトネス表示――初対面会話における「社会的規範」と「個人のストラテジー」を中心に」『社会言語科学』5(1), pp.56–74.
南不二男（1993）『現代日本語文法の輪郭』大修館書店
宮武かおり（2009）「日本語会話のスピーチレベルを扱う研究の概観」『コーパスに基づく言語学研究報告』1, pp.305–322.
水谷信子（1985）『日英比較話しことばの文法』くろしお出版
ネウストプニー，J. V.（1994）「日本研究の方法論――データ収集の段階」『待兼山論叢　日本学篇』28, pp.1–24.
ネウストプニー，J. V.（1995）「日本語教育と言語管理」『阪大日本語

研究』7, pp.67–82.
佐藤勢紀子・福島悦子（1998）「日本語学習者と母語話者における発話末表現の待遇レベル認識の違い」『東北大学留学生センター紀要』4, pp.31–40.
佐藤勢紀子・福島悦子（2000）『日本語の談話におけるスピーチレベルシフトの機構』平成10年度〜平成11年度文部省科学研究費補助金基盤研究（C）研究成果報告書
申媛善（2007）「日本語と韓国語における文末スタイル変化の仕組み——時間軸に沿った敬体使用率の変化に着目して」『日本語科学』22, pp.173-195.
杉戸清樹（1987）「発話のうけつぎ」『国立国語研究所報告92　談話行動の諸相——座談資料の分析』pp.68-106.　三省堂
高橋太郎（1993）「省略によってできた述語形式」『日本語学』12(10), pp.18-26.
上仲淳（1997）「中上級日本語学習者の選択するスピーチレベルおよびスピーチレベルシフト——日本語母語話者との比較考察」日本語教育論文集—小出詞子先生退職記念編集委員会（編）『日本語教育論文集——小出詞子先生退職記念』pp.149-165.　凡人社
宇佐美まゆみ（1995）「談話レベルから見た敬語使用——スピーチレベル・シフト生起の条件と機能」『学苑』662, pp.27-42.　昭和女子大学近代文化研究所
宇佐美まゆみ（1997）「基本的な文字化の原則（Basic Transcription System for Japanese: BTSJ）の開発について」『日本人の談話行動のスクリプト・ストラテジーの研究とマルチメディア教材の試作 平成7年度〜平成8年度文部省科学研究費補助金基盤研究（C）研究成果報告書』http://www.tufs.ac.jp/ts/personal/usamiken/btsj.htm（2011年2月22日）

第5章 中日接触場面の話題転換
中国語母語話者に注目して

楊 虹

1 はじめに

　中国人日本語学習者の話し方は「まだ話の途中なのに、いきなり話題を変える」、「話し方が唐突だ」と日本人にマイナスに評価されることがある。その一方で中国人である筆者は日本人の「話を変えてもいいですか」ということばに違和感を覚えることも多い。中日母語話者双方がお互いにこのような違和感を抱き続ければ、円滑なコミュニケーションに支障をきたし、より深い人間関係が築けなくなることも考えられるであろう。

　実際に日本語学習者の話題転換に焦点を当てた研究では、学習者の用いる話題転換表現が相手に唐突さを与えると指摘されている（木暮2002, Nakai 2002）。ただし、これらの研究はいずれも中国語母語話者の学習者を対象とした研究ではない。

　中日母語話者による接触場面では、お互いがどのような話題転換をしているのだろうか。そして、お互いに上記のような違和感を抱くのはこの話題転換表現の相違によるものであろうか。それともほかにも要因があるのか。この疑問に答えるべく、本章は中日接触場面において、中日母語話者それぞれの話題転換を調べ、両者に違いがあるかを探る。

2 先行研究

2.1 話題転換研究における2つの着眼点

　話題転換において、会話参加者がどのような言語・非言語行動をして

いるかに関して、二つの着眼点からの研究が見られる。一つは相互行為のプロセスの特徴に注目し、話題転換のパターンを分類する研究である。もう一つは会話の参加者がどのようなストラテジーを用いて話題を終了・開始するのかに注目する研究である。

2.1.1　話題転換のパターンの研究

　West & Garcia（1988）は話題転換のパターンに着目した研究の先駆けである。彼らは新しい話題が導入されるまでの会話参加者の相互行為に注目した。会話の参加者が相互にまとめや評価表現、あいづちのくり返しなどの話題を終了させる活動をした後に、次の話題が導入されるものは、「協働的転換」と分類され、逆にこのような先行話題を相互に終了させる活動が見られず、かつ沈黙等も見られないものは「一方的転換」と分類される。

　West & Garcia（1988）では、男女間の初対面会話において、大多数の話題転換は協働的転換であるが、一方的転換はすべて男性によるものという結果が得られ、女性の話の流れが男性の一方的な話題転換によって切られると指摘している。話題転換のパターンの分析は会話のスタイルにおける男女間の相違を見出すには有効であると彼らは主張している。

　日本語の会話を対象として、話題転換を相互行為の特徴から分類した研究は村上・熊取谷（1995）である。村上・熊取谷（1995）では、「継続型」、「断続型」、「割り込み型」という3つの転換型が見られるという。継続型と断続型はともに先行話題の終結後に後続話題が開始される場合を指すが、断続型には長い沈黙が見られる。この2種のいずれも、前述の「協働的転換」に相当する。「割り込み型」は先行話題についての会話続行中に、会話参加者が急に話順を取り、先行話題に割り込む形で後続話題を開始する場合を指し、「一方的転換」に相当する。ただし、村上・熊取谷（1995）は3者間の会話を扱っており、「割り込み型」で示された例は2者の話題に第3の会話参加者が割り込むもので、当の話題の参加者自らが急に次の話題を開始する例は示されていない。また、村上・熊取谷（1995）は量的分析がないため、日本語の会話における話題転換のパターンの傾向は明らかにされていない。

2.1.2　話題転換ストラテジーの研究

もう一つの着眼点は、会話の参加者がどのようなストラテジーを用いて話題を終了・開始するのかに注目する研究である。

日本語の会話における話題転換ストラテジーの研究にメイナード（1993）、前出の村上・熊取谷（1995）、中井（2003）、楊（2006）がある。メイナード（1993）は日本語の会話に、1. 会話中の一時停止（沈黙）、2. まとめや評価を示す表現、3. 限られた反応（あいづち、くり返し、笑い）、4. 転換を示唆する文副詞・接続詞等という4種類の転換ストラテジーが見られると報告している。ここにあげられた4種の転換ストラテジーのうち、1〜3は主に話題を終了させるための要素で、4は主に話題を開始するための要素と思われる。メイナード（1993）ではこれらを明示的に開始・終了に分けてはいないが、村上・熊取谷（1995）と中井（2003）、楊（2006）は、話題転換を開始部と終了部に明示的に分けて分析している。

村上・熊取谷（1995）は話題が変わったことを示す言語的・非言語的行動の特徴を話題転換部における結束性表示行動として捉えており、メイナード（1993）であげられたもののほか、韻律的特徴の変化や動作の変化も入れているが、笑いについては触れていない。中井（2003）、楊（2006）は話題転換部に見られる言語要素のみを分析対象としており、笑い、沈黙等の非言語行動については触れていない。以上のように、先行研究によって、結束性表示行動やストラテジーなどと話題転換の役割を果たすもののとらえ方や、実際に分析対象として取り上げる言語・非言語要素等が異なる。本稿は基本的に話題転換ストラテジーを、話題を終了させる役割を果たすものと話題を開始させる役割を果たすものに分けて分析し、主に言語によるストラテジーに焦点を当てる。

2.2　日本語による接触場面での話題転換研究

日本語学習者の接触場面での話題転換を調べた研究に木暮（2002）とNakai（2002）がある。この2つの研究はいずれも日本語学習者の話題転換表現の使用頻度を調べたものである。

木暮（2002）は日本国内の日本語学習者（母語未統制）を初級、中級、上級の3つのグループ（3名ずつ）に分け、それぞれの話題転換表現の使用状況を調査した。その結果、上級学習者でも話題転換表現の機能を十分

に理解しておらず、相手と場面に応じて使い分けできないことが分かった。また、話題転換表現自体が正しいのにどこか不自然な印象を受けるものや、転換表現を使用しなかったため、突然話題が変わったような印象を受けるものも見られた。しかし木暮の研究では、話題の開始部分にのみ注目し、分析は話題導入部分の最初のターンでの発話だけを対象としており、話題の終了についての言及が見られない。

一方、Nakai（2002）は、5人の英語母語話者の日本語学習者（中級）の話題転換表現（topic shift device）を、話題終了部と話題開始部に分けて分析した。その結果、話題開始部では、学習者には間違った接続詞や終助詞の使用が見られた。話題終了部では、日本語母語話者が多様なストラテジーを組み合わせて場面に応じて使い分けているのと対照的に、学習者は特定の終了ストラテジー（あいづち）に偏るため、時には会話に無関心あるいは転換が唐突であるといった印象を与える。Nakai（2002）はこれらの結果から、日本語教育に話題転換表現の指導を積極的に取り入れる必要性を指摘している。

日本語学習者に焦点を当てたこれらの研究は、主に話題転換の言語表現の形式や、使用頻度から学習者の話題転換行動の問題点を指摘しており、会話参加者の相互行為の特徴にはほとんど触れていない。しかし、2.1.1で述べたように、会話の参加者の相互行為の特徴に注目した話題転換のパターンの分析は、参加者間の会話のスタイルの相違を浮き彫りにすることができる。接触場面では、木暮（2002）が指摘したような「話題転換表現が正しいのに唐突さを感じる」要因の一つには、学習者が持つ母語話者とは異なる会話のスタイルも考えられよう。そこで、本研究は接触場面における話題転換の特徴および学習者の話題転換行動の問題点を明らかにするためには、話題転換ストラテジーの使用頻度の分析のみならず、話題転換のパターンの分析も取り入れる必要があると考え、両方の分析を試みる。

3 ｜ 目的と調査方法

本章は中国語母語話者と日本語母語話者の初対面の日本語による二者間会話において、双方の話題転換に違いがあるかどうかを明らかにする

ことを目的とし、以下の2つの課題を設けて分析する。

 課題1 中日接触場面の話題転換にどのようなパターンが見られるか
   ①中国語母語話者の場合
   ②日本語母語話者の場合
 課題2 中日母語話者の話題転換ストラテジーの使用頻度に違いがあるか
   ①話題終了ストラテジーについて
   ②話題開始ストラテジーについて

　なお、初対面の会話を対象に設定したのは、話題転換のされ方は参加者間の関係に影響を受けるが、関係ができていない初対面では、互いの持つストラテジーを用いて会話に参加する傾向がより強く見られると考えられるからである。
　調査対象者は、14名の中国語母語話者（女性）と14名の日本語母語話者（女性）である。中国語母語話者は中国国内の大学で日本語を専攻する3、4年生で、日本語能力試験1級か2級の資格を持つ。被験者全員が2年生になってから週1回以上日本語母語話者と会話の練習をしており、日本人との会話にある程度慣れていると思われる。一方日本語母語話者は当該大学の留学生である。
　上記中日母語話者で初対面のペア（14組）を組み、20分間の日本語による自由会話を録音・録画した。収録時、調査者は席をはずした。参加者には「日本語で自由に話してください」という指示のみで、話題は指定していない。なお、データ収集の具体的な目的は明かさなかった。

4 ｜ 分析の方法

4.1　話題および話題転換部の認定

　会話における話題は内容のまとまりを持つ発話連続を一つの区分として認定した。区分の認定は筆者と協力者（日本語母語話者で、日本語教育関係者）が独立に行い、一致率を算出した。平均一致率は83%であった。一致していなかったところは協力者と協議の上、区分を決定した。

そして、話題転換部は2つの話題の区切れ目にある先行話題の終了部（最初の話題終了ストラテジーを含むターンからその話題の終了まで）と後続話題の開始部（導入された話題を会話の相手が認知し、それについて話し始めるまで）により構成されると考え、そこに焦点を当て分析する。

4.2　課題1　中日接触場面の話題転換にどのようなパターンが見られるか

話題転換のパターンの分析は、すなわち話題導入までの相互行為のプロセスの分析である。まずは話題終了部における会話の参加者双方のやり取りのカテゴリー化を行い、次に、話題導入者を中国語母語話者と日本語母語話者に分けて、中日双方の傾向を比較する。

4.3　課題2　中日母語話者の話題転換ストラテジーの使用頻度に違いがあるか

4.3.1　話題転換ストラテジーの分類

本研究は話題転換ストラテジーを終了ストラテジーと開始ストラテジーに分けて分析する。そのため、日本語母語話者同士の話題転換を終結部と開始部に分けて分析した村上・熊取谷（1995: 105）をベースに、これまで複数の研究で話題転換の役割を果たすと指摘されている要素を中心に分析を行う。

4.3.2　話題転換ストラテジーの使用頻度

各話題転換ストラテジーが転換箇所に用いられる頻度を明らかにするために、その使用率を算出する。分析手順は下記の通りである。

①話題転換部（終了部＋開始部）における中日母語話者双方のストラテジーを抽出し、分類する。話題の終了は参加者二人により成し遂げられると考え、参加者それぞれの終了ストラテジーを抽出する。話題の開始は導入者の開始ストラテジーのみを抽出する。
②参加者一人ずつの各ストラテジーの使用率を算出する。
　終了ストラテジーの使用率＝使用数／終了回数
　開始ストラテジーの使用率＝使用数／導入回数

5 結果と考察

　14組の会話において、全部で177回の話題転換が見られ、1組あたり平均12.6回であった。回数が最も多いペアは16回で、最も少ないペアは8回である。そのうち、中国語母語話者によるものは100回で、日本語母語話者によるものは77回である。

　本研究で見られた転換ストラテジーとそれに対応する主な先行研究を表1に示す。以下、中日母語話者がこれらのストラテジーを、新規話題導入までに用いるかどうか、および、どのように用いるかを述べる。

表1　話題転換ストラテジーの分類

■終了ストラテジー		主な先行研究
あいづち	「はい」「うん」「ふうん」などの短い表現。応答として使われるものは含まない	メイナード（1993） 村上・熊取谷（1995）
まとめや評価	話題の内容（自分の話と相手の話両方を含む）をまとめ、評価する発話	メイナード（1993） 村上・熊取谷（1995） 中井（2003）
笑い	はっきりとした呼気を伴う笑いで、微笑みは含まない	水川（1993） メイナード（1993）
くり返し	先行発話の一部または全部をくり返す発話。ただし相手に確認を要求するものは除く	メイナード（1993） 中田（1991） 中井（2003）
■開始ストラテジー		
言いよどみ表現	「あのう」「えっと」等会話の展開、内容などを示す手がかりとなる表現	村上・熊取谷（1995） 田窪・金水（1997） 中井（2003） 木暮（2002）
接続表現	「でも」「それで」等先行話題とのつながりを示す表現	佐久間（1990） メイナード（1993） 木暮（2002） 中井（2003）
認識の変化を示す感動詞	「えっ」、「あっ」等会話の方向性が変わったことを示す表現	村上・熊取谷（1995） 田窪・金水（1997） 木暮（2002）
呼びかけ	相手の名前を呼びかけとして用いる場合	村上・熊取谷（1995） 木暮（2002） 前原（2000）
メタ言語表現	「話は変わるが」等話題として取り上げることを示す表現	メイナード（1993） 西條（1996）[1] 木暮（2002）

5.1　課題1　中日接触場面の話題転換にどのようなパターンが見られるか

　本研究では話題が導入されるまでの会話参加者の相互行為の特徴から、話題転換のパターンを以下の4つのタイプにまとめた。図1は4つのタイプを図示したものである。

1. 協働的転換

2. 一方的転換

3. 無表示転換

4. 突発的転換

（終了S：終了ストラテジーの略）

図1　話題転換のパターン

　4つのタイプのうち、「1. 協働的転換」はWest & Garcia（1988）等の先行研究の分類における「協働的転換」に相当するもので、「2. 一方的転換」以降の3タイプは先行研究では「一方的転換」とまとめられているものであるが、話題導入者の話題導入までの行動をより詳細に分析するため、本稿では細かく分類している。図2は中日母語話者それぞれの話題転換パターンの割合を示す。

　日本語母語話者の話題転換のうちの75%は、協働的なやり取りのプロセスを経て次の話題を導入する協働的転換である。一方で中国語母語話者の場合、2割強が参加者双方のどちらからも終了ストラテジーがないまま話題導入を行う突発的転換であり、無表示転換も入れると、約5割

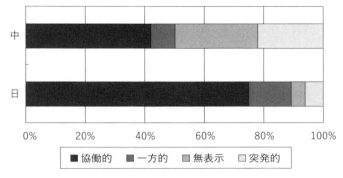

図2 話題転換のパターンの比較

の話題は導入者が終了ストラテジーを使用せずに導入している。

次は各転換のパターンを、会話例を見ながらその特徴を述べる。各会話例におけるCとJはそれぞれ中国語母語話者と日本語母語話者を指す。その後の番号は対象者に付けられた通し番号である。→で示した発話[2]から、新しい話題が導入される。網掛け文字はそれぞれのストラテジーを示す。各会話例のタイトルは話題転換の流れを示す。⇒の前後はそれぞれ先行話題と新規導入話題を示す。

1. 協働的転換

「協働的転換」は、会話の参加者双方が終了ストラテジーを用いて話題を終了させてから新規話題が導入される場合である。会話例1では、J7がまとめの発話をした後、C7は自分の発話の一部をくり返しただけでさらに話題を発展させようとしなかった。そしてJ7も短く自分の発話をくり返し、さらにあいづちを打った。この話題転換場面においては、C7とJ7が互いに終了ストラテジーを用いて協働的に話題を終了させるプロセスが見られた。

会話例1 貧富の差⇒イラク戦争

1C7 今中国は発展している国ですから。
2J7 うんうんうん、だんだん。
3C7 お金持ちも多いければ、貧しい人も。

    4J7　そうですね。社会主義なのにすごい不思議な国だなあと思いました。[笑い]
　　　　　導入者の「あいづち」＋「まとめや評価」＋「笑い」
    5C7　発展しています。　相手の「くり返し」
    6J7　だんだん。うん。　導入者の「くり返し」＋「あいづち」
　　　（3）
→7J7　戦争始まったでしょう。始まりましたよね、今日。

2．一方的転換

「一方的転換」は、新規話題の導入者自らは話題終了ストラテジーを用いるが、会話相手による終了ストラテジーがないまま話題を導入する場合である。会話例2では、交換留学生や私費留学生のことを話題にしている。J13の自分もアルバイトして中国に来たという発話に対して、C13はあいづちと評価表現で終了のサインを出して、すぐ相手のアルバイトという言葉に焦点をあて、話題を転換した。新規話題の導入まで、J13からの終了サインが見られず、まはっきりとした「間」もなかったため、J13にとってこの話題がまだ話しつくされていないという可能性も考えられる。

会話例2　公費・私費留学生⇒アルバイト
    1C13　公費ってあの日本と中国の大学の交換学習として、あのう、〇〇大学に来た留学生はその、そんなに多いと、多くないと思いますけど。
    2J13　ですね。やっぱりgongfei、あの、公費で。
    3C13　すばらしい発音ですね。すばらしい発音。
    4J13　そうですか。
    5C13　はい。
    6J13　私はnとng、henとhengが分かりません。間違えてしまうんですけど。そうですね。（2）gongfei、公費で来る人は、数、人数が限られています。少ないです。私も学校では中国語を勉強していないから自分でアルバイトして、中国に来ました。　相手の終了ストラテジーなし
    7C13　はい。すごいですね。　導入者の「あいづち」＋「評価」
→8C13　アルバイトと言えば、私たちは、私たちの〇〇大学では、あのう、学生達は、あのう、うん、日本語を専門として勉強する人があのただ毎年16人、

毎年16人だけなんですけど、日本語を自分の専門としての学生にとって、学生としてアルバイトの機会が、(以下略)

このパターンの転換は中国語母語話者の全体に占める割合は8％と少なかった。逆に日本語母語話者には14％あり、比較的多かった。次の会話例は日本語母語話者による一方的転換の例である。

会話例3では、J8は相手から短い返答(4C8)を得た後、あいづちを打ち、さらに笑って、ターンを相手に渡した。しかし、相手がターンを取らないため、自らさらに評価表現を行ってから、天気についての話へと転換した。

会話例3　中国のテレビドラマ⇒天気の話
1J8　え、こっちの中国のと、香港の「笑傲江湖」、どっちがすきですか？
2C8　えー。
3J8　Zhongyangdianshitai（CCTV）が作ったの、と、香港の。
4C8　香港のほうが。
5J8　*そうですね。[笑い]*　　導入者の「あいづち」＋「笑い」
　　　(2)　　　　　　　　　　相手の終了ストラテジーなし
6J8　*面白いですね。*　　　　導入者の「評価」
→7J8　今日は暑いですねー、私こんなに着たから、ちょっと暑くて。

日本語母語話者の「一方的転換」と分類されているものには、こうした相手の終了サインを待っているとも取られる沈黙やあいづちの連続が多く見られる。

会話例3でのC8の振る舞いは相手の話題に無関心、ひいては会話に非協力的という印象を与える可能性もあろう。しかし、接触場面という会話の場面の特性を考えれば、C8の振る舞いを単に無関心または非協力的と決め付けるのは早計であろう。実際には二人は中国のドラマについて14ターンに渡り語ってきており、盛り上がっていた場面も観察された。この終了部におけるC8からの終了ストラテジーの欠如は、その日本語能力の不足から即座に言語化できなかったことによるものか、発話を控えることで話題を終了させるという意志表示か、のどちらかに断定

することはできない。しかし、接触場面という特性を持つ場面で言語が使われていることを踏まえたうえで、ここでのJ8とC8の会話行動を理解しなければならない。ここでは、J8は円滑な会話を維持するため、相手の終了ストラテジーが見られないまま話題を転換した。接触場面において、日本語母語話者は自らの会話スタイルを保ちながらも、相手に合わせて柔軟な調整も行っているといえよう。

3. 無表示転換

「無表示転換」は、会話の相手から話題終了ストラテジーが見られたが、新規話題の導入者は終了ストラテジーを用いず話題を導入する場合である。会話例4では、中国人学習者は日本語母語話者のまとめや評価発話にあいづちなどを打たずに話題を導入していた。

会話例4 語学の勉強⇒出身地

1J13 で、日本語と中国語、漢字は同じなんですけど、文型も読み方も全然違っていて、難しいなあと思うし、一応英語やって、勉強しているんですけども、
2C13 うん
3J13 英語のようには中国語は理解できません。
私にはとても難しいです。　　会話相手の「まとめや評価」
（2）　　　　　　　　　　　　導入者の終了ストラテジーなし
→4C13 んー、どこの出身地ですか。
5J13 私は、出身は千葉です。千葉県、東京の隣です。

このパターンは中国語母語話者の話題転換に多く見られた。会話例4では2秒間の沈黙が見られたが、ここでJ13は自分の「私にはとても難しいです」という評価表現に対して、C13があいづち等で受けとめてくれることを期待していたことも考えられよう。一方で、こうした沈黙がなく、中国語母語話者がすぐ話題を導入するものも多く見られた。

4. 突発的転換

「突発的転換」は会話参加者双方からの終了ストラテジーが見られないまま新規話題が導入される場合である。会話例5では、C6は先行話題

が展開されている最中に、急に相手の所属を聞く発話をして、話題を転換した。J6は反射的に答えた後、間をおかずに「え、私ですか」と聞き返した（5J6）。ここではJ6はC6の質問は自分の所属を聞いているのか、先行話題に登場しているタレントの所属を聞いているのか、一瞬判断しかねている様子が観察された。このパターンの話題転換は中国語母語話者の話題転換のうち、22%を占めている。

会話例5　日本の歌手の近況⇒J6の所属
　1J6　きろろはあの上海外国語大学。
　2C6　そうですね。うん、知ってる？
　3J6　見た、見ているわけではないけど。
　　　　　　　　双方の終了ストラテジーなし
→4C6　あ、今は〇〇大学の、んー。
　5J6　漢語専修生、え、私ですか。
　6C6　そう。
　7J6　漢語専修生。

　以上4種類の話題転換のパターンの特徴を見てきたが、中国語母語話者と日本語母語話者それぞれのパターンの生起頻度を見ると、双方とも、協働的転換の占める割合が最も高かった。接触場面における大多数の話題転換は双方の協働により行われた。

　水谷（1979）は日本語の会話の特徴を「相手と自分が一緒に会話そのものを作っている」と述べている。話題転換において、日本語母語話者は会話の相手とお互いにあいづちやくり返しなどの終了ストラテジーを含む発話をしたり、笑ったりしてお互いの終了意志を表示し合い、その合意を得て初めて次の話題を導入する。日本語母語話者の話題転換の75%が協働的転換という話題転換のパターンの傾向がこのような会話に対する捉え方の一面を示している。

　しかし、中国語母語話者の場合、協働的転換は42%にとどまっている。22%の話題転換が、双方ともなんの終了ストラテジーもないまま中国語母語話者が新たな話題導入を行う「突発的転換」であり、さらに「無表示転換」も入れると、約5割の話題は導入者が終了ストラテジーを使

用せずに導入している。

　自ら話題終了のサインを相手に送り、また、相手からも終了のサインを得てから次の話題を導入するという傾向を見せる日本語母語話者と比べ、中国語母語話者は、話題導入前に双方のやり取りで先行話題の終了を明示的に表示する、または確認することについて、その必要性をそれほど感じていない可能性が読み取れる。

　このような話題転換は会話の相手に唐突感を与える可能性が高い（会話例2と会話例5）と推察される。特に、会話例5のような「突発的転換」は話題終了を示す手がかりが全くないため、会話の相手にとっては会話の流れをつかむのが困難であろう。その結果、円滑なコミュニケーションが妨げられる可能性が高いと考えられる。

5.2　課題2　中日母語話者の話題転換ストラテジーの使用頻度に違いがあるか

5.2.1　話題終了ストラテジー

　中国語母語話者は合計145回、日本語母語話者は合計250回の終了ストラテジーが見られた。中国語母語話者の使用数は日本語母語話者の6割未満である。また、すべての終了ストラテジーにおいて、日本語母語話者の使用率が高かった（図3参照）。

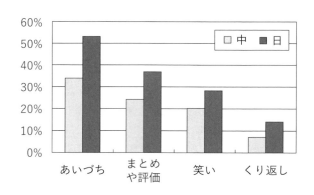

図3　話題終了ストラテジーの中日比較

中日母語話者の各終了ストラテジーの使用頻度の傾向は類似しており、いずれも「あいづち」「まとめや評価」「笑い」「くり返し」の順に使用頻度が低くなっていく。これは、会話における参加者間の影響や、同じく日本語を使っているためと考えられる。

　しかし、中国語母語話者の使用率は全般にわたり、日本語母語話者より大幅に低い。その理由として、まず中国語母語話者の日本語能力の影響が考えられよう。しかし、「くり返し」以外の3種の終了ストラテジーの使用率はともに2割を超え、全く使えないわけではない。実際に中国語母語話者の「まとめや評価」に見られる表現を見ると、「大変ですね」「自信を出してください」「本当に面白かったです」「そういう機会があったらよかったなあと思います」「だからとても人気がある」と様々な表現が自然に用いられていることが分かる。また、「あいづち」、「くり返し」、「笑い」については、日本語能力の影響が比較的少ないと思われるにもかかわらず、両者の使用率にかなりの差が見られた。終了ストラテジーの使用には日本語力の影響のほか、さらに別の要因が関わっていることが考えられる。

　前節では話題転換のパターンについて考察したが、中国語母語話者の話題転換において、終了ストラテジーを出さずに行った話題転換が5割にのぼる。「あいづち」や「くり返し」、「笑い」は、「話題を前に進める役目を果たさない」(メイナード1993)もので、会話のペースを落し、終息へと向かわせる。しかし、中国語母語話者には、会話の相手が終了ストラテジーを含む発話をすれば、自らの終了ストラテジーを用いずに新しい話題を導入するという「無表示転換」も多く見られた。会話のテンポを落し、お互いの終了ストラテジーで話題を終了させるプロセスを経て導入する日本語母語話者とは異なり、中国語母語話者はすぐ次の話題を導入することができる。即ちあいづちやくり返しのような話題を推し進める役目を持たないものは会話を停滞させかねない要素として積極的な使用を避ける、という日本語母語話者とは異なる中国語母語話者独自の会話スタイルの特徴が窺われた。

5.2.2　話題開始ストラテジー

　開始ストラテジーの平均使用率については、中日ではそれぞれが使用

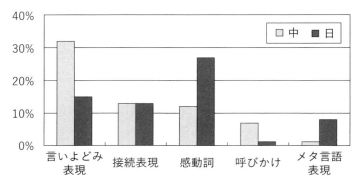

図4 話題開始ストラテジーの中日比較

するストラテジーの傾向が異なる（図4参照）。中国語母語話者は「言いよどみ表現」の使用率が最も高く、ほかの開始ストラテジーの2倍以上である。一方、日本語母語話者の場合、「認識の変化を示す感動詞」の使用率が最も高かった。

話題開始ストラテジーでは、中国語母語話者は「んー」、「あのう」、「えっと」のような「言いよどみ表現」の使用率が他を大きく引き離して高く、日本語母語話者の2倍以上となっている。これらの表現は村上・熊取谷（1995）では「働きかけ」に分類され、木暮（2002）では、「えっ」「あっ」等と同様に「談話標識」に分類され、Nakai（2002）の場合、相互作用マーカーに入っている。「言いよどみ表現」は、場継ぎ的に発話され、聞き手に対して、「有意味な発話にはもうしばらくかかるのでそれまで待機してくれとの指示として利用できる」（田窪・金水1997）。本研究では、話し手がターンを保ちながら、話題を導入する際に、これから話そうとする内容そのものまたは言語形式を考えていることを示す役割を持つと考える。次の会話例6は中国語母語話者が話題導入をする際に「あのう」が頻出した様子を示している。

会話例6 ラッシュ時の混雑⇒日本に旅行

  1J9   だからすごい。ラッシュの時間はものすごく混む。だからこう人が入らなかったら駅員さんがぎゅっと押し込むという。
  2C9   ［笑い］ここもその、そうするところがある。

3J9	押し屋、押し屋という職業。
4C9	押し屋？
5J9	押し屋[手で押す動きをする]、押し屋。
	[二人笑]˚押し屋˚。
	(4)
→6C9	んー、じゃー、(C9が笑、J9も笑い返す)
	(4)
7C9	んー、んー、あのう、んー、日本、あの私の達は、今日本にいる。大学に。
8J9	うん。
9C9	彼の話によると、あのう、日本という石川県、あのう、あのう、あのうとても、んー、とても美しい。
10J9	うん。
11C9	美しい。旅行、旅行に、んー、旅行のために日本へ行くと、どこがいいと思う？
12J9	うん、そうだな。こう、歴史的なものを見たい人はやっぱり京都とか。

　会話例6では、日本のラッシュ時の混雑についての話題が終了した後、C9は6C9で言いよどみ表現「んー」と接続表現「じゃー」で新規話題の導入を試みた。しかし、6C9では次の発話が出てこなかったため、C9は笑いで発言を回避し[3]、ターンをJ9に譲ろうとした。しかしJ9がターンを取らなかったため、C9は再び話題導入を試みた。6C9〜11C9に渡る長い導入部では「んー」や「あのう」が多く見られた[4]。話題を探し、さらに適切な日本語を探しながらC9が懸命に新しい話題を導入している様子が見られた。

　中国語母語話者にとって、目標言語である日本語による話題導入には発話内容と言語形式の両方に処理の負荷がかかり、日本語母語話者より高いハードルを感じるだろう。にもかかわらず、本研究では中国語母語話者の話題導入数が日本語母語話者より3割多かった。話題開始ストラテジーのうち、「言いよどみ表現」が他を大きく引き離して高かったことは、中国語母語話者が会話の停滞を避けるため積極的に話題を導入していこうという姿勢と、日本語による話題導入の難しさのせめぎあいの現れでもあると考えられる。

一方、日本語母語話者の場合、「えっ」「あっ」などの「認識の変化を示す感動詞」が最も多く見られた。これは村上・熊取谷（1995）では認識の変化を示す言葉と分類され、木暮（2002）では、「談話標識」に分類されている。これらの言葉の2次的な働きとして、相手に話の内容の方向性を察知する手がかりを与えると指摘されている（田窪・金水1997）。つまり、自らの発話の内容が先行発話との関連性が低いまたは直接関連がないことを聞き手に示し、聞き手の注意を喚起するなどの役割を果たす。日本語母語話者は「認識の変化を示す感動詞」を用い、間接的に話の関連性を示すことにより聞き手への配慮を示すという特徴が見られた。

6　まとめと今後の課題

　本章は中日接触場面の話題転換を、話題転換のパターンと話題転換ストラテジーという2つの観点から分析し、中国語母語話者の日本語母語話者とは異なる話題転換の特徴を浮き彫りにした。
　まず、話題転換のパターンにおいては、中国語母語話者には日本語母語話者と異なる傾向が見られた。日本語母語話者は双方の終了合意の後に話題導入をするパターンが多数を占めるが、中国語母語話者には話題の終了を明示的に表示しないで導入を行う場合も多く見られ、それが日本語母語話者にとっては唐突な話題転換と感じ、困惑する一因となっていることが示唆された。また、中国語母語話者が話題終了ストラテジーを用いないため、日本語母語話者は会話の継続を優先し、相手からの終了ストラテジーが得られない場合でも次の話題を導入する場合もある。接触場面において、日本語母語話者は自らの会話スタイルを保ちながら相手に合わせて柔軟に調整を行っていることが窺われた。
　本研究は、このような相互行為の特徴に焦点をあてた話題転換のパターンの分析によって、話題転換ストラテジーの頻度のみの分析では見落とされかねない問題点を明らかすることができた。日本語教育における談話ストラテジーの教育は、相互行為の視点を取り入れ、談話レベルで行うことの必要性が示唆された。また、その際、日本語教師が学習者の持つ独自の会話のスタイルを踏まえた上で談話ストラテジーの教育を行うことも重要であろう。

次に、話題転換ストラテジーの使用頻度において、終了ストラテジーでは、中国語母語話者の使用率の低さが目を引く。この背景として、終了の合図を示さなくても、次の話題を導入することにそれほど抵抗を感じないという中国語母語話者の会話のスタイルの影響が推測される。開始ストラテジーでは、中国語母語話者の「言いよどみ表現」の使用率の高さから、その話題開始ストラテジーの使用における日本語能力の影響が示唆された。

　西條（1998）では、中上級学習者が相手の発話を理解できないために急な話題転換を行うという問題点を指摘し、接触場面における「メタ言語的方略」の有用性を検証した。本研究では、中国語母語話者によるメタ言語表現はほとんど見られなかった。メタ言語表現の使用には中国語母語話者の日本語能力による影響が考えられるが、今後はその分析も行いたいと考える。

　なお本研究は接触場面の会話を分析資料としたが、今後は母語話者同士の会話資料も入れて接触場面と母語話者同士場面の比較分析が求められる。また、話題転換の多くの場面に沈黙が見られたことから、今後沈黙の分析も含み、非言語行動の分析を試みたいと思う。

注　[1]　本論文は『言語文化と日本語教育』第30号（2005年刊）掲載の同名論文を再録したものである。
　　[2]　西條（1996）では、メタ言語表現のなかに、本章ではまとめ表現と捉える「総括」発話も含む。
　　[3]　本章では、ターンを基本単位に文字化資料を作成しているが、話題の終了部と開始部を明示するために、同じターンに終了発話と開始発話を含む場合、それを分けて番号を振って示している。なお、文字化規則は以下の通りである。
　　　　（　）　　　中の数字は沈黙の長さを示す。1は1秒である。
　　　　［　］　　　中の説明は非言語行動を示す。
　　　　˚　˚　　　˚で囲うものは小さい声での発話を示す。
　　　　○　　　　固有名詞で、被験者のプライベートに関わるものまたは発話を示す。
　　　　ローマ字　中国語の発音記号で、中国語による発話を示す。後ろの（　）は日本語訳を示す。
　　[4]　早川（2000）は笑いの分類をし、うまく言語化できないとき、とり

あえず笑うことがあると指摘している。

[5] 1つの話題開始部に言いよどみ表現が複数回見られたものでも1回とカウントした。

参考文献

早川治子（2000）「相互行為としての「笑い」――自・他の領域に注目して」『文教大学文学部紀要』14(1), pp.23-43.

木暮律子（2002）「日本語母語話者と日本語学習者の話題転換表現の使用について」『第二言語としての日本語の習得研究』5, pp.5-23.

前原かおる（2000）「呼びかけの特徴――題目との接近可能性」『広島大学日本語教育学科紀要』10, pp.57-64.

メイナード，S. K.（1993）『会話分析』くろしお出版

水川喜文（1993）「自然言語におけるトピック転換と笑い」『ソシオロゴス』17, pp.79-91.

水谷修（1979）『話しことばと日本人――日本語の生態』創拓社

村上恵・熊取谷哲夫（1995）「談話トピックの結束性と展開構造」『表現研究』62, pp.101-111.

Nakai, Y. (2002) Topic shifting devices used by supporting participants in native/native and native/non-native Japanese conversations. *Japanese Language and Literature*, 36, pp.1-26.

中井陽子（2003）「初対面日本語会話の話題開始部／終了部において用いられる言語的要素」『早稲田大学日本語研究教育センター紀要』16, pp.71-95.

中田智子（1991）「会話にあらわれるくり返しの発話」『日本語学』10(10), pp.52-62.

西條美紀（1996）「テレビ討論における話題転換にメタ言語が果たす役割」『表現研究』63, pp.30-37.

西條美紀（1998）「接触場面におけるメタ言語的方略の有用性――発話理解の問題を解決する学習者方略についての実証的研究」『世界の日本語教育』8, pp.99-119.

佐久間まゆみ（1990）「接続表現の機能と分類」『日本シンポジウム言語理論と日本語教育の相互活性化』pp.16-25.

田窪行則・金水敏（1997）「応答詞・感動詞の談話的機能」音声文法研究会（編）『文法と音声』pp.257-278. くろしお出版

West, C. & Garcia, A. (1988) Conversational shift work: A study of topical transitions between women and men. *Social Problems*, 35, pp.551-573.

楊虹（2006）「日本語母語場面の会話に見られる話題開始表現」『人間文化論叢』8, pp.327-336.

第3部 | 接触場面の
タイポロジー

外国語教育、異文化コミュニケーションなどの研究分野では「母語話者」と「非母語話者」の概念が強く、従来から言語能力差の激しい接触場面が研究の焦点になっている。しかしながら、社会のグローバル化によって現代社会に生まれている接触場面は量的に拡大すると同時に質自体にも変化がみられる。接触場面の言語使用の実態を明らかにするためには、参加者の属性として想定される客観的な言語差だけでは処理しきれなくなっていると言っても過言ではない。
　第3部では、参加者が接触場面においてどのように接触言語を認識し相手と交渉するかに基づいて成立する「相手言語接触場面」、「第三者言語接触場面」と「共通言語接触場面」の研究例を取り上げることにした。
　吉田論文では、日本人大学院生と学部留学生が参加するチューター活動という典型的な相手言語接触場面を対象に、日本人チューターが活動を遂行する中で留学生のさまざまな逸脱を捉え、どのように調整しようとしているかを精査している。ファン論文は、外国人同士の日本語会話に焦点をあて、第三者言語接触場面の研究分野を紹介すると同時に、母語話者不在の会話に特有な言語問題を考察する。榊原論文は、共通言語接触場面の事例として、米国に長く住み、日本に一時帰国した十代の日本人たち（帰国生）の挨拶行動を分析する。日本に生まれ育った日本人と日本語で挨拶をしていたにもかかわらず、どのような問題に直面していたかが焦点になる。

（ファン）

第6章 チューター場面における言語管理
チューターの言語管理プロセスを中心に

吉田千春

1 はじめに

　近年、文部科学省の留学生30万人計画などにより、留学生の数は増加傾向にあり、今後もさらに増加するとともに多様化するものと考えられる。
　年齢、出身国、留学目的ならびに日本語レベルなどの異なる背景を持つ留学生が充実した学生生活を送るためには、大学側が留学生1人1人に合わせた支援体制を充実させることが重要である。
　横田・白土（2004）は、一般的に留学生は日本人学生に比べて解決すべき課題をより多く持つ存在であるとし、留学生が抱える問題には「専門分野の教育・研究に関する領域」、「語学学習に関する領域」、「経済的自立と安定に関する領域」、「生活環境への適応に関する領域」、「青年期の発達課題に関する領域」および「交流に関する領域」の6つがあるとしている。
　現在、留学生相談やカウンセリングの実施など、留学生に対する大学側の支援体制は年々充実化が図られているが、この留学生支援の中心的な役割を果たしているのが日本人学生を軸にした1対1のチューター制度である。伊藤（2007）は、学部生、大学院生、研究生などの長期留学生は、各学部、学科および専攻コースに散在し、さらに個々のおかれている環境やニーズが多様なため、チューターなどによる個別の援助がより効果的であると指摘している。
　筆者は以前、学部留学生のチューターとして2年間（2000年～2002年）チューター活動を行った。その際、チューター活動が留学生に対するサ

ポート・システムとして重要な役割を果たす一方で、多くの問題を抱えていることを知った。その後、留学生プログラムのチューター担当者としてチューター活動に携わり、コーディネートをする側の視点からも問題点を知ることとなった。

本章では、チューター活動の実践者として、ディスコース・レベルにおけるチューター活動の実態を分析し、問題を探ることを目的とする[1]。

2 先行研究

チューター制度に関する研究は、瀬口 (1993)、大屋・的場 (1994)、瀬口・田中 (1999)、大塚 (2010) などが挙げられる。これらは各大学で行われている活動の内容、成果、問題点および改善点などをアンケートやインタビューから分析し、考察したものである。

村田 (1999) はチューターについて、制度の具体的な内容や運用の状況は異なるが、チューターが援助者であるという性格は少なくとも共通であると指摘している。また、田中 (1993, 1996)、園田 (2008) はチューター活動を異文化理解の場として捉え、アンケートやインタビューを基に、チューターと留学生との接触の意義、問題点、双方の学びを考察している。

これらの研究から、チューター活動は留学生への学習面におけるサポートならびに日本人学生の異文化理解の機能として大きな役割を果たしているが、種々の問題点も浮き彫りになっている。これらのチューター活動に内在する問題は突き詰めれば次の2点に集約することができると考えられる。

1つは、チューター活動に本来的に生じる問題である。例えば「日本語の教え方が分からない」、「専門が違うので支援できない」などのチューター場面特有の問題である。

もう1つは、留学生とチューターの接触場面におけるインターアクションの問題である。ネウストプニー (1995a) は言語能力、社会言語能力、社会文化能力を合わせてインターアクション能力と定義し、外国人が直面している問題は文法などの狭義の言語問題に限らないとしている。この考えに基づき、現在では日本の社会文化と社会言語を中心に教える日本語教育も実践されるようになってきた (ファン 2006)。園田 (2008) のチュー

活動に関する調査で見られた「コミュニケーションの不十分さ」、「友人に対する考え方の相違」などは日本人チューターと留学生、即ち日本語母語話者と非日本語母語話者としての接触場面に多く見られる問題である。

さらに、これらの研究を概観すると、これまでの研究の多くはアンケート調査（質問紙）を中心に、面接調査（インタビュー）や座談会などの方法で行われている。しかし、ネウストプニー（1994）は「アンケートなどの方法で得られたデータは意識のみをデータとしたものであり、アンケート調査や面接調査で得られた答えが必ずしも実際の行動と同一であるとは限らない」と指摘している。

副田（2010）はチューター活動の実際の活動を観察し、その後のインタビューを基に分析を行い、チューター活動における日本人学生がどのような学びを得たかを分析しているが、このような調査は他にほとんど見られない。チューター制度は各大学で制度や活動内容が違うため、大規模な調査を行うのは困難であり、量的な面でアンケート調査が信頼性の高いデータとなっているか疑問である。このため、意識調査ではなく、実態に基づいた調査が必要である。

本調査ではこれらの先行研究を踏まえ、チューター活動の問題点を実際に行われた談話データを基に分析を行う。その後にフォローアップ・インタビュー[2]（以下FUI）を実施することにより、記録時の意識のプロセスを考慮に入れた考察を行う。

3 調査概要

3.1 チューター活動について

今回調査対象とした私立大学のチューター制度は、留学生に対する「学習の向上」、「大学教育、日本語ならびに日常生活の指導と援助」、「異なる文化を持つ友人としての関係作り」などを目的に設置された。

調査実施時は原則として日本人の大学院生がチューターとなり、学部の1年と2年に在籍する留学生（希望者のみ）に対し1対1で活動が行われた。

3.2 調査方法

実際に行われたチューター活動の自然なインターアクションをビデオ

で録画し、併せてICレコーダーで録音した。その後、全ての会話を文字化した談話スクリプトと録画ビデオを基に、チューターと留学生に対して個別にFUIを行った。

3.3 調査協力者の属性
4組8名の参加者の属性は表1の通りである。以下、Tは日本人チューター、Sは留学生を表す。

表1 参加者の属性

項目	ペア1		ペア2		ペア3		ペア4	
参加者	T1	S1	T2	S2	T3	S3	T4	S4
母語	日本語	台湾語	日本語	タイ語	日本語	北京語	日本語	北京語
他言語	なし	英語	英語	英語	なし	なし	なし	なし
性別	女性	女性	男性	男性	女性	女性	男性	男性
年齢	24	20	24	20	23	20	23	22
所属	文学	国際	文明	経営	史学	経済	工学	経済
学年	修士2年	学部2年	修士2年	学部1年	修士1年	学部1年	修士1年	学部1年
日本滞在歴	—	2年3ヵ月	—	2年4ヵ月	—	1年1ヵ月	—	1年6ヵ月
日本語学習歴	—	2年3ヵ月	—	2年4ヵ月	—	2年	—	1年9ヵ月
チューター経験	1回目	1回目	1回目	1回目	1回目	1回目	2回目	1回目

3.4 チューター活動の内容
調査実施時に各ペアが取り組んだ活動の内容は表2の通りである。

表2 活動の内容

ペア	調査時の活動の積算回数	時間	記録時の活動内容
ペア1	第1回	約20分	・学校生活や日常生活についての相談
ペア2	第9回	約90分	・環境問題についてのレポートの添削
ペア3	第8回	約90分	・宿題で出された日本語会話の練習 ・政治についてのレポートの添削 ・学校生活や夏休みについての相談
ペア4	第2回	約70分	・レポートの書き方についての質問 ・授業で使う参考図書の説明 ・授業についての相談

3.5 分析方法

分析には言語管理理論の管理のプロセス（ネウストプニー 1995b）を用いた。管理のプロセスに従ってチューター活動の問題を見ると次のようになる。

(1) 留学生が言語面、社会言語面、社会文化面において何らかの問題を持つ。（逸脱）
(2) チューターまたは留学生がその問題に気づく。（留意）
(3) 留意された逸脱がチューターまたは留学生により、肯定的・中立的・否定的な評価を受ける。（評価）
(4) 否定的に評価された逸脱に対してチューターもしくは留学生により調整行動が計画される。（調整計画）
(5) 調整計画が実施される。（調整実施）

本研究では、チューターの言語管理プロセスを中心に分析を行い、チューター活動において、チューターが留学生に関わるどのような逸脱を問題とし、また問題としないかについて考察する。

4 分析結果

チューター活動において日本人チューターが認識した逸脱を「言語面における逸脱」、「社会言語面における逸脱」、「社会文化面における逸脱」の3つに分類し、分析を行った。

4.1 留学生の言語面における逸脱
4.1.1 意思疎通に影響のない逸脱
発音、文法、語彙などの言語面における誤用については、意味が分かる範囲では否定的に評価されないケースが多く見られた。

(1) 語彙
語彙について誤用があったが、留意されないケースが見られた。

例1　〈ペア4の会話例〉（下線は筆者）
S4　：あの前の・日本の・・あの・ヨーロッパから、あの、しんぜんのぎ、ぎ技術、技術とか。
T4　：うんうん。あ、で、ここで、じゃあ、2つ目で、なん、こっちで言ってることは、前と違うっていう。
S4　：はい。

　例1の会話について、S4は「先進の技術」と言いたかったが、間違えて「しんぜんの技術」と言ってしまったとFUIで述べており、語彙の誤用が確認された。これについてT4はFUI時に「しんぜんの技術」というS4の発話をICレコーダの録音で聞いた時、「何を表しているかよく分からない」と述べている。しかし、「ヨーロッパの技術ということで、意味を理解していたから、気づかなかった」と述べており、記録の時点でT4はこの誤用を全く留意していなかったことが分かる。
　フェアブラザー（2004）の調査においても、意味の理解に集中している場合は逸脱があっても留意されないという例が報告されている。
　チューター場面においては、一般的な会話で意味が分かることが重要であり、語彙レベルの逸脱はミクロレベルでは問題とならないと考えられる。

　（2）発音・文法
　今回の調査では、自然なやりとりの際に見られた留学生の発音および文法の誤用に関しては、チューター全員が談話全体を通して「変だ」と感じていたが、肯定的にも否定的にも評価はしていない。
　T4はFUIで「発音や助詞など、おかしいと思うことはあるが、留学生だからある程度は仕方がないと思っている。意味が分かれば特に気にならない」と述べている。
　加藤（2010）は日本人の接触場面における規範を「日本語母語規範」、「相手言語規範」、「他言語規範」、「個人規範」、「共有規範」および「接触場面規範」の6つに分類し、特に接触場面では、内的場面などからの規範を緩和ないし強化したもの、さらには新しい規範を作る「接触場面規範」が見られるとしている。意味が分かる誤用の場合は、留学生という

外来性を考慮し、接触場面に特有の「母語場面よりも緩い規範」が適用されていると考えられる。

チューター場面では、意味が通じる範囲であれば逸脱がある場合でも問題とならず、調整の対象にならないと言える。

(3) 書き言葉

書き言葉における文法、表現に関しては、否定的に評価をするが調整をしないケースが見られた。

S2のレポートにおいて「どうしてそんなに交通渋滞が起こるでしょうか」という表現が使用されていた。T2はこの文の「そんなに」と「起こるでしょうか」の記述について「レポートにふさわしい表現ではない」、「書き言葉としてはおかしい」と否定的に評価しながらも訂正はしなかった。T2はFUIで「変だなと思ったが、話し口調で書いている部分が多く、意味が分かるから直さなかった。よっぽど変じゃない限り、内容が通じて意味が分かれば、気づく範囲で直している」と述べている。

レポート全体を見ると、文法の誤用がある場合でも読んで意味が通じるものは許容されていた。また、訂正の基準は特に決まっておらず、気づいたところで直していることが分かった。

ネウストプニー（1998）は教授者を「意図的に他者の習得管理を行う人間である」と定義し、どのような教授能力を習得したかによって、教授者を「メタ教授者監督下の習得」、「教授者監督下の習得」、「無監督の習得」の3つに類型化している。また、「教授者の教授能力が無意識的に獲得される場合は、社会のパラダイム、教育のパラダイム、教授者の教育（特に語学教育）経験、学習者の圧力などの要因に影響される」と述べている。

今回調査対象となったチューターは日本人の大学院生であり、教授能力を特別に習得した経験はなく、チューター活動においても自分の経験を基に指導を行っている。即ち、チューターは「無監督の習得」により、無意識的に教授能力を習得した教授者であると言える。

4.1.2 意思疎通に影響する逸脱

意味が分からない、あるいは意味が曖昧になる誤用に関しては調整さ

れるケースが多く見られた。

例2　〈ペア1の会話例〉（下線は筆者）
S1：同じ年で来て，同じ。去年。おととし。一緒に来て，あ，一緒に来てたじゃない。同じ年で来てた。
T1：同じ年に（↑）／
S1：／うん

　例2では、S1の「同じ年で来てた」という発話が文法的に不完全であったため、T1が「同じ年に」と言うことで、もともとの意味を保持した形で発話を再構成するリカースト（recast : Long & Robinson 1998）を行っていた。リカーストは暗示的な調整であるが、調整された発話が繰り返される可能性が高い。しかし、本研究では、チューターが再構成した発話に留学生が気づいてはいるが、留学生が同じ発話を繰り返した例はなく、暗示的な調整はやはり意識されにくいことが分かる。
　また、同様のケースにおいて、チューター全員のFUIでは、留学生の発話の誤用を言い直す意識はなく、意味の確認を行っているということが報告された。ここでは、リカーストは留学生の発話を支援するストラテジーとして用いられていることが分かる。
　この他にも、「聞き返し」、「英語にコード・スイッチング」、「相手の発話を完成させる」、「明確化要求」および「調整回避」などの様々な調整行動が見られた。
　留学生の言語能力については文法や語彙能力に不足があることが前提とされており、母語場面より緩い規範が作られている。
　意味の分からない逸脱は問題になるが、チューターは留学生の発話を支援するストラテジーを多く用いており、コミュニケーションを達成しようとする姿勢が窺える。

4.1.3　語彙に関する逸脱
　チューターは留学生からの語彙の質問には例3のように対応していた。

例3 〈留学生の語彙に関する質問〉

種類	語彙の出所	語彙	調整計画	調整	問題解決
専門用語	授業	①ゲノム（意味）	・辞書で調べる	あり	未解決
	専門書	②ソーシャルストラクチャー（意味）	・専門書で説明する	あり	解決
	留学生のレポート	③酸化炭素（意味）	・次回までに調べる	なし	この時は未解決
一般用語	専門書	④基盤（発音・意味）	・辞書で調べる	あり	解決
	チューターの発話	⑤基［もと］（意味）	・辞書で調べる	あり	解決
	留学生のレポート	⑥呼吸困難（単語）	・教える	あり	解決
物や植物の名前	留学生のレポート	⑦マフラー（単語）	・教える	あり	解決
		⑧ナビゲーター（単語）	・教える	あり	解決
		⑨花の名前（単語）	・教える	なし	未解決
人名	教師の名前	⑩谷真（読み方）	・発音する	あり	解決

　専門用語は、専門分野が異なる場合はチューターに知識がないため、解決が難しいことが分かる。しかし、ノートや本に説明があった場合は、その説明を読み、チューターが留学生に解説することで解決が可能であった。また、その場で解決できない問題については「次の活動までにチューターが調べてくる」という時間を取った事後調整が見られた。

　一般用語は、チューター自身の知識と辞書の利用などによって解決されている。

4.1.4　言語面に関する事前調整

　留学生の理解を助けるために、チューターが事前調整を行っているケースが見られた。

例4　〈ペア4の会話例〉（下線は筆者）

T4：それぞれの社会を<u>比較</u>、<u>比べる</u>、ばいいんじゃないか

T4：イギリスを（S：うん）<u>目標</u>にして・イギリスの<u>ようになろう</u>って言って、

　例4のように、チューターが留学生にとって難しいと判断した語彙については、問題が生じないように、事前に暗示的に言い直すケースが多

く見られた。

　他にも、チューターの説明に対し、留学生の理解の有無が不明瞭な場合などは「分かりますか」と理解の確認を行うストラテジーも多く使用されていた。

　留学生の理解を助けるために、会話の参加を緩和する調整行動が用いられている。

4.2　留学生の社会言語面における逸脱
4.2.1　会話参加に関する逸脱
　留学生のあいづちが少ないことに対して否定的な評価が見られた。

例5　〈ペア4の会話例〉
T4：〈省略〉全く違う所の理論じゃないですか。だから、どうしても、当てはまらない部分ていうのが、できてきちゃうんですよ。・・・・・分かりますかね。（笑）
S4：分かります。
T4：うん。だから、この、〈四角を書く〉例えばもし、これがイギリスで〈四角に斜線を引く〉う：んと、その、この考え方っていうのがイギリスで当てはまっても、イギリスと例えば日本っていうのは、ものすごい遠いし、全く違う所じゃないですか。（S：はい）だから、〈省略〉

　ペア4の活動は、レポートの書き方と専門書の内容説明が中心であったため、チューターが話す場面が多かった。
　会話においては、あいづちや質問に対する応答のような隣接ペアの形成が必要であるが、例5の会話例で見られるように、S4はチューターの説明に対してほとんど反応を示していなかった。
　S4はあいづちをしなかったことについて「説明があまり分からなかった」と言っており、分からないことを示すために反応をしないというストラテジーを用いていた。これに対し、T4はFUIで「理解しているのか、していないのかが分からなかったので説明しにくかった」と否定的に評価をしており、「本の言葉も難しかったし、内容も分かりにくかったので、図で書いたり、説明を繰り返したりして、何度も説明した」と述べている。このようにチューターは「説明を繰り返す」、「理解の確認を

する」、「相手の目を見つめて理解を確認する」などの調整行動を行っていた。

　チューター場面のあいづちの研究（今石1998）の中で、日本語非母語話者があいづちを打たなかったために日本語母語話者が説明を繰り返した例が挙げられているが、本研究でも同様の調整行動が見られた。

　この他にも、留学生の会話量が少ないことに対して否定的な評価が見られた。チューター場面は、1対1の会話場面であり、会話参加のルールに違反した場合は否定的に評価され、事後調整されるケースが多い。

4.2.2　相談・質問内容に関する逸脱

　チューター活動において留学生の相談・質問内容が不適切であったことについて否定的評価が見られた。

例6　〈ペア4の会話例〉（下線は筆者）
S4　：だから、何が重要か分からない。
T4　：あ：、じゃあ、これあれですか。全部書いてあることは（S:はい）こう、書いたけど（S:はい）いっぱいあるから（S:はい）どこが／
S4　：／だから、テストのどんな問題に、あの、出るか、出ますか分からない。
T4　：う：ん。ちょっとこれの授業は受けたことがないんで、そ：いうのは・・そういうのは分かんないですね。・・・う：ん・・〈省略〉

　ペア4は留学生が文系学生で、チューターが理系学生であり、専門分野が異なるためお互いに共通する授業を受けていない。例6では、チューターが同じ授業を受けたことがないと知っているにもかかわらず、「テストにどんな問題がでるか」という相談をしている。この他にも、チューターが受けたことのない授業について「先生の話が速くてテキストがないから、授業の内容が分からない」、「授業のどんな部分が重要か分からない」、さらに「この授業ではどんな本を参考にしたらいいのか」などの相談や質問をしている。

　T4は受けたことのない授業について質問されることに対して、次のように述べている。

「自分が全く知らない授業について聞かれて困った。知らない授業でも、語彙の意味を説明したり、どういうことをやって、どういうところが分からなかったと言うなら答えられるが、シラバスやノートだけ見せられても答えられない。」

T4は留学生の質問に対し、「受けたことがないから答えられない」と何度も伝えることで調整を行っている。

なお、S4はチューター活動が終わって、「専門については助けてもらえないことが分かった。これからは日本語についてだけ質問するようにする」と述べており、今後逸脱が自己調整される可能性がある。

4.2.3 レポートの形式に関する逸脱

チューター活動において、チューターがレポートの書き方、構成、形などの社会言語面における逸脱に留意した場合は必ず調整されていた。

レポートに関して調整が見られたものは例7、例8の通りである。レポートの書き方や形式について留意があった場合は必ず調整され、誤用の訂正だけではなく、ルールの説明も行われている。これは一般的な知識で対応できることと、レポートは授業の課題であるために母語場面と同様の規範が留学生にも用いられ、調整行動が多く行われたものと考えられる。

また、本調査ではレポート・チェックの際、2種類の肯定的評価が見られた。1つは「文体が統合されている」、「漢字の間違いがない」などの「逸脱がないことへの肯定的評価」である。もう1つは「平仮名が綺麗になった」、「文章がよくなった」などの「緩められた規範に対し学習効果があったことに対する肯定的評価」である。

レポートの書き方指導は、大学の授業では留学生個人のレベルに合わせた指導が不可能なため、チューター活動において個人学習を行い、知識が強化された結果が窺える。また、一般的な知識で対応できるため、チューター活動で解決できる中心的な問題であると言える。

例7 〈チューターが留意した問題とチューターの調整〉

留学生	チューターの留意	チューターの調整	解決
S2	文体が統一されていない	・訂正する	解決
S2	洋数字(算用数字)と漢数字が統一されていない	・訂正する ・誤用を説明する	解決
S3	漢字が統一されていない	・訂正する ・誤用を説明する	解決
S3	かぎ括弧の使い方が間違っている	・訂正する ・誤用を説明する	解決

例8 〈留学生のレポートについての質問とチューターの調整〉

留学生	留学生の質問	チューターの調整	解決
S3	記号の使い方が正しいかどうか分からない	・フィードバックをする	解決
S3	1段落の長さが適当か分からない	・フィードバックをする	解決
S2	文の流れがおかしくないか	・フィードバックをする	解決
S3	文の構成(最後にまとめが必要か)	・アドバイスをする	解決
S3	表紙のつけ方・書き方が分からない	・教える	解決

4.2.4　社会言語面に関する事前調整

(1) 会話参加

常に話題のきっかけをチューターが作っているケースが見られた。

例9 〈ペア1の会話例〉(下線は筆者)

T1：休む予定。あ，そうなんだ。……<u>え，バイトしてるんだっけ？</u>
S1：してない。
T1：あ，してない。
S1：うん。
T1：あ，そっか。・<u>え，じゃあ，学校終わってすぐ家に帰る・の？</u>
S1：うん。帰って：，テレビ見て：，(T：笑い)宿題が・あったらやって：。
T1：あ：，そうなんだ。
S1：うん。
T1：<u>え，宿題いっぱい出る？</u>

例9では留学生が会話に参加できないことを懸念して、問題が生じな

いようにチューターが事前調整を行っている。

T1はFUIで、「初めてのチューター活動だったため、自分が話さなければと思い、自分から質問するようにした。自分が話さなければ沈黙してしまうと思ったし、留学生が答えやすいだろうと思い、会話がはずむのではないかと思った」と述べている。

他にも、会話参加については、「会話の始めから質問形で話す」(T4)、「相手の身近な話題を出す」(T1) などの調整行動が行われていた。

チューター活動は1対1の会話場面であるため、会話がないことは大きな逸脱になり得る。母語場面でも、沈黙や会話がはずまないことは、気まずい雰囲気を作ることになり否定的に評価されるであろう。

また、チューター活動は継続して行われるものであり、関係が深まらない場合は活動が続かなくなる可能性が大きい。

今回、活動回数が少ないペア1とペア4に、会話の最初から事前調整が見られたことは、チューターが自分のリードで関係作りをしなければならないと思っている表れであろう。

(2) 質問内容

レポートのチェックをする際、チューターが答えられない質問をされることを防ぐため、事前にチューターの役割を示す調整行動が見られた。

例10 〈ペア3の会話例〉
T3：内容については私はちょっと専門じゃないから言えないんだけれども。

T3は専門が違うため、「レポートの専門の内容については答えられない」と事前に自分の役割を示すことによって、質問の逸脱が起こらないように調整を行っている。

(3) 言語バラエティー

チューターが普通体で話す事前調整が見られた。

例9の会話例からも分かるように、T1は留学生と「友達のような関係を作りたい」とのことから、「普通体で話す」という事前調整を行ってい

る。T1はFUIで「初めて会った時に、留学生が敬語で話した。私は留学生と友達のような関係を作りたかったので、チューター活動を始める際の連絡から、自分から普通体で話すようにした」と述べている。

　チューターの応募理由として全員に共通していたのが、「留学生と友達になる」ことであり、T3も同様の理由により普通体で会話を行っていた。

　一方、留学生はチューターを「教えてくれる人」と考えているため、丁寧体で話した方が良いという規範を持っており、規範の不一致が見られた。

4.3　留学生の社会文化面における逸脱
4.3.1　チューター活動の規範に関する逸脱
　チューター活動の規範が確立されていない場合に、チューター場面特有の逸脱が見られた。

例11　〈ペア1の会話例〉（下線は筆者）
T1：去年チューターやったんだっけ。
S1：やってないよ。あ。＝
T1：＝やってない：よね。私も初めてで何を・どう書けばいいのか分かんないんだけど。・でもなんか授業では全然困ってないよね。
S1：うん。｜困ってない。
T1：　　　｜だよね。（笑い）…じゃあ、新聞記事とかで困ったら聞いて。
S1：（笑う）うん。＝
T1：＝それくらいしか多分・・なんか手助けできるものがない。・・・・え，バイトは・・してる？
〈省略〉
T1：で，今2年生だよね。
S1：今2年生。＝
T1：＝だよね。（笑）…全然何も問題ない・よね。勉強とかね。
S1：うん。勉強には。多分，こ，今は問題ないかな。
T1：今は問題ない。なんか，聞きたいことあったら聞いて・・とかいって。（笑う）
　　（S：笑う）

第6章　チューター場面における言語管理

ペア1は、今回が初めてのチューター活動であったため、チューターは留学生の状況を確認し、「分からないことがあったら何でも言って」と何度も調整を行っている。これはチューター活動の規範を作ろうとしている場面である。つまり、チューター活動の規範が両者にとって明確になっていないため、「規範がない」ことが逸脱の要因になっていると言える。

　また、T3はFUIで「活動は、S3が用意したものを見るという形。初めはいろいろ考えたが、今は持って来たものを見る」と述べており、チューターの活動の規範が明確でないことが分かる。

　さらに、例6で示したように、S4の質問内容の逸脱も、規範が確立されていなかったためであると考えられる。

　なお、ペア1のチューター活動は1年を通してこの1回しか行われていない。また、ペア3も、後期はほとんど活動を行っていない結果となっている。こうした事態の最大の原因は規範に対する考え方の違いにあったと思われる。チューター活動を行う上で、規範を明確にすることがいかに重要であるかが窺える。

4.3.2　社会文化面に関する事前調整

　初めてのチューター活動だったため、緊張しないようにお菓子を用意する事前調整が見られた。

　T1はFUIで「初めてのチューターで緊張すると思い、場をなごませるためにお菓子を買った」と述べている。

　S1は「お菓子があってリラックスできて良かった」と述べており、この行為がコミュニケーションを円滑に進め、事前調整が効果的だったことが分かる。

5　考察

　今回の調査結果から、チューター場面における言語管理の特徴として次の点が挙げられる。

（1）会話における留学生の言語使用

　　留学生の性格上、母語場面よりも緩い規範が適用されているため、否定的な評価や調整されないケースが多い。また、会話においてはコミュニケーションを重視し、文法や発音などの誤用を調整する意識はなく、会話の誤用を調整する場面としては捉えられていない。

（2）書き言葉における留学生の言語使用

　　一般的な知識で対応できるレポートの書き方指導が中心となっているため、社会言語面に関する逸脱に留意した場合は調整される可能性が高い。また、書き言葉やレポートの形式については、母語場面と同様の規範が留学生にも用いられ、調整が多く行われている。さらに、留学生はレポートの書き方について指導を受ける機会が少ないため、チューター活動で学習を補い、強化された結果が窺える。

（3）留学生のチューター場面における役割

　　チューター場面には両者に共通して、「留学生の問題を解決する場」という規範があり、留学生に問題があることが前提であるため、留学生に問題がないことが逸脱となり、否定的に評価される場合がある。同様に、留学生が自発的に質問をしない、あるいは質問が明確でない場合なども否定的に評価される。また、1対1の会話場面であることから、留学生のあいづちが少ないなどの会話に消極的な姿勢も強い否定的評価を受ける。

（4）チューター活動における規範の相違

　　チューター活動について、チューターは「異文化交流の場」という規範を強く持っている。一方、留学生は「学習の問題を解決する場」という規範を強く持っており、活動内容を見ても、チューター側が単なる知識を付与する存在に留まっていることが分かる。この規範の相違が活動の継続に問題を生じさせる原因の1つであると考えられる。従って、チューターと留学生が1対1の活

動を継続して行うことができるように、両者が良好な関係を築き、コミュニケーションを緊密化させるための工夫が必要である。そのために、まず重要なことはチューターの希望でもある異文化交流の場を設定することである。活動を全てチューターまかせにせず、大学側がチューターと留学生のためのイベントを行う（パーティー、日帰り旅行など）、あるいはチューターが複数の留学生と関係が築けるようにグループでチューター活動を行うといった機会を設けることも必要であろう。

(5) チューター場面特有の逸脱

チューター場面においては、規範の確立が重要である。規範が確立されていない場合は「何をすれば良いのか分からない」、「規範が一致しない」という不満から「早期に活動が中止になる」などの様々な問題につながる可能性が高い。また、専門が同じであることが期待されている場合は、専門分野が違うこと自体が逸脱となる。今回調査対象となったペアは、専門分野が全て異なるペアであり、専門的な問題は解決できないケースが多く見られた。今後は、留学生の目的に応じた規範作りに役立つようなオリエンテーション、ガイドラインの作成、今まで発生した問題の提示、さらには研修の開催などの諸対策を講じることが必要である。

6 おわりに

本研究はチューターの言語管理プロセスを中心にチューター活動におけるインターアクションの問題点を明らかにした。従って次は「チューターの調整に対する留学生の評価」などの留学生側の視点から見た研究が必要となろう。

なお、今後とも継続的な調査を行うことにより、長期的に言語管理のプロセスを分析し、チューター場面の問題をさらに探っていきたいと考えている。

注 [1] 本稿は、矢作千春（2002）「チューター場面における言語管理―チューターの管理プロセスを中心に―」『接触場面における言語管理プロセスについて』千葉大学社会文化科学研究科研究プロジェクト報告書第38集57-69頁を加筆修正したものである。矢作は筆者の旧姓である。
[2] フォローアップ・インタビューの方法についてはファン（2002）に詳しい。

参考文献

フェアブラザー，リサ（2004）「日本語母語話者と非母語話者のインターアクションにおいて逸脱がなぜ留意されないのか」『接触場面の言語管理研究 vol.3』（千葉大学大学院社会文化科学研究科研究プロジェクト報告書104）pp.55-67．千葉大学大学院社会文化科学研究科

ファン，サウクエン（2002）「対象者の内省を調査する（1）――フォローアップ・インタビュー」『言語研究の方法――言語学・日本語学・日本語教育学に携わる人のために』pp.87-95．くろしお出版

ファン，サウクエン（2006）「社会文化・社会言語重視のインターアクション教育」神田外語大学日本研究所日本事情研究会（編）『論究日本事情』pp.9-30．星雲社

今石幸子（1998）「日本語学習者のチュートリアルにおけるあいづちとその周辺」『阪大日本語研究』10, pp.111-127.

伊藤孝恵（2007）「チューター活動と留学生相談室の支援――山梨大学の事例から」『山梨大学留学生センター研究紀要』3, pp.3-11.

加藤好崇（2010）『異文化接触場面のインターアクション――日本語母語話者と日本語非母語話者のインターアクション規範』東海大学出版会

Long, M. H. & Robinson, P. (1998). Focus on form: Theory, research, and practice. In Doughty, C. & Williams, J. (Eds.), *Focus on Form in Classroom Second Language Acquisition* (pp.15-41). Cambridge: Cambridge University Press.

村田正敏（1999）「インターフェイスとしてのチューター」『異文化間教育』13, pp.120-131.

ネウストプニー，J. V.（1994）「日本研究の方法論――データ収集の段階」『待兼山論叢 日本学篇』28, pp.1-24.

ネウストプニー，J. V.（1995a）『新しい日本語教育のために』大修館書店

ネウストプニー, J. V.（1995b）「日本語教育と言語管理」『阪大日本語研究』7, pp.67-82.
ネウストプニー, J. V.（1998）「習得と教授行動」『日本語教育における教授者の行動ネットワークに関する調査研究』pp.17-39. 日本語教育学会
大塚薫（2010）「高知大学におけるチューター制度の現状及び課題」『高知大学総合教育センター修学・留学生支援部門紀要』4, pp.121-138.
大屋文正・的場主真（1994）「チューター制度の問題点と将来のあり方」『東海大学留学生教育センター30周年記念論集』pp.29-85.
瀬口郁子（1993）「神戸大学におけるチューター制度の現状と課題」『神戸大学留学生センター紀要』1, pp.47-60.
瀬口郁子・田中圭子（1999）「チューター制度の運用に対する提言」『神戸大学留学生センター紀要』6, pp.1-17.
副田恵理子（2010）「チューター活動における日本人学生の学び——日本人チューターと留学生のインターアクションの分析から」『藤女子大学紀要：第Ⅰ部』47, pp.87-102.
園田智子（2008）「チューター活動における日本人学生と留学生の異文化間理解——チューター活動実施後アンケートの自由記述分析から」『群馬大学留学生センター論集』8, pp.1-12.
田中共子（1993）「日本人チューター学生の異文化接触体験——ソーシャル・サポートとソーシャルスキルおよび自己の成長を中心に」『広島大学留学生センター紀要』6, pp.85-101.
田中共子（1996）「日本人チューター学生の異文化接触体験（2）——その役割と異文化交流に関する質問紙調査」『広島大学留学生センター紀要』7, pp.84-108.
横田雅弘・白土悟（2004）『留学生アドバイジング——学習・生活・心理をいかに支援するか』ナカニシヤ出版

第7章 非母語話者同士の日本語会話における言語問題[1]

サウクエン・ファン

1 はじめに

　人、もの、情報が国境を越えて行き交うポストモダン社会において、接触場面の言語問題は重要さを増しつつある。そこでは接触場面そのものも複雑な様相を呈せざるを得ない。ながらく研究者や一般の人々の関心を占めてきた母語話者（NS）と非母語話者（NNS）を参加者とする場面のほかにも、接触性をはらんださまざまな場面の存在が意識されるようになってきている。接触性あるいは外国人性は、地理的間隔、社会文化、コミュニケーション・システムなどいくつもの基準で考えることができるし、当該接触場面に固有の事情や、参加者本人の意識などによって基準の有効性も決まってくると思われる。
　Fan（1992）では接触場面を接触言語を基準に分類を試み、そのうち、参加者いずれもが母語ではない第三者の言語によってインターアクションを行う場面を第三者言語接触場面（third-party language contact situation、以下は第三者場面と略す）と呼んでいる。たとえば、英語に代表される国際語使用の場面（Smith 1976）においては母語話者がいないことのほうが多いし、いわゆる多国籍企業における社内のコミュニケーションも第三者言語を使用することが多いだろう。
　翻って、日本国内に限っても、日本語による第三者場面は次第に増加していると言えよう。従来から存在する日本語教育場面において日本語母語話者ではない教授者と学習者、学習者同士、さらに教室外の外国人と学習者などのインターアクションの多くは日本語による第三者場面となる。加えて90年代に入り増加した在日外国人の日本語ネットワーク

を考えるならば、たとえば日本語学校、外国人留学生寮、下宿先、アルバイト先、仕事場、教会、学会など、多くの領域が第三者場面で占められているのではないかと考えられる（cf. マーハ・本名1994）。

本章では、これまで焦点を当てられることの少なかった日本語を母語としない参加者同士による第三者場面の言語問題に焦点を当てて考察する。

2 調査の目的

日本語を第三者言語として使用する場面において、お互いに日本語の中間言語しか持たないNNS参加者は、日本語NSを含む相手言語接触場面（partner language contact situation、以下は相手場面と略す）では観察できない言語問題に直面していると予想される。本章は言語管理プロセスの観点から、日本語NS同士の会話で起きる会話参加のコミュニケーション、言語バラエティー、意味交渉を含む伝達行動を対象にする。外国人の日本語会話のありかたやそこで含まれる言語問題の性格を明らかにするためには、今後とも、社会言語学的な研究の継続が不可欠だと思われるが、今回の調査を通して、第三者場面の研究分野を紹介し、NNS同士の会話における言語問題のバリエーションとプロセスを談話資料から明らかにすることを目的とする。

3 分析の枠組み：言語管理プロセスについて

外国人の日本語によるインターアクションで生じた言語問題については、日本語教育学、第二言語習得論、異文化コミュニケーション論などの分野で注目を集めてきた。たとえば、日本語の誤用（長友1990）、母語の転移（楊1989）、日本語NSによるNNSの発話評価（小河原1993）、誤解（西原1994）などの言語問題が研究されてきた。

しかしながら、これらの言語問題を考えるに際しては、NNSの言語使用のプロダクトだけではなく、表面に現れない回避などの事前調整や、計画変更などの事中調整のプロセスにも焦点を当てることによって、現象のできるかぎり広い範囲をカバーする必要があるだろう。さらに、言

語問題は個人または場面によるバリエーションが多様であり、参加者のインターアクション当時の言語問題に関する意識をも参考にしなければならない。

インターアクション・プロセスの分析において、もっとも体系的なモデルを提供しているのは、現在のところ、ネウストプニーとイェルヌッド等の言語管理理論であると思われる（Neustupný 1985, 1994; ネウストプニー 1995; Jernudd & Neustupný 1987）。この理論によれば、言語管理プロセスには、規範からの逸脱から始まる、少なくとも5つのステージが含まれる。

a. 逸脱のステージ
   コミュニケーションの中で行動に規範からの逸脱が現れる。
b. 留意のステージ
   参加者自身のコミュニケーション規範にしたがって、逸脱の或るものは留意され、或るものは留意されない。
c. 評価のステージ
   留意された逸脱は違反となるが、その違反を参加者が無視する場合と、評価を行う場合とに分けられる。評価はさらに肯定的な評価と否定的な評価に分けることができる。
d. 調整計画のステージ
   参加者は評価された逸脱を無視してもよいし、また調整のためのアクションを選ぶこともできる。
e. 調整実施のステージ
   参加者が選択した調整ストラテジー（調整回避を含む）を実施し、コミュニケーションを続ける。

本章では、以上のような言語管理プロセス・モデルに基づいた、談話データの微視的分析から、第三者場面の言語問題を明らかにしようとするものである。

4 | 調査の方法

言語管理プロセスがもっとも頻繁に行われ、日常生活でよく見かけら

れる日本語の第三者場面を取り上げることとし、日本語中級レベル以上の能力を持つ外国人学部生2名と短期留学生6名との初対面会話を調査場面として設定した。各インフォーマントの背景については、表1にまとめた。

　インフォーマントはすべて同じ大学に所属しているが、お互いに面識のない参加者2名ずつ計6組を作り、それぞれ20分から30分程度の自由会話をしてもらった。録音、録画機材による緊張を軽減するため、会話収録は冬休み中の大学キャンパスというセッティング上の工夫を図った。会話終了直後、言語行動についての意識を調査するため、全員にフォローアップ・インタビューを行った。録音会話はすべて文字化された。本章では文字化された録音会話を「談話資料」と呼ぶことにする。

表1　インフォーマントの背景

コード	性別	年令	出身地	母語	滞日期間	所属	来日前の日本語学習歴	参加した会話
M1	男	23	マレーシア	マレー語のクランタン方言	3年9ヵ月	国費留学 工学部4年生	予備教育：1年半	会話1,2,3
C1	男	20	中国	北京語	3ヵ月	短期留学 日本語中級	大学：3年	会話1
C2	女	19	中国	北京語	3ヵ月	短期留学 日本語中級	大学：3年	会話2
C3	男	20	中国	北京語	3ヵ月	短期留学 日本語中級	大学：3年	会話3
M2	男	21	マレーシア	マレー語のクランタン方言	2年	国費留学 工学部2年生	予備教育：1年半	会話4,5,6
I1	男	22	インドネシア	ジャワ語、英語、インドネシア語	3ヵ月	短期留学 日本語中級	大学：3年	会話4
I2	女	21	インドネシア	インドネシア語	3ヵ月	短期留学 日本語中級	大学：3年	会話5
A1	男	25	オーストラリア	英語	10ヵ月	交換留学 日本語中級	大学：4年	会話6

5　分析結果

5.1　会話参加に関する問題
5.1.1　相手言語接触場面の参加管理
　会話参加の逸脱から始まる言語管理は参加管理と呼ばれる（ファン

1998)。ここではまずNSとNNSが含まれる典型的な接触場面である相手場面の参加管理について考える。このような場面では参加者の言語能力の差が大きいため、NSは言語ホスト、NNSは言語ゲストになる傾向が見られる。NSは、NNSが母語場面のように会話に参加できないことを「逸脱」と留意し、このままでは会話が崩壊するのではないかと「否定的な評価」をする、などの言語問題が観察できる。このような問題を調整するため、語彙の簡略化、発話の減速化などの計画を立てることが多い。ファン（1998）では、会話維持を目的とする言語ホストの調整計画を2種類挙げている。

（1）言語ホストによる自己参加の調整計画
　　　自分の会話参加をモニターすること。これはさらに参加増進と参加緩和の調整ストラテジーに分けることができる。このような調整は特に言語ホストが会話を維持する責任を強く持つ場合に使われる。

（2）言語ホストによる他者参加の調整計画
　　　相手の会話参加をモニターすること。これもまた参加要請と参加支援の調整ストラテジーに分かれる。このような調整は特に言語ゲストの会話回避が顕著な場合に使われる。

　一方、外国語で会話を進めなければならない言語ゲスト側にとっては、自分の言語能力が限られていること、相手がNSであることなどの意識が働くため、次の2種類の参加調整を計画することが多い。

（1）言語ゲストによる自己参加の調整計画
　　　自分の会話参加をモニターすること。これはさらに参加回避と参加達成の調整ストラテジーに分けることができる。このような調整は特に言語ゲストが伝達の逸脱を留意する場合に使われる。

（2）言語ゲストによる他者参加の調整計画
　　　相手の会話参加をモニターすること。これもまた支援懇請と参加

譲渡の調整ストラテジーに分かれる。このような調整は特に言語ゲストが理解の逸脱を留意する場合に使われる。

5.1.2 第三者場面の参加管理

では、会話参加者がともに言語ゲストを意識する第三者場面での参加管理は、相手場面と同じなのであろうか。今回の調査は外国人同士の初対面による会話という設定であった。相手参加者の日本語能力が分からず、言語ホスト―言語ゲストという関係が確立できないこのような場面での会話参加に関するインフォーマント8名の印象は以下のようなものであった。「日本人は自分の間違いが全部分かってしまうので気を付けて話さなければならないが、外国人と話すときにこの心配はなく、リラックスして話せる」、「お互いに外国人だから何でも話せる」、「勝手に話すことができるから楽だ」、「すぐ話せなくても、待ってくれるからプレッシャーがない」など、いずれも日本語NSと話す場面とは異なると答えている。

なぜインフォーマントはこのように「自由」に会話に参加できたのであろうか。談話資料及びフォローアップ・インタビューの分析から、言語管理プロセスについて以下の4つの特徴が明らかになった。

（1）言語ゲストの参加管理の中では、自己参加の調整を行うことが多い

お互いに外国人であるために、相手からの支援を期待しない傾向がある。したがって、相手場面では典型的な言語ゲストの他者参加の調整より、自己参加の調整を選択することが多い。つまり、相手が自分と同じように接触言語のゲストと捉えた場合には、言語・非言語行動で助けを求めたり、周辺言語（音調など）で支援を訴えたりする支援懇請ストラテジーを適用することが少ないし、自分の無力についてのお詫び、最少限の応答、相手の会話支配を承認するといった参加譲渡ストラテジーも使用しないことが多い。

例1では、M1は自己参加の調整によって、日光の旅行経験をまとめている。

例1（会話1）
M1　なんか・・そらが青くて、なんか、けむ・けむり？く・くもりはぜんぜん・なく

て・なんか、あのう、はっぱ、木、木はそのまま、はっぱ全部（笑い）[（笑い）]地面にいって、うん、なんか・[（笑い）] めずらしい（こうき）

（2）自己参加の調整の中では、参加回避ストラテジーより参加達成ストラテジーを選ぶことが多い

　参加者は、日本語能力が限られているため、母語を使うときと同じような会話参加を行うことができない。にもかかわらず、相手も日本人ではないという意識が強く、会話維持の責任を相手に持たせることをよしとしない。したがって、日本語学習者がよく使用する話題回避、メッセージ縮小、語彙の簡略化などの回避ストラテジー（村岡1992）を採用することは不適切とみなされる傾向がある。

　たとえば、インフォーマントの中で比較的日本語能力の低かったA1も、次のように積極的に会話参加をしている。

例2（会話6）
A1　うん、・マレーシアはマレーシアのえーと、国に・ついてあまり詳しくないから、ええと、ま、どういう国でしょうか、ええと、たとえば、ま、日本に比べたら、ええと、ええと、何だっけ、自然一があまり豊か、ええと、ビルがいっぱい並んでる・か、どういう、何だっけ、ふ、雰囲気・かなー、し、してる？

　フォローアップ・インタビューによると、A1は、会話の相手がマレーシア出身の学部生であるという情報しか持っていなかったため、「お互いに頑張ろう」という気持ちで会話を進めたことが明らかになった。もし相手が日本人の場合には、質問をするより答える立場のほうが多く、質問をしても、例2のように間違いを犯しても詳しく聞くということはないと報告している。

（3）言語ホストの参加調整を試みる

　先にも触れたように、相手場面においては言語能力の差が大きい。そのためにNSが言語ホストとなりやすく、話題提供などによって会話をリードすることが多くなるわけだが、第三者場面においては、話題は参加者双方から提供される傾向がある。

今回の談話資料では、日本の生活、日本語学習、外国人の母国紹介などのいわゆる日本語による「接触話題」に限らず、さまざまなトピックが出され、発展していった。例3のように、相手場面で扱われることの少ない日本人や日本社会についての批評的話題もしばしば登場した。

例3（会話2）
C2　日、日本人は実はとても親切だと思うんですけど
M1　親切です
C2　うん、とても親切だ、すごく親切（笑い）[(笑い)] うん、留学生達に・いろいろ、や、してくれてでも・・個人的そういう友達になりにくい感じがありますけど、ありますか
M1　うん [こういう] ありますよ（笑い）なんか声を、最初に声をかけないととりあえず友達にならない
C2　はい、友達になりにくいと思いますでもまだまだ時間がありますからがんばってできると思います
M1　うん（笑い）そうか

　言語ホストの参加調整の1つである、相手の日本語能力に関して誉めることもよく使用されていた。学部生のM2は短期留学に来たI2の日本語を高く評価している（例4）。

例4（会話5）
M2　もう3年間すごいじゃないですか、3年間勉強して、ここで3ヵ月、もうぺらぺらじゃないですか
I2　まだまだ　　｜（笑い）
M2　　　　　　　｜（笑い）

　さらに、相手の発話を続けて完成させる、日本語の会話に典型的な「共話」現象も参加支援の一環として使用されることがあった（例5）。

例5（会話1）
M1　{雪が} ずっと降り続けると　　｜

第3部　接触場面のタイポロジー

138

C1　｜飽きますねちょっと

　まとめると、言語ゲストでありながら双方によって採用された言語ホストの参加調整は、会話リードのための調整ではなく、会話協同のための調整であると言えるかもしれない。

（4）有標の会話参加ストラテジーの一部を無視する
　NNSの母語による会話にない、日本語の会話に特徴的な会話参加ストラテジーの一部は、有標のストラテジーとして第三者場面では意識的に無視されやすい。
　今回の調査では、インフォーマント8名全員があいづちの欠落を逸脱と留意したにもかかわらず、調整をせず意識的に無視している。フォローアップ・インタビューによると、日本人と会話するときにはあいづちを打ったり、相手があいづちを打てるようなポーズを入れながら話す努力をするが、相手が外国人の場合にはあいづちは「あまり必要がない」ということで8名とも一致していた。その結果、1つ1つのターンの長さは伸びるが、相手の反応が発話中に障害になるということもなく、発話意図の生成に集中することができ、フロアを相手に渡すまでの時間を有効に使うことができるようになる。例6は会話開始部分にある自己紹介の例である。

例6（会話4）
M2　（M2）と申しますが、マレーシアから参りまして日本にいるのはもう2年間ですね今日はちょうど2年間になりました
I1　どんな学部ですか
M2　工学部機械工学科今は2年生・（M2）です（笑い）
I1　はい、ええと、（I1）です
M2　（I1）
I1　（I1）うん（I1）ですけどインドネシアの・ええとカジアマという大学から来ましーたけれども、ええ今・なんか日本一にいるーもう3・3カ月ぐらい、ですね、10月1日［ああ］日本に来ました

M2がポーズを入れず一気に自己紹介したのに対して、I1はゆっくり自分の紹介の文章を組み立てている。しかし、どちらの場合にも、相手の会話参加の機会としてあいづちを組み込むことはなかった。
　なお、8名のインフォーマントは、日本人と話すときに「少しずつ話す」、「(「そうですか」などの使用により) 反応を大げさにする」などの意識のあることを報告している。今回の談話資料では、自己紹介以外の箇所においても、あいづちの使用率は低く、特に繰り返し、完結、補強（堀口1992）など、語彙的なあいづちはほとんど観察されなかった。

5.2　言語バラエティーに関する問題

　NSは、一般的に、1つ以上の言語バラエティーを持っていると言うことができる。たとえば、日本語の母語場面では相手の地位、年齢などによって、ですます体、だ体を使い分け、家庭、職場、学校など領域 (domain) の変化にともなって、方言から標準語に、あるいは話し言葉から書き言葉に切り替えることがよくある。それぞれの場面に付随する規範から外れると逸脱となり、一連の言語バラエティーの管理が行われることになる。相手場面におけるNS側のいわゆるフォリナー・トークもまた言語バラエティー管理の1つである。本5.2では、第三者場面において、言語バラエティーの選択に端を発する言語問題の管理プロセスを中心に分析したいと思う。
　参加者がともに言語能力の限られた外国人の場合における、言語バラエティー管理の大きな特徴の1つは、日本語の中間言語および日本語以外の言語リソースを最大化することではないかと思われる。つまり、第三者場面の参加者は、自らの保有する言語バラエティーを解放する方向で管理しようとするということである。冒頭に紹介したように、今回のインフォーマント8名はすべて中級以上の日本語能力に達しており、それぞれ自分の日本語の中間言語を持っている。しかし、6つの会話の中で、日本語以外の接触言語がなかったのは会話1と2だけで、会話3と6の参加者は英語でも何とか通じたし、会話4と5の参加者は各自の母語（マレー語とインドネシア語）で話してもかなりの程度理解できると報告した。今回の参加者にとって、習得している日本語のバラエティーが限られている一方で、言語リソースとしてのその他の言語バラエティーは決

して少なくなかったと言えるだろう。

（1）標準日本語にこだわらず、各自の中間言語で話す

　日本語NNSは、日本語NSに対する場合よりも、日本語の中間言語バラエティーを使用する傾向がある。談話資料によると、NNS参加者に共通する日本語の特徴の1つは、中級レベル以上の表現や文型が使用される一方で、もっとも初級的な誤用も観察されたということである。このことは、フォローアップ・インタビューにおいても、自分の録音会話を聞いて、「いつもよりたくさん間違っている」、「ふだん日本人と話すときにはもっといい日本語を使っているはずだ」などの自己評価が多かった。これは参加者の不注意による誤用というよりは、まだ定着していない中間言語の規範の管理を緩めて使用していた可能性が高いと思われる。

　たとえば、例7ではM2、A1ともに「オーストラリア」の日本語の発音ができず、それぞれの中間言語の知識を運用して発音を試みている。

例7（会話6）
M2　なんか、オストロリアに、いいところですね、ぼくはなんか行ってみたいな、オストロ、オーストローに、なんか、オスト、オーストロリア、むずかしいな
A1　むずかしい発音、わたしも、オーストレイリア

（2）日本語以外の言語バラエティーを活用する

　先に説明したように、NNSは日本語以外の言語リソースを使用することがある。今回の談話資料から日本語以外のバラエティーには以下のような種類があった。

　a. 国際語としての英語バラエティーの使用

　次の例ではI1はインドネシアのふるさとについて紹介している。フォローアップ・インタビューによると、日本語の「皇居」を習っていないため、マレー語母語話者の相手にも理解可能な英語の「imperial palace」を使った。

例8（会話4）
I1　ま、学生のまち、なんか、京都と姉妹都市［ああ］同じ文化のまち・imperial palace
　　も・あります

　b. 自分の母語バラエティーの使用
　会話5の参加者はムスリム教徒同士で断食について話していた。日本語の「断食」は知っていたが「断食明けの食事」（英語の"breakfast"）を日本語でどう表現したらよいか分からなかったため、マレー語とインドネシア語という相互に理解可能な母語にスイッチしている。

例9（会話5）
I2　この前、来た？
M2　うん？
I2　食事を、いっしょに食事をした？
M2　breakfast？　あ、berbuka puasa？
I2　あ、berbuka puasa
M2　ああ
I2　来た？
M2　来た、来ました

　c. 相手の母語バラエティーの使用
　日本語バラエティーでの表現が分からない場合に、国際語や自分の母語のほかに、会話の相手の母語バラエティーを使用してみることがある。
　M1は基本的には中国語能力を持っていないが、中国人の相手に対して、母国のマレーシアで見た中国映画に関する話題を出し、映画のタイトルに使用されていた北京語の発音（/fu:nsa:ju:/）を試みている。しかし、この中国語は相手のC3に通じなかった。

例10（会話3）
M1　・・・あ、知ってるなんか、中国人なんか中国の映画、/fu:nsa:ju:/?「え？」/
　　fu:nsa:ju:/なんか中国の伝統な「あ」なんかうん・・なんか、わかあないけど、/

fu:nsa:ju:/？

（3）造語などにより日本語のバラエティーを拡大する

使用可能な日本語バラエティーが限られているNNSにとっては、適切な目標言語で表現できない場合、造語などのコミュニケーション・ストラテジーを使うことがある。相手場面の場合には、発話に問題があってもだいたいNSによる他者調整が行われるため、造語の発生率は低いが、NNS同士の会話ではお互いに適切な日本語が見つからなければ造語をせざるを得ない。造語の重要性については多くの参加者がフォローアップ・インタビューで指摘していた。

談話資料では次のような造語が観察された。

a. 外来語の造語

次の例で、M2は自己調整により、英語NSであるA1に対して、2つの英単語を「マナー」、「ヒポクリート」と日本語発音に近づけ、外来語の造語に成功している。「マナー」は外来語として存在するが、M2はそれを知らず、その場で「ヒポクリート」と同じように造語したわけである。

例11（会話6）
M2　日本人そのものはですね、優れたと思うんですよ、なんかみんな・・あ・何というかなマナー？メナー？［ああ］みんなのマナーがいいし、なんか話す話すのもいいし、［うん］なんか/hipəkrit/？［hypo］ /hipəkrit/ なんか何というか日本語分からないが
A1　わーそれは分かりません（笑い）
M2　ヒポクリートは一言えるかもしれないけど、なんかみんなす一人間だからぼくはうんそういうところはいいだと思うんですよ

b. 漢字語による造語

次の例12においてA1は漢字語を用いた造語を試みている。英語の「chemical engineering」にスイッチする前に、「化学」、「化学的な」という単語を使って日本語に翻訳しようとしていた。例13では、M2が英語の「matriculation」を日本語に翻訳して、「予備教育学校」という言葉で

マレーシアの教育制度を説明している。

例12（会話6）
A1　一番いいなのはたぶんオーストラリアはたぶん<u>化学</u>たぶん間違ってる日本語けど<u>化学的</u>なええと‥何だっけ、ええーとengineeringかなー［うん］chemical engineering

例13（会話4）
M2　でもみんな、うん、なんか、大学に入る前に［うん］何というかな・matriculation? <u>予備教育学校</u>？［うん］ね、入らなければならないでしょう［ああ］だから‥普通は高校卒業して［うん］<u>予備教育学校</u>に入って［うん］大学に入ります

　c. 新しい語連結
　主語名詞句に相応しいと思われる述語動詞や形容詞を選択して新しい語連結を生成することがある。フォローアップ・インタビューによると、C2は日本語にないかもしれないと思ったが、習った単語の「財布」と「寂しい」、「誇り」と「持っている」という語の組み合わせを考えて表現したと報告している。

例14（会話2）
C2　いままでアルバイトとかしてないからそんなにお金とか<u>財布が寂しい</u>から・・・
C2　大阪の人・は、みんな<u>誇りー・持って・いる</u>そうですけど

　（4）新しい日本語のバラエティー規範を試みる
　初対面などの設定では、第三者場面においても日本語の敬語表現は積極的に使用される傾向がある。フォローアップ・インタビューによると、「初対面なので丁寧に話したい、できるだけ敬語も使いたい」ということでインフォーマント全員が一致していた。実際にも、敬語が多く使われていた。例6の「(M2)と申しますが、マレーシアから参りまして」以外に、たとえば、会話2のC2は「マレー・マライシャのひ、かたも多いようですね」で「ひと」を「かた」に調整したり、会話1のC1は次のように敬称と尊敬語を使っていた。

例15（会話1）
C1　湖南省は中国の有名なリー・リーダー・・あのう毛沢東・<u>先生</u>・<u>ご存じですか</u>

　他方で、お互いに外国人だから、相手への敬意の表し方は日本人と同様にしなくてもいいという日本語のバラエティー規範に挑戦する調整もフォローアップ・インタビューで確認された。談話資料からはNNS同士の会話における「新日本語バラエティー」と言えるものとして少なくとも次の2種類が観察できる。

　a. 自己紹介の場合に「どうぞよろしく」、「よろしくお願いします」を省略する

　上の例6のように、初対面の挨拶では、名前、出身などとともに使用される「どうぞよろしく」、「よろしくお願いします」などの実質的内容を持たない日本語の表現は省略される傾向がある。今回の談話資料で、「よろしくお願いします」を使用したのは会話4のM2とI2だけであった。NNS参加者によると日本人との初対面場面では必ず使用すると報告しており、第三者場面での省略によって、日本語バラエティーの新しい規範が採用されたと考えることができるであろう。

　b. 他称詞「さん」の省略
　NNS同士の会話においては、他称詞「さん」の脱落がよく見られる。今回の調査でもマレーシア人とインドネシア人は「さん」を省略することがよくあった。たとえば、次の例のように、I2が同じ寮に住んでいるマレーシア人の名前を相手のM2に尋ねたときに、お互いに「さん」を使用しないでその人の名前を直接使っていた。

例16（会話5）
I2　マレーシア人、女の人、E棟にE棟の4階にいるけど　［うん］（何の名前）
M2　うん、<u>ヤーティー</u>
I2　ああ、<u>ヤーティー</u>
M2　知ってる？
I2　名前が知らない、うん（笑い）よく会っ、会う

第7章　非母語話者同士の日本語会話における言語問題

5.3　意味交渉に関する問題

　日本語の中間言語しか持たないNNSにとっては、話したいことが話せなかったり、相手の話が分からなかったりすることが多い。このような内容の伝達にともなう言語問題（Neustupný 1985, 1994）は、コミュニケーションに重大な支障を与えるために、一般的に参加者の意識も高く、もっとも管理されていると言えよう。相手場面の研究では、言語ゲストとしてのNNSが支援を懇請し、言語ホストとしてNSがそれに対して支援を提供するといった意味交渉の管理が多く注目され、研究が進んできた（Ozaki 1989）。

　母語話者のいない第三者場面では、これまで見てきたように、参加者は、消極的な「支援懇請」、「参加譲渡」、「参加回避」などの参加調整よりも、積極的な自己調整を実施することが多く、さらに日本語の規範を拡大し、所有している言語リソースを広く利用している。したがって、意味交渉の管理は、相手場面の支援懇請―支援提供よりも、頻繁に現れ、かつ複雑になっていると予想される（Fan 1994）。

　また、相手場面と異なり、第三者場面では命題内容に関する逸脱は必ずしも否定的に評価されるだけではない。今回の調査の8名のインフォーマントは例外なく、自分の参加した会話について肯定的な評価をしており、「言いたいことがたくさん言えた」、「失敗はたくさんあったが、全体としてはよかった」、「（相手の）アクセントはあるが、とても分かりやすかった」などのコメントをしている。特に今回の談話資料で顕著であった意味交渉の言語管理の特徴を以下に示す。

（1）共同で適切な日本語表現に調整する

　これまで見てきた積極的自己調整が、限られた言語リソースのために困難な場合には、表現できないという発話の問題が残る。日本語NSの係わる相手場面と本質的に違う意味交渉の1つは、発話問題にある逸脱を参加者が共同で調整することではないかと思う。これは、NS側がNNS側の発話意図が分からないために行う確認や聞き返しとは異なり、参加者であるNNS双方ともに日本語表現が分からない場合である。次の例を見てみよう。

例17（会話1）
C1 たとえば、主食として、南の方の人は普通ご飯・主食として、あのう生活していますけど、北のほうは普通、あのう‥あれなんというか‥ご飯じゃなくて
M1 パン？‥（笑い）じゃない？
C1 ええ、あれ‥{息を吸う}
M1 むぎ？
C1 む
M1 むぎ？
C1 むぎですか‥あのう・むぎでパンを　｜作る
M1 　　　　　　　　　　　　　　　　　｜作る、はい
C1 ああそうです、むぎです

　上の例で、M1の質問に対して、C1は中国の南北の生活習慣を説明しようしたが、「麦」という単語が見つからなかったために、相手のM1に助けを求めている。ところが、M1もはっきり分からず、推測して「パン」を提供している。そのあと、M1の方が先に「麦」を思い出し、アクセントは平板型になっていたが、再度C1に提供した。C1は確認しながら、頭高型の「むぎ」を思い出したわけだ。

（2）肯定的に評価された逸脱を自分の発話に取り込む
　参加相手の発話のアクセントや外来語使用については、肯定的に評価される場合には、会話の新規範となり、自分の発話に取り込むことが考えられる。
　調査前の予測とは違って、中国語話者が漢語を使い過ぎる、英語話者が外来語を使い過ぎるなどの否定的な評価はフォローアップ・インタビューではまったく報告されなかった。反対に、相手の擬音語、擬態語の使用や、長い外来語を流暢に話せることについて「うらやましい」と思ったり、「外国人としてアクセントがとてもきれい」というような肯定的な評価をしている。
　次の例で、M2は相手のI1が「泊まる」のかわりに基本日本語の「寝る」で表現するのを「かわいい」と感心した。

第7章　非母語話者同士の日本語会話における言語問題

例18（会話）
I1　あの人のいえ・で、あ、寝たことがあります、で、すごく寒いですよ（笑い）

　　次の例では、肯定的に評価された表現を自分も使ってみる様子が観察できる。M1は「変わらない」といつも表現しているが、C2の「変わりがない」の方がかっこういいと思って、さっそく自分も使ってみている。

例19（会話2）
C2　わたし一番行きたいところ北海道です、他のところはあまり行きたくないなと［（笑い）］中国と・変わりはないから
M1　ああそうだね（笑い）あ日本人はなんか似てるからね、あの中国人となんかあまり変わりないよね

　　次の例では、M2が相手のI1の一度使った「わけにはいかない」という表現を思い出して、会話の後の部分で使ってみたことをフォローアップ・インタビューで報告している。

例20（会話4）
I1　もう家族もできた、もう子供もできたし、それで、うん、もう、卒業するわけにはいかないと考える人もいる・・・
M2　いっしょに参加して・大丈夫し、いっしょに、あ、参加しなくてもだいじょうぶです、別に決めるわけにはないですよ

（3）調整できない逸脱は逸脱のままにする
　　参加者双方が正確な日本語の表現を見つけられない場合には、逸脱と認めても、日本語表現をそのまま採用することがある。次の例では、C3は自分の寮の位置について説明している。しかし、「門」という単語が見つからないため、「ドア」と「玄関」によって代替している。この逸脱は、参加者双方に留意され、否定的に評価されたが、意味交渉を行わず、会話を続行している。

例21 (会話3)
M1　ああD棟はどっちでしょう
C3　あのーあのコンビニアンス・ストーア、あそこの、そのド、ドア、その玄関に入ってすぐ右、すぐ右手側
M1　ああそうか、けっこう、ぼくはね、なんか、いまアパートに住んでるんだけど、寂しいときは「はい」なんかよく行ってるんですよ

　例22では、M1は相手のC1が「毛沢東」についてうまく説明できなかったことに気がつき、分かったふりをした。フォローアップ・インタビューによると、その時、両参加者とも問題が未解決のままであると思ったが、追求せずにそのままにするという調整のストラテジーを使用したという。いわゆる二次的な言語管理の例である。

例22 (会話1)
C1　湖南省は中国の有名なリー・リーダー・・あのう毛沢東・先生・ご存じですか。
M1　(笑い) ああ、知らない
C1　(笑い)・・ああ・あの、うん、なんというか・・・あのう・中国、人民
M1　(笑い) はははは
C1　(笑い) わかりますか
M1　(笑い) 多分知っていると思います
C1　はい、あの、かれの・ふるさとです
M1　はあ、そうか

6　結論

　本章では言語管理プロセスの観点からNNS同士の会話の言語問題を逸脱として捉え、分析した。調査規模が少なかったにもかかわらず、NSとNNSが参加することの多い相手場面では観察できない言語問題とその管理プロセスの一端を明らかにすることができた。談話資料に基づく以上の分析から、日本語による第三者場面の言語問題の特徴はつぎのようにまとめることができる。

（1）弱い基底規範しか成立しないために言語問題も基底規範の逸脱から始まると限らず、それ以外の規範から生ずることがある

　第三者場面においては、母語話者が不在のために、NNS参加者がそれぞれの日本語の中間言語規範に基づいて会話を行うことになる。こうした規範は弱い日本語基底規範と呼ぶことができよう。ここから、不十分な言語リソースに関する言語問題について、日本語の言語規範を拡大する（e.g. 造語）、NNSが所有している日本語以外の言語バラエティーを解放する、さらに肯定的に評価された逸脱を自らの言語リソースとして取り込む、などの調整が行われることになると考えられる。

（2）言語ホスト—ゲスト関係が成立しない

　相手場面に顕著な言語ホスト—ゲストの関係が成立しないために、NNSの調整ストラテジーとして従来から言われてきたゲストのストラテジーに頼ることができず、ホストの調整ストラテジーも活用される。結果として、ゲストの調整ストラテジーに典型的な他者参加の調整よりも参加達成ストラテジーなどの自己参加の調整が重視される。また、自己調整が困難な場合には、相手のNNS参加者と共同で問題の解決にあたる傾向があることが分かった。

（3）逸脱のある状態を当然視して、すべての逸脱を解決しようとはしない。参加者は言語問題を解決しようとするよりは、管理しようとする

　NNS参加者は、お互いに接触言語の母語話者ではないことから、コミュニケーションにおいて逸脱がある状態を当然のことと捉える傾向がある。そのために、解決できない逸脱を残して会話維持を優先しても、否定的な評価が増加することもない。さらに日本語に特有の言語規範からの逸脱については、有標とみなして、意識的に無視することもあった（e.g. あいづちの省略、自己紹介における「どうぞよろしく」の省略など）。

　NNS同士の日本語による会話の言語問題は、それ自体、研究をすすめる価値があるとともに、相手場面を含めて、広くポストモダン社会のコミュニケーション一般を考える上で重要な視点を提供しているように思われる。なぜ第三者場面と相手場面の言語問題は対照的であるのか、な

ぜ第三者場面と母語場面の言語問題の調整は類似しているように見えるのか、相手場面の言語問題とは、じつは母語場面の規範が極端に強調されることからくる問題なのではないか、など言語規範をめぐるさまざまな場面とそこでの言語管理プロセスについてはいまだに研究の緒についたばかりであると言わなければならない。

　なお、今回の調査では、漢字圏と非漢字圏（会話1、2、3）、同じ文化圏（会話4、5）、英語圏と非英語圏（会話6）のNNSの会話の分析を試みたが、これらの参加者の文化圏の違いが言語問題にどのような影響を与えるかについては触れることができなかった。これについてもまた、分析資料を増やして研究を進めていかなければならないところである。

謝辞
本研究にあたって、多くの方々のご協力をいただきました。初稿に貴重な御意見をくださった千葉大学のJ.V.ネウストプニー先生と村岡英裕先生をはじめ、インフォーマントを紹介してくださった内海由美子先生と今井寿枝さん、そして今回の談話資料の主人公であった8名の留学生に心よりお礼を申し上げます。

注　[1]　本章は、「非母語話者同士の日本語会話における言語問題」（『社会言語科学』2(1), pp.37–48）を微修正したものである。

参考文献

Fan, S. K. (1992). *Language management in contact situations between Japanese and Chinese*. Unpublished Ph.D. thesis, Monash University, Melbourne.

Fan, S. K. (1994). Contact situations and language management. *Multilingua*, 13(3), pp.237–252.

ファン，サウクエン（1998）「接触場面における言語管理」『日本語総合シラバスの構築と教材開発指針の作成研究会発表原稿・会議用録』pp.1–16.　国立国語研究所

堀口純子（1992）「あいづち研究の現段階と課題」『日本語学』11, pp.31–41.

Jernudd, B. H. & Neustupný, J. V. (1987). Language planning: For whom?

In Lafarge, L. (Ed.), *Proceedings of the international colloquium on language planning* (pp.71–84). Ottawa: Les Presses de l'Universite Laval.

マーハ，J. C.・本名信行（1994）『新しい日本観・世界観に向かって』国際書院

村岡英裕（1992）「実際使用場面での学習者のインターアクション能力について——ビジターセッション場面の分析」『世界の日本語教育』2, pp.115–127.

長友和彦（1990）「誤用分析研究——日本語の中間言語の解明へ向けて」『第二言語としての日本語の教授・学習過程の研究』pp.1–53. 平成元年度科学研究費補助金［一般研究B］研究成果報告書 広島大学

Neustupný, J. V. (1985). Problems in Australian-Japanese contact situations. In Pride, J. (Ed.), *Cross-cultural encounters: Communication and miscommunication* (pp.44–64). Melbourne: River Seine.

Neustupný, J. V. (1994). Problems of English contact discourse and language planning. In Kandiah, T. & Kwan-Terry, J. (Eds.), *English and language planning: A Southeast Asian contribution* (pp.50–69). Singapore: Times Academic Press.

ネウストプニー，J. V.（1995）「日本語教育と言語管理」『阪大日本語研究』7, pp.67–82.

西原鈴子（1994）『在日外国人と日本人との言語行動的接触における相互「誤解」のメカニズム』平成5年度科学研究費補助金［一般研究B］研究成果報告書 国立国語研究所

小河原義朗（1993）「外国人の日本語の発音に対する日本人の評価」『東北大学文学部日本語学科論集』3, pp.1–12. 東北大学

Ozaki, A. (1989). *Request for clarification in conversations between Japanese and non-Japanese*. Canberra: Australian National University Press.

Smith, L. (1976). English as an international auxiliary language. *RELC Journal*, 7, pp.57–63.

楊凱栄（1989）『日本語と中国語の使役表現に関する対象研究』くろしお出版

第 7 章追記　第三者言語接触場面研究の意義と今後の課題

　1982年に出版された論文集『The Other Tongue: English Across Cultures』はWorld Englishesという概念を世に紹介した。周知のように、編著者であったアメリカのインド出身の言語学者Braj Kachruは、世界の英語の広がりは「インナーサークル」(Inner Circle)、「アウターサークル」(Outer Circle)、「拡大サークル」(Expanding Circle) として多元的に捉えるべきと主張し、従来、母語話者の間で使われる英語だけを研究してきた言語学者に衝撃を与えた。

　以来、通信技術や移動手段の発達などにもとづく世界のグローバル化によって、英語はますます使用される機会が増え、今や英語は名実ともに世界の言葉になったと言えよう。過去30年間、World Englishes以外に、英語はさまざまな概念によって研究され、成果を挙げている。例えば、

1. New Englishes（新英語）
   例）Platt, J., H. Weber & M. L. Ho (1984). *The New Englishes*. London, Melbourne: Routledge & Kegan Paul.
2. English as a global language（グローバル言語としての英語）
   例）Crystal, D. (1997). *English as a Global Language*. Cambridge: Cambridge University Press.
3. English as an international language（国際語としての英語）
   例）McKay, S. (2002). *Teaching English as an International Language: Rethinking Goals and Approaches*. Oxford: Oxford University Press
4. English as a lingua franca（リンガフランカとしての英語）
   例）Firth, A. (1996). The discursive accomplishment of normality: On 'lingua franca' English and conversation analysis. *Journal of Pragmatics*, 26, pp.237–259.

　これらの研究は、語用論的・社会言語学的な視点から多様な英語の存在（つまり、"Englishes"、"English as a…"）を認める点で共通しているが、グローバル社会における英語使用の実態を把握するうえでそこには少なくとも2つの落とし穴があると考えられる。1つは、本名（2003）や

Hülmbauer（2008）など国内外の研究者に広く指摘されているように、普及が前提となっている世界の英語を考える際に、英語の構造ではなく、英語の機能に目を向けなければならない。にもかかわらず、最近では、皮肉にも「国際語としての英語とは何か」、「リンガフランカとしての英語とは何か」と言うように、構造に焦点を当て、新しい言語変種として英語の実質を解明しようとする研究が散見される。もう1つの落とし穴は、世界の英語は複数、存在すると主張しながらも、それぞれは従来言語学的に扱われてきた英語から完全には脱皮していない点である。例えば、Kachru自身も上記のモデルにある3つの英語サークルについて、それぞれは「規範を提供する」（norm providing）、「規範を発展させる」（norm developing）、「規範に依存する」（norm dependent）という機能を持っていると説明しており、一貫して、言語規範を複数ではなく1つとして捉えている。

　J. V.ネウストプニーの接触場面の枠組みの中で、筆者は参加者以外の第三者の言語によって成立する場面を「第三者言語接触場面」と提案した（Fan 1994）。英語の母語話者より非母語話者の方がはるかに多い現代社会では英語による接触場面の多くは第三者言語接触場面になることは言うまでもない。しかし、「国際語としての英語などはずっと研究されてきたから、わざわざ第三者言語接触場面の概念を挙げなくてもいいのではないか」、「私も相手も英語の非母語話者だけど、自分の母語を使ったり、2言語を使ったり、必ずしも英語に頼っているわけではない」などの声も聞こえてくる。第三者言語接触場面とリンガフランカとしての英語の概念については、すでに近刊（Fan 2015）で整理したことがあるのでここでは省略するが、以上述べてきた世界の英語の議論を踏まえて、あらためて第三者言語接触場面の研究意義を3点挙げたいと思う。

1. 言語管理理論に基づいた接触場面研究では、第三者言語接触場面の研究も言語使用のプロダクトよりも、言語使用のプロセスに焦点を当てている。したがって、非母語話者同士による英語場面を研究対象として取り上げる際に、静的なアプローチから言語現象としての結果（つまり場面で使われている英語そのものの実体）にこだわらず、参加者同士が英語を使うにあたってどのように処理してい

るか（具体的に例えば、どのようにある特定の場面に入り、維持し、出るか、さらに次の場面につなげていくかといった管理行動）という動的な部分に目を向け、現代社会における言語使用の新しい側面を見出すことが期待できる。

2. 言語管理の結果、接触場面が成立すると考えれば、ある特定の場面で言語規範がどのように適用されるかを吟味することは興味深い。英語使用の第三者言語接触場面であれば、それぞれの参加者の考えている英語とその英語の使い方は、場面の成立に不可欠な基底規範（base norm）を構築することになる。しかし、これまでの研究成果からわかるように、この種の接触場面における言語規範は多様なだけではなく、流動的で、不完全である。だとすれば、言語規範の実体を追及するよりも、むしろ不安定でありながらなぜそのような場面が現代社会を特徴づけるまでに拡大してきたのかといった点が重要であることに気が付くだろう。言語規範の研究にこだわることによって、母語話者不在の場面で複雑に存在する言語規範がどのようにそれぞれの参加者に認識され、交渉され、場面の成立につながるのかを研究対象とする必要性が見えてくるはずである。

3. 接触場面研究の出発点は外来性の顕在化であるが、わずかな例外を除いて、言語コード以外の要素による外来性はほとんど注目されてこなかったと言っても過言ではない。なぜなら、今まで多くの接触場面研究は相手言語接触場面に偏っていたからだ。相手言語接触場面では参加者の言語能力の差が大きいために、いかにその差を乗り越えて場面を維持するかが課題となり、そこに由来する問題は常に言語管理の対象であり目的となることが容易に想像できる。一方、第三者言語接触場面では基底となる言語規範がゆるく、顕在化される外来性は必ずしも言語コードに集中するわけではない。接触場面の参加者は言語コードを含め、どんな要素を気にして、それに対してどのように反応し、意識的または無意識的に言語使用に反映させているかという接触性（contactedness、ファン 2006）に関する問題が、第三者言語接触場面の研究を通じてさらに掘り下げることができるだろう。

英語が21世紀の現時点において国際共通語になっていることは疑えない事実である。しかし、ここで忘れてはいけないことは、グローバリゼーションは大量の英語非母語話者を生み出したのと同時に、大量の多言語話者をも生み出したということなのである。つまり、社会のグローバル化が進むにしたがい、接触場面は有標ではなくなり、従来安定していると思われてきた母語場面ではなく、あえて多様な接触場面からいくつかを選択し、より自分に合った生活を求めようとする人が増えているのだ。しかもその無視できない接触場面の1つが第三者言語接触場面なのである。人々はどのようにさまざまなタイプの接触場面を行き来するかという共時的な視点と、営んできた接触場面はどのように移り変わり、どのように変化していくかという通時的な視点とが、とくに今後の第三者言語接触場面の研究では大きな課題となってくると思われる。

参考文献

Fan, S. K. (1994). Contact situations and language management. *Multilingua*, 13(3), pp.237–252.

ファン, サウクエン（2006）「接触場面のタイポロジーと接触場面研究の課題」国立国語研究所（編）『接触場面のタイポロジーと接触場面研究の課題』pp.120–141. アルク出版

Fan, S. K. (2015). Accustomed language management in contact situations between Cantonese speaking Hong Kong employers and their Filipino domestic helpers: A focus on norm selection. *Slovo a Slovesnost*, 76, pp.83–106.

本名信行（2003）『世界の英語を歩く』集英社新書

Hülmbauer, C. et al. (2008). Introducing English as a lingua franca (ELF): Precursor and partner in intercultural communication. *Synergies Europe*, 3, pp.25–36.

Kachru, B. B. (1982). *The Other Tongue: English Across Cultures*. Urbana and Chicago: University of Illinois Press.

第8章 共通言語接触場面における帰国生の挨拶行動

榊原佳苗

1 はじめに

　国際化した現在でも、海外で生まれたり成長したりした帰国生[1]は未だに多くの問題に直面している。日本人との行動差や文化背景が違うことから、悩まされている者は数多い。1970年代の教育で顕著であった、帰国生を一方的に日本の枠組みに入れようとする「同化教育」(佐藤1989)は、近年では少なくなってきている。しかし、帰国生の多くが、今でも日本人と接する際に本来のアイデンティティを隠した「隠れキリシタン」(宮地1990: 12-13)とも言われるような行動を取り、日本に同化するための努力をしている。こういった現状を理解している日本人がどれだけいるかは分からないが、多くの帰国生が持ち抱えている問題を少しでも一般の日本人に理解してもらいたいと思ったことが本研究を始める動機付けとなった。帰国生が日本人にとって「内と内」ではなく外国人のように「内と外」の対象にあるのならば、帰国生の行動研究も異文化理解に繋がるので深く考えていかなければいけない。
　本研究では、日本人とのインターアクションにおける帰国生の行動を、これまで焦点の当てられることの少なかったミクロ・レベルにおいて記述し、帰国生がどのような規範を持ち、どのように行動や調整をしているかを明らかにすることを目的とする。

2 先行研究と本章の理論的枠組み

2.1 帰国生研究

帰国生に関連する先行研究は帰国子女の適応能力、日本語や外国語能力など多岐に渡るが、本研究に関連する重要な先行研究のみ取り上げ、分野別にあげると、行動・行動特性（星野1994, 窪田1989）、アイデンティティ（佐々木2010, 鈴木2004）、第二言語能力・バイリンガリズム（マーハ・八代1991）、文化差・異文化理解・接触（野元1994, 塚本1994, 小林1983）、教育・国際化教育（グッドマン1990, 東京学芸大学海外子女教育センター 1986）等がある。ただし、帰国生の行動についてはマクロ・レベル研究が大半を占めている。「帰国生徒のしぐさについては、これまで個々の事例はあるが、まだまとまった研究は出ていないようである」（窪田1989: 79）。横川（1989: 113）によると、エスノグラフィーの学問分野では日本の学校で日本人の行動観察をしているものがあるが、それは母語場面または接触場面における研究であり、後に述べるように帰国生の場合とは性格が異なる。

2.2 共通言語接触場面

ネウストプニー（1981）は、「母語場面」と「接触場面」の区別を提唱した。日本人と日本人、米国人と米国人等のような接触は、母語話者同士が接触したネイティブな場面である。一方、接触場面とは、ネイティブではない、異文化場面のことを表わす。接触場面の行動については、例えば、日本人とオーストラリア人の接触場面ではAsaoka (1987)、Marriott (1985)、Murie (1976)、日本人と米国人の接触場面では佐野・脇山（2000）、水谷（1979）、バーンランド（1973）、会田（1972）、日本人と欧米人、その他の国出身の接触場面ではフェアブラザー（1997）、鈴木（1973）、更に日本人と英国人の接触場面ではブロズナハン（1988）等がある。

では帰国生と日本人が接触した場合は母語場面なのだろうか。それとも接触場面なのだろうか。Fan（1994）は、オーストラリア人と米国人が英語で話す場面を例に挙げ、両者が使用する言語は同じであっても、文化的背景が異なる者が接触した場面について、"Contact situations other than the native speaker-non-native speaker type should not be regarded as marginal cases and deserve equal attention."（Fan 1994: 237）と述べ、共通言語接触場面の存在を指摘した。帰国生と日本人のインターアクションもまた、共通の母語を使用するにもかかわらず、社会言語的能力、社会文化能力の異なる共通言語接触場面の現象であると言うことができる。

2.3 文法外コミュニケーション行動

　日本人との共通言語接触場面における帰国生の行動をミクロ・レベルで考察する上で、文法外コミュニケーションの枠組みが有効である。ネウストプニー（1982, 1995b）は、コミュニケーションは文法の理解だけではないということをある例を用いて説明している。日本人客がオーストラリアでタクシーに乗ろうとしている場面があった時、正しい英語の発音や文法で目的地を伝えるかと言った問題以外に、日本と同じようにドアが開くのを待つか、助手席ではなく後ろの席に座るか、「ハロー」と挨拶をするべきかなど、運転手との文法外コミュニケーションの問題に直面するだろう。

　同じアジア人同士である、香港人と日本人の、日本語における年賀状を通じたコミュニケーション場面でも（ファン 2002）、旧正月を重視し盛大に祝う香港人にとって、年賀状に関する文化は、日本とは当然異なる。よって、日本人と接する香港人は年賀状を書くにあたって、まだ正月の雰囲気の薄い12月に書くのに違和感があるだけではなく、年賀状の内容やフォーマット、出すべき相手、タイミングなどにも悩むことが多いようだ。さきほどのタクシーの例と同じように、香港人は日本語の文法外コミュニケーションも把握していなければ、日本人との円滑なコミュニケーションは実現できない。

　本章では、9つの文法外ルールのうち、点火、セッティング、バラエティ、内容の各ルールに焦点をあてて、帰国生の行動について考察する。

<u>文法外コミュニケーションのモデル</u>（ネウストプニー 1982）
　1）点火のルール：どのような場面にコミュニケーションを始めるか
　2）セッティング・ルール：いつ、どこでコミュニケーションを行うか
　3）参加者ルール：だれとコミュニケーションをするか

4) バラエティー・ルール：どの言語、方言、スタイル等を使うか
5) 内容のルール：何を伝えるか
6) 形のルール：メッセージをどう形づけるか
7) 媒体のルール：メッセージを送るときどのようなチャンネルを使うか
8) 操作のルール：コミュニケーションに対してどのような行動を取るか
9) 運用のルール：メッセージをどのように具体化するか

2.4 言語管理プロセスと規範

　人は皆、自分にとって「普通」だと思われる言語行動に関する「規範」を持っている。言語管理理論（Neustupný 1985a、ネウストプニー 1994）において、ある行動が行われた際に、その「規範」からの逸脱が起き、そのことに気付くとそれは「留意」とよばれる。そして、ある人が取った行動に対して肯定的または否定的な印象を持つことを「評価」と呼んでいる。また、評価したことをきっかけに再度何かしらの行動を取ったり、取らなかったりすることを「調整」という。

　また、ネウストプニーは上記の言語管理プロセスの「調整」に注目し、言語教育では調整がいつ行われるかにより、a) 事前調整、b) 事中調整、c) 事後調整の3つに分けることができると述べている（Neustupný 1985a）。つまり、コミュニケーションの過程に問題（不適切さ）が起きるという予測から、それを防ぐためにある措置を取ることが事前調整であり、発話が開始された後で話者が自分の問題（不適切さ）に気付き、訂正をするのが事中調整であり、実際に表面にでてきた不適切さを訂正するのが事後調整ということである。

　複数の社会における接触場面の経験を持つ帰国生の場合、規範もまた複雑であることが予想される。行動の記述と同時に、どのような言語管理プロセスを経て調整を行動に移すのかを吟味しなければ、帰国生の行動を理解することは一面的に終わる危険性がある。

　本章では帰国生へのインタビューから得られた資料を基に、言語および非言語インターアクションに対する態度も明らかにしたい。

3 調査の枠組み

3.1 調査協力者

　日本社会において帰国生の存在はだいぶ定着したようだが、実はその言葉に正式な定義はない。文部省が学校調査基本報告書で記した規定はすでに紹介したが、その用語の定義は学校基本調査における統計処理上に際して与えられたものにすぎないので、帰国生と接することのある教育機関や研究者達は、それぞれ独自の定義を作っている（小林1983, 野元1994, 東京学芸大学海外帰国子女教育センター1986）。

　本調査では帰国生の行動をできる限り明らかにするために、ここでは以下の条件を満たす人を帰国生とし、調査を行った。なお、文化背景による規範と規範の解釈のゆれを最小限にするために、研究者の出身国でもあるアメリカの帰国者に限定した。

<u>帰国生調査対象者の選考基準</u>
1) 高校生以上
2) 男女問わない
3) 米国帰りの者のみ対象。一時帰国者も含む
4) 本人および両親の国籍・出身地は問わない
5) 米国滞在期間の上限はないが、下限のみ5年
6) 日本に帰国して2年以内
7) 現地校出身の帰国生のみ対象。全日制日本人学校出身者は含まない
8) これまでインターナショナル・スクールにしか通った経験がない者は含まない
9) 米国文化と日本文化の影響を受けて育っている
10) 両親、または身近な人が日本文化の背景を持っている
11) 補習授業校や日系塾に通ったかどうか等は問わない
12) 日本語や英語能力、その学習歴は問わない
13) 家族背景は問わない

調査対象者は帰国生5名（K1–K5、全体はKと略す）、日本人5名（J1–J5、全体はJと略す）の合計10名である。Jはすべて18歳から22歳までの学生である。また、調査者（R）とビデオ撮影者（V）も帰国生である。帰国生の属性は下記のとおりである。調査者とビデオ撮影者以外の名前はプライバシーの保護のため、全て仮名にする。性別・年齢・出身地・所属・学歴・米国滞在期間・日本滞在期間を記述する。

表1　帰国生調査対象者

	K1	K2	K3	K4	K5
性別	女性	女性	男性	男性	女性
年齢	20歳	15歳	17歳	18歳	17歳
所属	関東圏の大学1年（オレゴン州の高校出身）	米国インターナショナル高校	米国インターナショナル高校（米国大学に入学予定）	米国インターナショナル高校（米国大学に入学予定）	受験生（米国の高校出身）
出身地	オレゴン州	ニューヨーク州	ニューヨーク州	ニューヨーク州	ジョージア州
米国滞在期間	19年	11年	17年	18年	13年
日本滞在期間	1年半	10日	2週間	2週間	2ヶ月
備考	母が日本人父がハーフ本人はクオーター	一時帰国中	一時帰国中	一時帰国中	日本の大学を受験する予定

帰国生（K）と日本人（J）の行動を分析する際、彼等の関係も考えなければ分析結果も変わるため、参考に調査対象者、調査者（R）、ビデオ撮影者（V）の関係を下に示す。

表2　帰国生と日本人調査対象者の関係

調査対象者	K1	K2	K3	K4	K5	R	V
J1	初対面					友人	友人
J2		初対面				友人	初対面
J3			初対面			初対面	初対面
J4				初対面		初対面	初対面
J5					初対面	友人	友人
R	初対面	初対面	初対面	初対面	初対面		兄弟
V	初対面	友人	友人	友人	友人		

3.2 データ収集

調査は1999年7月の1カ月、週1、2回のペースで行われた。それぞれ別の日に5組の調査対象者に、駅構内で待ち合わせをしてもらった。調査は、駅での挨拶場面と調査者自宅での談話場面に分けて行われた。上記の両場面では、録音機器による録音、及び調査者の弟（V）によるビデオカメラ録画が実施された。続いてビデオ撮影を元に言語行動の文字化、非言語行動の記述が行われた。

更に調査後、1週間以内に帰国生のみに1対1のフォローアップ・インタビュー（ネウストプニー 1994）を行った。調査者は調査対象者に研究内容を伝えた後、録音と録画資料を調査対象者と共に観察し、「何故そのような行動を取ったのか」、「その時何を意識していたのか」、「何をしたかったのか」等、質問をした。フォローアップ・インタビューは全て日本語で行われ、録音もされた。フォローアップ・インタビューにかかった時間は、1人につき1時間15分から2時間ほどであった。

3.3 本調査の目的

以上のような調査の枠組みを用い、本章では、挨拶場面の分析のみに焦点を当て、以下の3点を明らかにすることを目的とする。まず、第1に帰国生と日本人の談話場面で見られた行動を文法外コミュニケーション行動のモデルを使用して観察し、どのような行動の特徴があるかを分析する。第2には、そうした行動の特徴がどのような言語管理プロセスから生成されたかを明らかにする。同時に、言語管理プロセスに働いた帰国生の規範の構造を考察する。

4 分析結果

分析の第1段階として、まず帰国生が日本人と調査者に対して取った行動を文法外コミュニケーションのモデルを用いて分類する。その後、各項目で観察された帰国生の行動をフォローアップ・インタビューの証言を参考に、まとめていく。

4.1 セッティング・ルール：時間

　ここでは、帰国生は約束に対する時間をどう捉えているかを考察する。帰国生、日本人、調査者が駅で待ち合わせをする約束をしたところ、調査者と日本人は約束の時間より数分早め、または時間どおりに来た。それに対して、表3でまとめたように、帰国生は約束の時間より早く来る者、時間どおりに来る者、遅れて来る者の3種類に分かれた。

表3　到着時間

	K1	K2	K3	K4	K5
到着時間	15分早く来る	40分遅れる	時間通りに来る	60分遅れる	15分早く来る

　どの帰国生も交通手段は電車であったが、K2とK4は日本に一時帰国して間もないため、日本の電車に慣れていないことを述べた。日本人と調査者は時間どおりに来なかった帰国生を責めたり、執拗にそのことを話題にしたりはしなかったが、K2は遅れたことを大変気にし、挨拶場面ではしきりに謝っていた。遅れることは日本の規範から逸脱すると分かっていたが、結果的に遅れてしまったのでその場に最もふさわしいと思われる行動を取ったとK2は述べている。これは事後調整の例である。

　K4も謝った回数は少ないが、「ジュースおごるよ」と言うことによって謝罪の気持ちを表し、事後調整を行った。K1、K3、K5は約束の時間どおりまたは、少し早めに来ている。K1とK5は普段も自分が約束に遅れることはないという。また、K5は「約束の時間に自分が遅れると自分自身が許せなくなる。日本人であれ、米国人であれ相手が遅れてくることは気にしない。でも自分が遅れることは、特に日本人の場合だと気にする」という規範を持っていた。他の遅刻しなかった帰国生K1とK3も、日本滞在の期間が長く、日本人の規範を理解している為か、日本人との待ち合わせの場合は必要以上に神経を使っていたことが分かった。

　フォローアップ・インタビューでは、日本人と待ち合わせした時に遅れるのはよくないと強く思っている帰国生がいることも明らかになった。実際、K2は「（J2と待ち合わせをしたのに）遅れて悪いなと思った。米国人が相手だったらそんなに悪いとは思わない」と言い、K4も「米国人

が相手なら「悪い、悪い」だけで済む。それをひきずって「遅れてすみません、すみません。ああ本当に…」等と言うのはしつこいし逆に失礼になる」と述べたため、日本人と待ち合わせをする時は、米国人と待ち合わせをする時とは違う規範を適用していたと言える。

調査者の人数が少ないので、この調査結果だけから帰国生全体の時間の捉えかたを判断するのは難しい。ビデオの存在もあったことから、彼らが普段も同じような行動を取っているかも定かではないので継続した調査が求められる。そして、これは更なる調査が要求されるが、データからは日本にいる期間が長ければ長いほど、または日本人との接触場面が多ければ多いほど、帰国生は時間に対する捉えかたに関しては、社会に適応するため必然的に日本の規範に合わせるようになると考えられる。

4.2 点火ルール：挨拶言葉

表4 挨拶言葉

	K1	K2	K3	K4	K5
Jに対する挨拶	こんにちは	無し	無し	無し	こんにちは
Rに対する挨拶	無し	こんにちはー	こんにちはー	どうもー	こんにちはー／はじめまして

帰国生の多くは、JまたはRに対し、挨拶場面で「こんにちは」という言葉を使用している。「こんにちは」がここで使用された理由は、調査が午後に行われたからである。

米国の挨拶場面では"How are you?"という挨拶言葉のほか、若者同士の場合はくだけた表現の"Hi man."、"Hey what's going on?"、"Yo man."、"What's up?"という言葉が初対面でも使われることがあるが、ここではそのようなくだけた表現の挨拶言葉は日本語では聞かれなかった。

水谷（1979）によると、「こんにちは」という言葉について、「我々日本語の「こんにちは」が、「おはよう」に比べて、自分の仲間というよりは外の人に対して使う挨拶であることに類似」しているとされている。どの帰国生も日本語ではくだけた表現の挨拶言葉を使用しなかったことから、初対面の日本人に対して一定の距離を感じて、「外の人」に使う「こ

んにちは」が日本人と話すときには一般的で無難な言葉と認識していたといえる。

　このほかに、ビデオの存在が「こんにちは」という挨拶を促した例が見られた。K5はビデオに自分の行動が収められていたため、「しっかりした挨拶をしなければいけない」と意識していたことをフォローアップ・インタビューで述べている。「こんにちは」はK5にとって、くだけすぎない、「しっかりした挨拶」に最も適していた言葉であったことがこの発言から分かる。初対面でビデオもあったため、一概には言えないが、米国人の若者同士ならだいぶくだけた表現でも一般的でも、本調査の帰国生は、日本人との挨拶場面では米国人と話をする時よりも言葉使いに失礼がないように気を使い、相手の反応を観察していた。この場面において帰国生は日本という場面と、日本人と話しているという意識が強く、皆、自分の規範が日本人の規範から逸脱しないように無意識のうちに、または意識的に事前調整を行っていた。さらに、米国人との会話の場合は通常積極性を求められるが、自分から積極的に話す帰国生は少なく、日本人の反応を見てから話すという態度が目立った。

4.3　バラエティー・ルール：自己紹介

　挨拶場面でどのような自己紹介がなされたかは、表5を用いて説明する。

表5　自己紹介における呼称

	K1	K2	K3	K4	K5
Jに対する自己紹介	なし	なし	名字	名前	名字／名前／名字＋名前
Rに対する自己紹介	名字	名字＋名前	名前／愛称	なし	名字＋名前

　K1、K2、K3、K5は、自己紹介の際に名字またはフルネームを使用した。K1はRに対して名字のみで自己紹介をした。K1が調査者に対して名字で自己紹介をしたのは、調査者がK1の名字を言い間違え、それをK1が訂正したためである。またK2が、調査者に対して名字を口にしたのも調査者が、K2に名字の確認を要求した結果であった。K1とK2は、

名字やフルネームを用いた挨拶が、相手と自分との間に距離を作ってしまうという印象があるため、本来は避けたかったと述べている。K1は、米国では名字で呼ばれる習慣がなく、慣れていないので調査者に名字で呼ばれたことは、「恥ずかしい」ことだったと述べている。

　K3とK5の場合は、名字やフルネームを抵抗なく使用していた。これには、彼等が自分自身を取り巻く日本という環境と、日本の挨拶場面を強く意識していたことが起因している。K5はその他に、調査場面がフォーマルなものだと意識していたということも調査者や日本人に対し、名字とフルネームを使用した理由の一つであると述べた。

　ところで、K3とK5は一見日本人との挨拶場面では、名字やフルネームを常に使っているかのように見えるが、K3が「相手の雰囲気を見た瞬間に自己紹介は名字で言うか、名前で言うかを無意識のうちに決めてしまう」と述べたことから、K3は、常に日本の環境や礼儀等に沿った行動を取っているわけではない、ということが分かった。K5の場合も、「場合によっては、(私は) 絵美 (仮称) です」と言うことがあると証言している。このことから、K3とK5は、場面や相手等に合わせて、挨拶の仕方を変えていると言える。K3とK5も、本来は名前で自己紹介をしたかったようだが、それは日本という場面から逸脱すると思われたため両者とも事前調整を行っている。

　名字とフルネームの使用を区別しているかと帰国生に聞いたところ、特別意識して使い分けている、という発言はなかった。ただK5は、「フォーマルな場面であれば米国でもフルネームを使用することはあるが、名字だけで自己紹介をすることはない」と述べている。唯一名前のみを使用したK4は、フルネームを使用すること自体には問題を感じないが、名字というのは、属・血・家族を代表しており、両親が与えてくれた名前を尊重していないように思えるため、名字のみの使用には強い抵抗があることを調査者に伝えた。なお、米国の挨拶場面では、先に自己紹介をし終えた者がもう一方の者に"What's your name?"等と質問をすることがある。K3は、このことについて、「場面によっては日本でも、俺まさちゃん (仮称) っていうんだけど、名前何？と質問することがある」と述べている。ただし、本調査でそのような例は見られなかった。

　以上の調査から、どの帰国生も挨拶場面では名前の呼びかた、呼ばれ

かたを強く意識しているということが分かった。秋澤（1988）が言うように、米国では「ファーストネームで呼び合うことがひんぱん」であり、「彼ら（米国人）にとっては、できるだけ早くファーストネームで呼び合う仲になる」ことがコミュニケーションの際には重要となる（秋澤1988: 115）。また、ファーストネームで呼び合うことはポライトネスにも通じる。佐野・脇山（2000: 30）によると米国人が「さかんにファーストネームで呼び合うのは、それが良好な人間関係をつくるための言葉の工夫、ポライトネス（politeness）に通じるから」だという。多かれ少なかれ帰国生は、挨拶場面で米国の規範を意識していたと言える。

4.4　内容のルール
4.4.1　握手・お辞儀・会釈

ここでは、表6を参考にし、分析を行う。K2を除けば、帰国生は日本人と調査者に対し、皆、会釈、お辞儀、握手のいずれかを行っている。これは帰国生が、日本では "salutations and bows are concomitant activities in internal situations."（Marriott 1985）であることを理解し、共通言語接触場面でもそうしなければいけないという意識が強かったということを表す。日本の規範が求められているこの場面で、自ら握手を日本人に強要した帰国生はいなかった。

しかし、表には挙げなかったが、ほとんどの帰国生の行動には、頭を下げる角度が浅い、体を揺らす、姿勢が悪い、丁寧ではない、髪をかきあげる、ガムを噛む、帽子を取らない、必要以上にリラックスしている、

表6　KのJに対する挨拶行動

	K1	K2	K3	K4	K5
握手	なし	なし	なし	なし	なし
お辞儀	なし	なし	なし	ぎこちないが、一度お辞儀をする。目線は下を向く。	抵抗なく深く丁寧なお辞儀をする。目線は下を向く。
会釈	片方の手で髪を触りながら頭を一度軽く下げる。J1の目を見ながら会釈。	なし（あいづちは2回見られたが、挨拶ではなかった）	頭を一度軽く下げる。J3の目を見ながら会釈。	J4につられて2回会釈をする。あいづちも数回見られた。	J5の目を見ながら、一度頭を軽く下げる。

落ち着きがない、馴れ馴れしく話す等といった、日本人同士の挨拶場面では否定的と捉えられるような非言語行動が数多く見られた。

　Asaokaは、日本人とオーストラリア人の接触場面で日本人に見られたnodding行動は、bowing and shaking handsの中間にある挨拶であると説明する。そして、このような行動をhalf-way houseとよび、"the subject's act of nodding may be due to the difficulty experienced by a Japanese in greeting a Westerner."（Asaoka 1987: 5）と述べている。帰国生が上記のような行動を取ったのも彼等が日本人と接触する上で、何らかの困難にぶつかっていたと言える。例えば、普段なら「色々質問をしていた」（K1）、「自分から初対面の相手に話しかけていた」（K2）、「積極的になり、相手に良いイメージを与えようとしていた」（K5）等の行動を取るが、ここでは皆、普段とは異なる行動を選択している。これは、帰国生が共通言語接触場面の規範に逸脱しないように事前調整を行っていることを裏付けている。調整をした結果、K5のように逸脱を多く避けることができた帰国生もいるが、大半の帰国生は、どのように挨拶をしたらいいのかを考えている間に逸脱をしてしまったようだ。

　例1でK4はJ4が丁寧な自己紹介をしたにもかかわらず、ぎこちないお辞儀しかしていない（例1：下線部分）。

例1

J4 ：(K4に近づく) あ、こんにちは。
K4 ：(J4と目が合う。振り向き、ポケットに両手を入れたまま一度軽くうなずき会
　　　釈。帽子を被ったまま挨拶。)
J4 ：橋本優子です。(手を前で重ね、下を向きながら一度お辞儀をする。) よろしくお
　　　願い致します。(大きい声で挨拶。)
K4 ：(J4の様子を見ながら、ぎこちなくお辞儀をする。ポケットに両手を入れたまま
　　　一度後ろを振り向く。後ろに立っているRの気配に気付く。)
J4 ：(再度頭を軽く下げる。)
K4 ：(つられてもう一度頭を軽く下げる。)

　J4は二度もK4に挨拶をしているが、K4は気の抜けた挨拶しかしなかったため、K4はJ4に否定的な印象を与えた可能性が高い。

4.4.2　相手との距離

日本人（J）と調査者（R）との距離に関しては、興味深い発言がフォローアップ・インタビューで聞かれた。ほとんどの帰国生は日本人と話す時は少し距離を置いて話している。

表7　Jとの距離

	K1	K2	K3	K4	K5
Jとの距離	普通 0.43 m	近い 0.35 m	遠い 0.54 m	遠い 0.53 m	少し遠い 0.50 m

K1とK5はこれを意識的に調整していたことが分かった。K1は「日本人と話す時は距離を置かないと、怖いって思われるから少し距離を置いた」と言い、K5は「無意識のうちに距離を置いていたかもしれない。こっちの人って馴れ馴れしいの好きじゃないですよね」と述べている。

一方、帰国生が日本人と話す時の距離と調査者と話す時の距離を比較すると、調査者とは比較的近くで話していることがビデオカメラで確認された。これは、調査者が帰国生と同じ境遇の者であったことが大きく起因していたと思われる。このことから帰国生は、他の帰国生に対しては親近感を持っているため、特に問題なく接することができるが、日本人に対しては何かしら隔たり、または緊張感を持って話していたと言える。

4.4.3　声の大きさ・話し方・態度

声の大きさと話し方や態度のデータ（表8）についても、4.4.2の距離の分析と同じことが言える。個人差はあるが、日本人に対しては小さい声で話したり、消極的であったり、真面目な口調だったり、敬語を使うという傾向がある。

一方、帰国生である調査者に対しては全く正反対の行動を見せている場面が多く見られた。紙幅の関係で、本章には帰国生の調査者に対するデータは記述していないが、相手が日本人なのか帰国生なのかで帰国生の規範や行動には常に切り替えが起きていた。

そしてフォローアップ・インタビューからは、行動に移さなかった場合でも、帰国生は日本人に対して、敬語を使用することを意識したとい

表8　KのJに対する声の大きさ・話し方・態度

	K1	K2	K3	K4	K5
声の大きさ・話し方	・普通 ・積極的ではない ・敬語で話す	・大きい声 ・時々小さい ・気の抜けた話し方 ・敬語はほとんど使わない	・小さい声 ・はきはきと話す ・敬語で話す	・小さい声 ・消極的 ・敬語で話す	・大きい声 ・時々小さい ・はきはきと話す ・敬語で話す
態度	・J1の様子を伺う ・自分から質問や発言はしない	・J2の様子を伺う ・自分から質問や発言はしない	・自分からJ3に声をかけたが、少し緊張している様子 ・冷静	・自分から発言はせず、静か。緊張している様子 ・J4の様子を伺う	・最初はJ5の反応を見ながら話していたが、しばらくすると積極的になる

うことが分かった。K1は「J1に会った時、本当はすぐに質問をしたいと思った。(省略) 例えば、J1も帰国生なのか、年上なのか、何学部なのか等と聞き、相手とどう接したらいいのかを早く決めたかった。学部や学年などが同じだったら接し方もまた変わっていたと思う」と述べ、K4は「慎んだつもりだけど(敬語は)嫌いだからあまり使わなかった。(省略) そういうの嫌なんだ。そういうことは知っていてもわざとしない。でも最近の人もタメ口多い。だってテレビでやっていたもん、タメ口の問題があるって。俺は別にいいじゃんとか思うけど」と述べている。このような証言は、共通言語接触場面で規範が使い分けられていることを裏付けるように思われる。

4.4.4　ジェスチャー

表9を見ると、どの帰国生も、手の動きには落ち着きがなかったということが分かる。

K2はジェスチャーを使うことについて、「意識していなかったが、自然と手を使ってしまう。日本にいる時の方が米国にいる時よりもっと使う。話しを分かってもらいたいと思うから。英語の方がボキャブラリーもあるので手を使うことはあまりない」と述べている。K1も「特に意識はしていなかったが、相手に伝えたい！　と思うトピックだと自然とジェスチャーがたくさん入る」と説明した。窪田(1989)も帰国生の仕草についてこのように述べている。「(省略) 帰国生徒のしぐさは目立つので、

外国人のようだと言われることがある。事実、体をよく動かすし、ジェスチャーも大きいようである。（省略）帰国生徒は、一般的に喜怒哀楽を素直に表現してくれる（省略）」（窪田 1989: 78–79）。

表9　KのJに対する手の仕草

	K1	K2	K3	K4	K5
手の仕草	・両手は下に下げている。 ・手を時々揺らす。	・J2と話し始めると同時に、首にかけていたイアフォンを片手ではずす。 ・話す時は、ジェスチャーが入る。 ・手をよく動かす。	・ポケットに両手を入れて、身体を横に揺らしながら話す。	・両手をポケットに入れたまま話す。	・お辞儀をする時には、手を前に重ねる。 ・何度か髪をかきあげる。

　K5は、唯一ジェスチャーを意識していた帰国生である。「（日本人の前では）あまり大胆なことはしないように気を付けている。たまに無意識に手が動いたりする。（省略）日本では（周りを）見ているとあまりジェスチャーがないので、それを見ているとこっちも控えたほうがいいのかなと思う。ジェスチャーとかって結構、皆、生意気だとかそういう捉えかたがあるってどっかで聞いたんで。テレビかニュースか何かわかんないんですけど」と言い、手の仕草には気を使っていた。ただK5は、初対面の相手の前で、髪を何度かかきあげるといった仕草を見せているのだが、これについて本人は「寝癖があったので、髪をよくいじっていた。」と説明している。この発言から、K5は時間が経つにつれてリラックスし、自然な状態で話していたことが分かる。

　K3とK4はポケットに手を入れて話をしていたのだが、彼等もやはりリラックスして、またはリラックスしようとしながら、日本人に接していたことは、「（省略）両手をポケットに入れるなどは全て基本的に安楽な姿勢を取ろうとするもの（省略）」というブロズナハン（1988: 181）の指摘からも理解できる。ここではK3、K4、K5の行動は、米国の規範に基づいていたと言えよう。

　もう一つ目立った仕草は、K4がJ4に接した時に見せた行動である。「日本人は、自身を指すのに人差し指を鼻に向ける」（ブロズナハン 1988: 171）ようだが、K4は「孝太郎です」と言い、自己紹介をする際に片方の

手を広げて、自分の胸にあてた。K4は手の仕草について特に意識したことはないと述べているので、K4はここで米国の規範を無意識のうちに用いていたことになる。

4.4.5 外見

外見というのは、言語同様に話し相手に自分自身を伝えるためのコミュニケーション手段の一つである。表10では、5人の帰国生の外見をまとめてみた。その結果、女性はメイクをほとんどまたは全くせず、ほとんどの者はカジュアルで楽な服装を好み、男性も女性もピアスを付け、髪型は極端にシンプルまたは個性的なスタイルにしていたことが分かった。全体的に見ると皆リラックスした服装をしている。

しかし、最も目立ったのは、身につけている物よりも本人が持つ雰囲気であった。どの帰国生を見ても、外見からしてオープンで楽観的な雰囲気を持っていた。これは、バーンランドの言うpublic selfの開放ということに関連している（バーンランド1973）。バーンランドは、日本人と米国人のself-disclosure（自己開示）の度合いは違うと述べ、日本人はprivate self（私的自己＝他人に見せたくない自己）の意識が強く、米国人はpublic self（公的自己＝他人に見られてもかまわない自己）の意識の方が強いことを表現構造の研究で明らかにした。帰国生の外見についても同じようなことが言える。勿論、性格の違いがあるので、全ての帰国生がpublic selfを開示しており、楽観的な雰囲気を持っているとは言えないが、本研究の調査協力者に関してはそのように言える。K1-K5は皆米国滞在期間が長いのだが、おそらく滞在期間、滞在時期、年齢などに影響され次第に米国人のように、public selfを開示するようになるのだろう。

ところで、ブロズナハンは英国人と日本人の服装について「日英間の服装の第二の対照は、スポーツから葬式に至るまで、日本人の方が英語国民よりその場にふさわしい形式にはまった持ち物と服装をきちょうめんに整えるという点であろう」と言い、リラックスしすぎた適当な格好は「日本人にはおそらく、だらしのない、不十分な、くだけ過ぎでしまりのないものに見えるに違いない」と述べている（ブロズナハン1988: 259）。

日本人の視点から帰国生の服装を見ると、確かにK1、K2、K3、K4は

日本人の調査協力者と比較すると、だらしのない格好であった。日本人のフォローアップ・インタビューはしていないため、その服装に対して日本人が逸脱を感じたかどうかは分からないが、調査を行う場面にだぼだぼのズボンやピアスで現れるのは、適当とは言えなかった。

　K5は唯一、場面に適する格好で現れた帰国生であった。カジュアルすぎるわけでもなければ、フォーマルすぎるわけでもなかったため、調査者が日本人の視点から帰国生の外見を見ると、K5が最も好印象であった。ただ服装が服装であっただけに、K5の外見を他の帰国生と比較すると、K5にはあまり「帰国生」といった雰囲気は感じられなかった。仮に「帰国生らしさ」という言葉があるのなら、服装一つで帰国生らしさが薄れるというのも興味深い。K5は自分の服装について、「あまり、ジーンズはやめた方がいいと思った。相手が日本人だからラフな格好は良くないとちょっと思った。米国人との初対面場面ならジーンズを履いていた」と述べている。つまり、K5は日本の規範に逸脱しないように事前調整を行っていたことになる。

　K3は、服装については特に何も述べなかったが、「フォーマルな場面だったらガムは捨てていた。ピアスも取っていた」と述べた。K5とは逆で、K3にとってこの調査は、フォーマルなものになるという意識はなかったようである。K3は日本の規範を意識はしていたが、調整はしなかったことになる。K1、K2、K4は、調査の形は特に気にしていなかったため、普段着で現れている。

　以上のことから、基本的に帰国生は服装に関しては日本の規範に強く影響されることはないということが言える。K1やK5のような、今後も日本に滞在する予定の帰国生は逸脱を避けるため、一時帰国している帰国生よりも日本の規範に合った外見を持つ傾向が強いが、基本的には皆自分の好きなものを着ているようである。服装は本人のアイデンティティを表すためか、よほどフォーマルな場面でなければ、調整は行わないことが分かった。

表10 外見・服装

	K1	K2	K3	K4	K5
髪型	・黒髪 ・髪の毛を真ん中で分け、頭上でお団子の形に結っている	・ブロンド系の金髪に染めている ・ショートヘアだが、後ろはピンクの輪ゴムで縛る	・髪の毛は短く切っている ・ジェルで髪を立たせている	・髪の毛は帽子を被っているので隠れている ・黒髪で短髪	・黒髪のセミロング
メイク	少し赤い口紅を付けている	ノーメイク	なし（男性）	なし（男性）	ノーメイク
服	・胸元が少し開いている ・だぼだぼの長袖シャツを着ている ・赤・青のチェック柄 ・長袖シャツの下には黒いシャツを着ている ・青いフレアージーンズを履いている	・丈が短い、白いノースリーブワンピースを着ている	・灰色のTシャツと黒のズボンを履いている ・Tシャツもズボンもだぼだぼで大きい ・ベルトを付けている	・だぼだぼの青い半袖シャツ ・チェック柄シャツの下には大きめなTシャツを着ている ・Tシャツの色は薄い灰色で、胸元にはアニメのキャラクターが描かれている ・ズボンはだぼだぼのポケット付きカーゴパンツ（深緑色）	・胸元の開いた薄緑のワンピース ・その上にはサテン生地のシャツを着ている ・シャツは半袖で、アイロンをかけたばかりの様子
靴	・ヒールの高いサンダル	・白のスニーカー（ピンクの模様が入っている）	・黒のスニーカー	・黒のスニーカー	・ヒールの無い白いサンダル
アクセサリー	・大きいわっかのピアスを付けている（銀色）	・オレンジ色の時計を付けている ・髪の毛の両側には赤いピンを付けている ・右耳にピアスを一つ付けている／左耳の軟骨を含め、ピアスを4つ付けている ・首周りにはイアフォンをかけている	・左手に時計を付けている ・左耳にわっかのピアスを一つ付けている（銀色） ・首周りにはイアフォンをぶらさげている	・右手に時計をつけている ・ベージュのキャップを深く被っている ・ベルトのストラップを左足の膝のあたりまで垂らしている	・茶色のチョーカーと指輪を通したネックレスを付けている ・左手には輪ゴムを一つ付け、右手にはビーズの腕輪を一つ付けている
鞄	大きな茶色いリュックサックをしょっている	青いカジュアルな鞄を肩から斜めにかけている	スポーティーなリュックサックを片方の肩にかけている（青）	スポーティーなリュックサックをしょっている（黒）	ベージュのポーチを肩から斜めにかけている
備考	携帯電話のポーチを持つ	白い靴下を履いている			

第8章　共通言語接触場面における帰国生の挨拶行動

5 考察：挨拶場面における帰国生の規範

5.1 規範の設定

前節の分析で示したように、帰国生は必ずしも「積極的、行動力、旺盛な好奇心が顕著」（星野1994: 56）であるとは言えない。しかし、面白いことに、日本人に対しては遠慮気味なのに、帰国生自身と同じ背景を持つ調査者に対しては、初対面でも冗談を言ったり、リラックスして話したり、積極的に質問をしたりしている。つまり、帰国生にとって共通言語接触場面は規範を設定する際に重要なキーポイントとなっていると言える。実際K3は、J3の雰囲気を見た瞬間に「自分の名前をJ3に名字で言うか下の名前で言うかを無意識のうちに決めた」と言っている。K4は「談話相手を見た瞬間、僕はいつも本能的にランゲージ設定をしてしまう。型（主要言語）をある程度作らないと、後でコミュニケーションを取るのが辛い」と述べ、初対面場面と言語、および主規範の関係を示唆している。

帰国生は、談話相手に会った瞬間から共通言語接触場面の規範を設定するためのプロセスに入っている。帰国生の談話相手が調査者のように、同じ境遇の人の場合は親近感からか、帰国生同士に共通する言語や規範を使用し、帰国生同士で取りやすいコミュニケーション方法を取るようだ。対照的に日本人が相手の場合は、どの言語、表情、仕草等を使用すればその後の談話が円滑に進むのかは実際、相手と話すまでは分からない。だからこそ、共通言語接触場面で使用される規範は挨拶場面の時点から始まるのである。

5.2 事前調整

先に、帰国生は母語場面や接触場面と比べて事前調整を頻繁に行っていると述べたが、これは帰国生が日本人との衝突や日本人の規範からの逸脱を避けた結果と言える。しかし、言語や規範を選ぶことに気を使うあまりに、その場の行動には配慮が欠けてしまうという副作用がこのプロセスには伴ってくる。調整を行った帰国生にも見られた現象なのだが、多くの帰国生は日本人から見れば否定的と思われる行動を挨拶場面

で取った。これは、帰国生が日本人と挨拶をすると同時にあらゆる規範を設定しようとして混乱したことに関連していたと思われる。そして、このような現象は、共通言語接触場面の規範が設定され始める最初の場面である挨拶場面で起こりやすいと言える。

5.3　規範の使い分け

　宮城（宮城1993: 89）は、一人の人間が場面によって違った役割を演ずることを「カメレオンが周囲の色彩に応じて皮膚の色を変ずるように、人間は場面によってちがった行動の仕方をとるのである」という言葉で表しているが、帰国生もまさにそのような行動を終始取っていた。本調査に協力した帰国生は日本人の行動を常に予想することによって、自分が次に取るべき行動を判断していた。場面によっては、発言を控えて遠慮したり、ジェスチャーに気を使ったりすることによって、日本人との衝突を避けていた。事前調整が多いということは、帰国生が二つの文化の規範を量的にも質的にも、その他の場面の参加者と比べて習得していることを示唆している。特に談話参加者によって帰国生は、その場に適当と思われる規範を選択し、使い分けていた。故に、日本人の前では「おとなしい、控えめ、真面目、几帳面」等といった態度を取っていたとしても、それは実際の本人の性格とは正反対である可能性が高い。共通言語接触場面において帰国生は、日本に基づく規範と、米国に基づく規範の間を常に行き来していると言える。

　ところで、彼等は表面的には日本文化・日本人に適応していても内面的にはまだ適応していない可能性があることを忘れてはならない。本調査においても適応しているふりをしていたり、適応しようとしている段階であった例が数多く見られた。例を挙げると、K1は挨拶場面で頭を軽く下げてはいるものの、実際はこのような行動にはまだ慣れていないと証言し、その行動に対して否定的な評価をした。K1は「兵隊ではないのでそこまできっちりやらなくてもいいと思う」と言っている。

　また、本章では触れられなかったが、談話場面においては談話相手が期待していると思う「帰国生」のイメージに合わせて、調整している例も多く確認された。K3は挨拶場面でお辞儀をしたことについて「（日本人の）大人が相手の時は向こうのペースにわざと合わせる」と言っている。

これは、K3が日本人の顔をしているため、日本人にお辞儀を挨拶手段として求められた場合である。ところが、握手を求められればK3はそれにも臨機応変に応えている。例えば、Rが無意識のうちにK3に握手を求めた時、K3は疑問を持ちながらも違和感のない雰囲気ですぐに握手をし、Rの期待に沿う行動を取った。K3は、「「彼女これ、意識的にやってるのかな。」と思った。不思議に思った。ちょっと不自然…（帰国生らしさでも）ためされているかと思った。米国だったら必然的に自分から手を差し伸べていた」と発言している。帰国生のこのような行動は、相手が自分に何を期待しているかによって、行動を変化させているということを証明している。

6 結論

本章では、帰国生と日本人の共通言語接触場面で見られた帰国生の行動を分析した。調査協力者数は帰国生5人、日本人5人の小規模なものであったが焦点を絞ることによって様々な発見があった。以下に重要な点のみ記述する。なお、これは本調査に協力した帰国生のみの分析結果であることを忘れてはならない。

（1）表面化した行動とフォローアップ・インタビューの証言を検証すると、帰国生の行動と規範が一致しない例は数え切れない。帰国生は、場面や談話相手によって、本来とは異なる行動を取っていることが分かった。
（2）日本に長期間滞在している帰国生と一時帰国している帰国生の違いを総合的に比較すると、本来とは異なる行動を取り、調整を多く行っていたのは日本に長期間滞在する予定の、もしくは滞在している帰国生であることが分かった。日本に一時帰国中の帰国生の場合、日本や日本人に適応しなければいけないという社会的な期待や危機感がないため、規範を使い分けたり調整を行う回数が少ない。
（3）帰国生は場面や相手によって規範を常に切り替えていた。逸脱を避けられない例もあったが、特に事前調整の例が見られた。こ

のことは、帰国生が常に日本の規範に基づいて行動しているわけではないことを意味する。同様に、常に米国の規範に基づいて行動しているわけではないことも意味する。帰国生は習得した両文化の規範を常に交差させることによって、円滑に談話を進めている。
(4) 帰国生による規範の使い分けは、共通言語接触場面の談話相手が自分自身を各場面でどのように捉えているかということに関連している。相手が各場面で帰国生をどのように見るかによって、(例:日本人・米国人・帰国生など)帰国生は行動を変化させている。

　最後になるが、日本人は帰国生が、母語話者と同じように日本語を話すことから、帰国生の規範も、日本人の規範と変わらないと錯覚を起こしてしまうことが多い。そのため、帰国生は日本人に同調を求められる。帰国生も日本語母語話者であるからその中身や規範も日本人と同じだという考えを持って共通言語接触場面で談話を進めると、このような諸問題は絶えない。つまり、共通言語接触場面においては、接触場面や母語場面以上に誤解や問題が浮上しやすいと言えよう。このような課題を乗り越えることができた時、帰国生と日本人両者の間で素晴らしいコミュニケーションが可能になるであろう。「彼らのノン・バーバル行動は、「帰国子女のしぐさ学」として研究されることも急務」(窪田 1989: 79)であり、それをまた性別、出身地別などで分析しお互い学んでいくことが、両者にとって成長の糧となるのではないだろうか。それは、著者が日本に4年間滞在した際にも学んだことであるが、残された課題は大きい。

謝辞
本章の執筆にあたっては多くの方々のご協力をいただきました。J.V.ネウストプニー先生には本研究を始めるきっかけをいただきました。また初稿に貴重なご意見をくださり、最後まで丁寧にご指導してくださった指導教官の村岡英裕先生、そして調査に協力くださいました10名の学生の方々に心よりお礼申し上げます。

注　[1]　文部科学省が毎年公表している学校基本調査報告書（文部科学省 2015）を参考にすると「帰国子女」とは、「海外勤務者などの子女で、引き続き1年を超える期間海外に在留」した生徒を指す。先行研究を参考にすると、上記の「帰国子女」とほぼ同様の意味を持つ主な用語には、20通りの呼び名と定義がある。本論文では「帰国生」という用語を使用する。用語の定義は、3.1に記述。

参考文献

会田雄次（1972）『日本人の意識構造』講談社現代新書
秋澤公二（1988）『アメリカ人は英語で考える』ごま書房
Asaoka, T. (1987). Communication problems between Japanese and Australians at a dinner party. *Working Papers of the Japanese Studies Center*, 3, pp.1–35.
バーンランド，C. ディーン（1973）『日本人の表現構造』サイマル出版
ブロズナハン，リージャー（1988）『しぐさの比較文化——ジェスチャーの日英比較』大修館書店
Fan, S. K. (1994). Contact situations and language management. *Multilingua*, 13(3), pp.237–252.
ファン，サウクエン（2002）「香港中国人から見た日本人の言語外コミュニケーション」『神田外語大学日本研究所紀要』3, pp.21–35.
フェアブラザー，L. C.（1997）『日本にいる外国人はどのように社会に適応するか——接触場面におけるミクロ・レベルの考察』千葉大学文学部日本文化学科平成9年度研究生論文
グッドマン，ロジャー（1990）『帰国子女——新しい特権階層の出現』岩波新書
星野命（1994）「帰国子女の行動特性・言語意識」『日本語学』13(3), pp.54–60.
小林哲也（1983）『異文化に育つ子供たち』有斐閣
窪田守弘（1989）「帰国生徒の言語感覚」『異文化間教育　特集異文化間教育とコミュニケーション』3, pp.68–80.　アカデミア出版会
マーハ，J. C.・八代京子（1991）『日本のバイリンガリズム』研究社
Marriott, H. (1985). Introduction in Australian-Japanese Contact Situations 4, Working Papers of the Japanese Studies Centre, Department of Language, Swinburne Institute of Technology.
Murie, A. (1976). *Communication problems in Australia-Japan Business relations*. B. A. Dissertation, Department of Japanese, Monash

University.
宮城音弥（1993）『性格』岩波新書
宮地宗七（1990）『帰国子女——逆カルチァア・ショックの波紋』中公新書
水谷修（1979）『話しことばと日本人——日本語の生態』創拓社
文部科学省（2015）『学校基本調査——昭和59年度初等中等教育機関・専修学校・各種学校編』大蔵省印刷局 http://www.stat.go.jp/library/faq/faq22/faq22a05.htm（2015年11月20日閲覧）
ネウストプニー，J. V.（1981）「外国人の日本語の実態（1）外国人場面の研究と日本語教育」『日本語教育』45, pp.30–40.
ネウストプニー，J. V.（1982）『外国人とのコミュニケーション』岩波新書
Neustupný, J. V. (1985a). Problems in Australian-Japanese contact situations. In Pride, J. B. (Ed.), *Cross cultural encounters: Communication and mis-communication* (pp.44–64). Melbourne: River Seine.
Neustupný, J. V. (1985b). Problems of English contact discourse and language planning. In Kandiah, T. & Kwan-Terry, J. (Eds.), *English and language planning: A Southeast Asian contribution* (pp.50–69). Singapore: Academic Press.
ネウストプニー，J. V.（1994）「日本研究の方法論——データ収集の段階」『待兼山論叢　日本学篇』28, pp.1–24.
ネウストプニー，J. V.（1995a）「日本語教育と言語管理」『阪大日本語研究』7, pp.67–82.
ネウストプニー，J. V.（1995b）『新しい日本語教育のために』大修館書店
野元菊雄（1994）「異文化理解としての日本語教育」『日本語学』3(3), pp.21–28.
榊原佳苗（2000）『共通言語接触場面のインターアクション——帰国生の行動・逸脱・規範の分析』千葉大学文学部日本文化学科学士論文
佐野マリー・脇山怜（2000）『英語モードで考える』講談社
佐々木麻子（2010）「帰国子女的心性について——文化差体験が人格形成に及ぼす影響に関する一考察」『京都大学大学院教育学研究科紀要』56, pp.111–122.
佐藤郡衛（1989）「帰国子女の受け入れに関する社会学的研究——潜在的カリキュラム論によるアプローチ」『東京学芸大学海外子女教育センター研究紀要』5, pp.43–62.
鈴木一代（2004）「国際児の文化的アイデンティティと形成をめぐる研究の課題」『埼玉学園大学紀要　人間学部編』4, pp.15–24.

鈴木孝夫（1973）『ことばと文化』岩波新書
東京学芸大学海外子女教育センター（1986）『国際化時代の教育』創友社
塚本美恵子（1994）「海外子女の文化的摩擦・異文化体験」『日本語学』3, pp.29-37.
横川真理子（1989）「文化的同化としての教育——帰国児童の学習パターンをめぐって」『異文化間教育　特集：異文化間教育とコミュニケーション』3, pp.112-127.　アカデミア出版会

第4部 | 接触場面と
プロセス

第4部では、接触場面研究の重要な要素の一つである「プロセス」の視点から、意識的な言語選択、相手の発話への留意と評価、そして問題を顕在化させない管理などの、接触場面の言語現象や言語問題を考察した3編の論文を掲載した。

　王論文は日中接触場面における不一致応答に注目し、中国人学習者と日本語母語話者の不一致応答の傾向とその特徴について考察している。中国語母語場面との比較を通し、中間言語的な特徴が見られるとともに、その一部は事前管理によることが指摘されている。武田論文は、接触場面の勧誘談話において勧誘者である母語話者が相手の非母語話者の応答に対し、何を留意し、何を断りのシグナルとして判断したかを考察し、とくに勧誘応答と関わらない非母語話者の言語的、社会言語的な問題が断りのシグナルとして捉えられてしまう場合のあることを論じている。キム論文では、韓国人超上級日本語話者の接触場面における言語使用に注目し、ディスコース上に現れない言語問題を取り上げている。非母語話者の事前調整の様子を独自の「事前管理モデル」を使い分析したところは、接触場面研究をはじめ、今後の日本語教育にも重要な示唆を与えている。

（高）

第9章 接触場面における不一致応答
中国人学習者と日本語母語話者の相違[1]

王玉明

1 はじめに

　近年、コミュニケーション能力を高めるための日本語教育という考え方が重視されてきており、日本語学習者が円滑にコミュニケーションを行うために、文法能力だけではなく、社会言語能力や社会文化能力などの能力も必要であると考えられてきている。これに伴い、依頼、勧誘、断りなどの場面における、日本語母語話者と学習者の比較研究が盛んに行われてきている。しかし、私たちが日常生活を営む上で頻繁に遭遇する、相手の発話に対して否定的に応じたり、相手と異なる意見を述べたりするといった、会話参加者間になんらかの不一致が生じた会話場面に関する研究は、まだ十分には行われていない。この不一致が生じた会話とは、依頼、勧誘などの発話行為のように、会話上の目的が達成できるかどうかということには関わらないが、相手のフェイスを脅かす危険性の高い言語行動である。よって、会話中に生じた不一致にうまく対応できなければ、相手に悪い印象を与えてしまい、コミュニケーション上における誤解やその後の人間関係における摩擦にもつながりかねないものである。本章では不一致応答に焦点を当て、中国人学習者と日本語母語話者の相違を見つけ出し、さらに中国人学習者の不一致応答の傾向とその形成要因を見出すことを目的とする。

2 先行研究と本章の位置づけ

　日本語母語話者と日本語学習者の会話では、不一致に関する研究は未

田 (2000)、大津 (2001)、李 (2001)、平野 (2004)、黄 (2009)、王 (2010)、楊 (2010) などがある。大津 (2001)、王 (2010) はそれぞれ日常会話場面において不一致を表明する際に日本語母語話者が使用している緩和処置と不同意の仕方について考察を行った。李 (2001)、平野 (2004)、黄 (2009) は日本語母語話者と日本語学習者を対象に、両者の議論における反対意見表明の傾向を明示した。末田 (2000) は日本語母語話者と韓国人学習者を対象に考察した結果、日常会話場面において日本語母語話者のほうの不同意表明が間接的であると報告した。楊 (2010) は日常生活場面において不一致に遭遇した際の中国人学習者の管理について考察を行った。上述の研究は不一致を表明した発話を分析の対象にしているものであり、多大な成果をあげたが、話し手が不一致を感じているが、顕在化しなかったものについては、楊 (2010) を除きほとんど言及されていない。また、発話はどのようなものによって構成されるかについては、李 (2001) からしか報告されなかった。しかし、李 (2001) はその構成要素が実現された形式については触れていない。不一致応答の構成要素と具体的な表現形式が明らかになれば、学習者の学習に結び付けやすいのではないかと考えられる。そこで、本章では、顕在化したものだけでなく、顕在化しなかったものも取り上げ、不一致応答の同調性、発話の構成要素、および述部表現の選択などの視点から考察していく。

　本章では、不一致応答に注目し、日本語母語話者、中国語母語話者、中国人日本語学習者の相違を見ながら、特に中国人日本語学習者の不一致応答の仕方の傾向と、その傾向が形成される要因を明らかにすることを目的とする。

3 ｜ 調査概要

3.1　調査協力者

　調査協力者は中国人日本語学習者（以下、CL）10名（CL1–CL10）、日本語母語話者（以下、JS）16名（JS1–JS16）、中国語母語話者（以下、CS）6名（CS1–CS6）の合計32名である。全員、大学または大学院に在籍中の女性である。JSとCLは関東某大学または大学院に在籍中の学生であり、CSは中国東北地方の大学または大学院に在籍中の学生である。CLは日本語

学習歴が3年以上で、日本語能力試験の1級に合格しており、上級の中国人留学生である。

3.2 データ収集
3.2.1 会話データの収集
調査は2003年11月から2004年6月に行われた。

日本語接触場面における初対面同士のペアを10組、1対1で20分間自由に会話してもらい、その様子を録画・録音した。さらに、そのデータと対照するために、中国語母語場面、日本語母語場面についてもそれぞれ3ペアに同様の会話をしてもらい、録音・録画した。調査終了後、録画・録音した会話を全て文字化した。

文字化に当たっては、ザトラウスキー（1993）を参考に、以下のような記号を用いた。

CL1–CL10　：中国人日本語学習者
CS1–CS6　　：中国語母語話者
JS1–JS10　　：接触場面における日本語母語話者
JS11–JS16　 ：母語場面における日本語母語話者
↑　　　　　　：上昇イントネーション
↓　　　　　　：下降イントネーション
、　　　　　　：短いポーズ、文が続く可能性がある場合の名詞句、副詞、
　　　　　　　　従属節などの後
。　　　　　　：下降イントネーションで文が終了する位置
―　　　　　　：前の音節が長く伸ばされていることを示す
【　　　　　　：話順を異にする発話の重なり
（笑）　　　　：笑いという非言語行動
・・・　　　　：不明箇所

3.2.2 フォローアップ・インタビュー
不一致が顕在化されなかったところや会話参加者が相手との不一致に遭遇した際の意識については、会話データを収集した数日後に協力者の全員に個別にフォローアップ・インタビュー（ネウストプニー 1994）を行

った。日本語母語話者には日本語で、中国語母語話者には中国語で、中国語学習者には主に中国語（協力者が途中で言語コードを日本語に切り替えた場合は日本語）で、行った。フォローアップ・インタビューの時間は、一人あたり1時間前後であった。協力者に調査の録画ビデオを見てもらいながら、会話時の意識を報告してもらった。インタビューでは、「研究者の意識または解釈を加えない」（ファン2002）ように、協力者側から自由に述べてもらった。フォローアップ・インタビューでは主に以下の点について確認することを目的とした。

(1) 不一致、特に表面に浮き上がっていない不一致を感じた箇所
(2) 不一致に対して管理を行っていたかどうか、いかに行っていたか

3.3 不一致応答の抽出
3.3.1 不一致応答の定義

不一致応答の現象に関しては、「不一致」（大津2001, 黄2009, 楊2010）のほかに、「不同意」（末田2000, 王2010）、「反対意見表明」（李2001, 平野2004）などが用いられている。本章では、大津（2001）[2]をふまえ、「会話参加者間の事実情報や認識などに対する思考のくいちがい」を「不一致」と呼ぶ。さらに、そのような「思想のくいちがい」に対する応答を「不一致応答」とする。

3.3.2 不一致応答の抽出

ある会話の一部を一つの単位として捉え、その内部構造を探り、そしてその構造をモデル化した代表的な研究として、Sinclair & Coulthard（1975）が挙げられる。Sinclair & Coulthard（1975）では、教室談話の分析から、開始発話（Initiation）、応答（Response）、フィードバック（Feedback）からなるIRFという発話交換（exchange）構造を提案している。Sinclair & Coulthard（1975）のIRFモデルは、教師と生徒の授業中という文脈において取り上げられているが、発話交換が発話の相互作用の最小単位であると定義すれば、相互作用からなる談話一般の基本的構造であるという主張も多い（Sinclair 1980）。したがって、本章ではSinclair & Coulthard（1975）が提唱した発話交換の構造モデルを用い、不一致応答を抽出する。会話

における不一致とその応答については以下のように表示する。

　　開始発話（I）　［........］：聞き手の不一致を導き出した話し手の発話
　　不一致応答（R）［＿＿］：聞き手が不一致に気付いてからの最初の発話[3]

例1

JS2	：【あ、あの人有名でしょう↑中国でも　　　　　　だよねぇ↓
CL2	：　　　　　　　　　　　　　あ、とっても有名ですね↓
JS2	：私も中国人の学生聞いたら、すぐっ、たぶん日本でも結構知られて
CL2	：
JS2	：る
CL2	：でも、私日本人の学生さんと話、話しはたとき、feiwangって知っ
JS2	：　　　　　　　　　　　　うっそー、えっ、
CL2	：ていますか↑みんな知らないと

　例1は、中国人の歌手Fei Wang（王菲）についての会話である。下線［........］の部分は、CL2の不一致を導き出した発話であり、不一致会話の開始発話となる。下線［＿＿］の部分は、CL2が［........］部分のJS2の発話に対して、不一致に気付き、応答している発話であり、不一致応答となる。顕在化しなかった不一致はフォローアップ・インタビューで確認した。
　各場面のデータから抽出した不一致応答の件数を表1に示す。各場面にける不一致応答の件数に差が見られるが、それは話題などの原因によると考えられる。

表1　各場面における不一致応答の件数

場面	日本語接触場面（10組）		中国語母語場面（3組）	日本語母語場面（3組）
参加者	CL-JS		CS-CS	JS-JS
件数	142		84	47
	CL: 74	JS: 68		

4 | 分析の枠組み

本章では、不一致応答を考察する際に、同調性のストラテジー、不一致応答の構成要素、述部表現の選択という三つの視点から分析を試みる。

4.1 同調性から見たストラテジー

国立国語研究所（1994）は「各種の発話に対する応答の発話」の同調性のストラテジーを3種類に分類している。本章でも国立国語研究所（1994）に基づき不一致に対する応答のストラテジーを以下のように分類した。

(1) 同調的ストラテジー：相手の発話に対して食い違った思考を抱いているが、応答する際には同意を示すような注目表示を行ったり、相手の述べたことを尊重したり、発展させたり、相手の意見などを受け入れたりするストラテジー。

例2

JS5	：	そうですね↓私比較的　　　　　　うん
CL5	：	そうでしょうかもね　　私立だと、逆にあの、近所
JS5	：	あ、そうかもしれない　ん　　　　そう
CL5	：	のほうに行くんですね　　　　たぶん（笑）　国立だと、
JS5	：	ですね　　　ん—
CL5	：	全国から集まってくるんだよね

例2は、国立大学と私立大学の学生構成についての会話である。CL5は私立大学の学生が近所から来ることが多いと述べたのに対し、JS5は、フォローアップ・インタビューにおいて、CL5の主張に対して食い違いを感じたとし、「早稲田とか慶応などの私立大学は学生が結構全国から来ると思う」と報告した。このような、相手の発話に対して不一致を感じながらも、相手の主張を尊重したり、受け入れたりする対応を同調的

ストラテジーとする。

(2) 態度保留ストラテジー：相手の発話に対して、食い違った思考を抱いているが、肯定・否定、同意・反対したりせず、自分の態度を顕在化させないストラテジー。

例3

J2：	治安↑　　あと、TB[4]が悪いと思うの、
C2：泥棒・・・というような	
J2：すごく。	
C2：	そうですか（笑）

　例3は会話参加者の所在しているTB県の治安についての会話である。JS2はTBの治安は悪いと思っているが、フォローアップ・インタビューにおいてCL2は「TBの治安は結構いいと思う」と報告した。しかし、会話では、自分の主張も表明しなければ、相手の主張も否定せずに、笑いながら「そうですか」と流して、態度保留を実現した。

(3) 非同調的ストラテジー：相手の発話の適切性・妥当性について否定的態度を示したり、相手と食い違った自分の認識・主張を述べたりするストラテジー。直接不一致を伝える場合もあるが、例4のように応答しないことで非同調を示す場合も含まれる。

例4

JS7：で、しゃべるのは、たぶん中国とか、韓国の人のがうまいなあと思う	
CL7：	
JS7：とき、多いですよ、書くのがまあ、おな、同じっていうか、そんなに	
CL7：	
JS7：差はないような気がするんですけどー、あの、英語の単位も取れたん	
CL7：	うん
JS7：ですけど、友達と、いい加減に習得したいよねとかゆって（笑）結構	
CL7：	

第9章　接触場面における不一致応答

JS7	：難しい・・・・・ですよ、中国の方それを取ってて、
CL7	：　　　　　　　　　　　　　　　　　　　　うん

　例4は、日本人と中国人、韓国人の英語力についての会話である。JS7は、英語の会話力においては日本人より中国人や韓国人のほうが上手であるが、書く力においては「そんなに差がない」と述べた。CL7は、このJS7の見解に対して反対しなかったが、フォローアップ・インタビューにおいて、「やっぱり、日本人より中国人のほうが、英語がうまいというイメージがあるが、相手が日本人だから、反発するのは失礼と思って、そのまま流した」と報告した。相手との見解の不一致を回避するために、沈黙というストラテジーを使用したことが分かった。

4.2　不一致応答の構成要素

　不一致応答はどのような要素からなり、どのような特徴が観察できるのだろうか。例5は、日本人の苗字についての会話である。

例5

JS8	：　　　　　　　　　　　　　うーん、/高橋も多いけど、/
CL8	：でも、日本は、高橋一番多いんですか↑
JS8	：たぶん佐藤と鈴木多いんじゃないでしょうかね、/はっきり覚えて
CL8	：
JS8	：いないけど
CL8	：

　不一致応答の構成要素を考察する際に、宇佐美（2007）の「1発話文」の定義を参考する。宇佐美（2007）では「構造的には「文」となっているが、独立した1発話文とはみなさない発話もある。例えば、何かを思い出そうとするときなどに用いられる「そうですねえ、歩くとですねー、12、3分かかります」などのフィラーは、先行部・後続部とまとめて「1発話文」とする」と述べており、1発話には先行部、主要部、後続部が含まれることがあるとしている。
　例5におけるJS5の応答は、宇佐美（2007）の1発話の各部分を含み、合

図の部分（「うーん」）、主要部に先行する部分（「高橋も多いけど」）、不一致について述べる主要部分（「たぶん佐藤と鈴木多いんじゃないでしょうか」）、さらに後続する部分（「はっきり覚えていないけど」）からなっている。不一致応答は上述の要素によって構成されていると考えられる。なお、例5の発話に付した斜線は構成要素の区切りを表している。

最後に、不一致について述べる主要部分には「たぶん」「…んじゃないでしょうかね」というような話し手の発話意図を和らげる心的態度が述部表現として選択されていることも観察される。

本章では、宇佐美（2007）とSinclair & Coulthard（1975）を参考にして、発話の構造を次のように考える。不一致応答は合図、前部、主要部、後部という四つの構成要素からなっており、さらに、それぞれの構成要素は次のように下位分類できる。

4.2.1　合図

談話の境界、聞き手が話し手からターンを取り、発話を始めるマーカーである。それぞれの代表的な表現形式を以下に示す。

```
同調的なマーカー　　　：（日）はい／ええ／ん／うん／そう　等
　　　　　　　　　　　　（中）嗯　等
非同調的なマーカー　：（日）いいえ／いや／や／でも　等
　　　　　　　　　　　　（中）不　等
ためらいのマーカー　：（日）えーとね／なんか／うーん／まあ／
　　　　　　　　　　　　　　 単語の繰り返し　等
　　　　　　　　　　　　（中）未出
まとめのマーカー　　　：（日）じゃ／それじゃ　等
　　　　　　　　　　　　（中）未出
```

4.2.2　前部

不一致応答の主要部に先行し、主要部導入の準備の役目を果たす要素である。自分の主張などを明確に示したり、または、対人的な配慮を示したりする補助的な働きを担っている。それぞれの代表的な表現形式を以下に示す。

同感表示　　：（日）そうですね　等
　　　　　　　（中）未出
前置き表現　：（日）高橋も多いけど、(たぶん佐藤と鈴木多いんじゃ
　　　　　　　　　　ないでしょうか)
　　　　　　　（中）D老师，我不知道他在一班是怎么上课的，(反正
　　　　　　　　　　在我们班让我们做presentation)（訳：D先生は、一
　　　　　　　　　　クラスではどう授業をしてるか分からないが、(うちの
　　　　　　　　　　クラスではプレゼンテーションをさせてるの。))
否定表示　　：（日）違います／そうじゃなくて　等
　　　　　　　（中）不是（訳：違います）　等
曖昧表示　　：（日）そうですか／そうなの　等
　　　　　　　（中）未出

4.2.3　主要部

話し手が相手に伝えようとする内容の中で最も大切な部分であり、不一致応答の中核となる要素である。

　　　直接ストラテジー：相手の推測を必要とせず明確に事実や認識など
　　　　　　　　　　　　を伝える。

例6

JS9 ：	歩いて、　　　　　近い
CL9 ：遠くもないし、近くもない（笑）	歩いて、7、5分
JS9 ：じゃん↑（笑）ぜんぜん近いや（笑）	
CL9 ：	（笑）あれ、寮から学校まで、

　例6は、CL9の住んでいる寮から駅までの距離についての会話である。CL9は今住んでいる寮が駅に遠くもないし、近くもない、歩いて7分、5分ぐらいの距離だと述べた。これに対し、JS9は、「近いじゃん」「ぜんぜん近い」とはっきりと非同調的な応答を行った。このような相手の推測を必要としない、明確に応答するストラテジーを直接ストラテジーと呼ぶ。

第4部　接触場面とプロセス

間接ストラテジー：伝えようとする認識などを、遠まわしに伝え、
　　　　　　　　　　　相手に自分の発話の真意を推測させようとす
　　　　　　　　　　　る。「質問」と「ほのめかし」（自分の意見を支持す
　　　　　　　　　　　る事例をあげる、など）が主要な下位分類である。

例7

JS6	：	うーん、出席してるのにー、
CL6	：	分からないねー　　　　　　　出席はちゃん
JS6	：	うーん
CL6	：	と出てるしー、一回だけー、なんか欠席したんですが、全て
JS6	：	
CL6	：	出たんですよね、最後はCを取って、彼女はすごい腹立った
JS6	：	レポートとかもあるんですか↑
CL6	：	（笑）　　　　　　　最後、試験みたいの、なんか

　例7は、バドミントンの授業評価についての会話である。CL6はその授業の成績評価について納得いかない。友達もその授業で一回しか欠席していないのに、成績がCであったことを述べた。これに対し、JS6は、「レポートとかもあるんですか」と質問している。質問をすることで、成績評価は出席のほかにレポートなどにも関連するとほのめかした。

4.2.4　後部
　応答の主要部の後に付け加えられる要素であり、主要部の伝達内容に対して補足する役目を果たす。本調査では後部の件数が少なく、CL、JS、CS間で差が見られなかったため、省略する。

4.3　述部表現の選択
　不一致応答の主要部において、話し手の心的態度の伝え方をとらえるために、森山・仁田・工藤（2000）と本章の会話資料を踏まえた上で、緩和された表現の有無により、述部表現の選択を「直接的表現」と「緩和的表現」に大別した。さらに、緩和された表現手段の違いにより、「緩和的表現」について以下のような下位分類を設けた。中国語についても類

似した要素の分類を試みた。

表2 主要部における述部表現の選択の分類

下位分類		例
直接的表現		断定的な表現
緩和的表現	未完結文	（日）用言終止形＋けど／用言＋て形 （中）未出
	不確実を示す	（日）みたい／らしい／ようだ／かもしれない／かな　等 （中）可能（訳：かもしれない）　等
	程度を下げる	（日）ちょっと／あんまり／そんなに　等 （中）没太……（訳：あまり）　等
	伝聞	（日）そうだ／という／って／って言って　等 （中）听说（訳：そうだ）　等
	個人性の強調	（日）と思う（感じる）／気（感じ）がする　等 （中）我觉得（訳：と思う）　等
	疑似疑問	（日）ね／でしょう／じゃないか　等 （中）不是……吗？（訳：じゃないか）
	共有化	（日）ね[5] （中）未出

5 分析結果

5.1 同調性から見たストラテジー

　まず、不一致応答に対する同調性ストラテジーの使用状況を表3に示す。日本語接触場面において、CLは非同調的ストラテジーを45.1%使用しており、JSの30.3%より高いことから中国人学習者はより不一致を伝える応答をしていると言えよう。母語場面においても、CSはJSより非同調的ストラテジーの使用率が1割も高く、接触場面と同じ傾向が見られた。

　ただし、CLは母語場面のCSに比べて、同調的ストラテジーと態度保留ストラテジーがそれぞれ0から1.4%、1.8%[6]から5.6%へと増えた。JSは、母語場面に比べ、非同調的ストラテジーが減少し、他の2種類のストラテジーが明らかに増えており、不一致を顕在化させないストラテジーを使用する傾向が接触場面において強まっている。CLの傾向が日本語学習の結果であるということはフォローアップ・インタビューによって

明らかになった。

表3 各場面における同調性ストラテジーの使用状況[7]

同調性	日本語接触場面（10組）		中国語母語場面（3組）	日本語母語場面（3組）
	CL	JS	CS-CS 合計	JS-JS 合計
	CL-JS 合計			
同調的ストラテジー	2 (1.4%)	9 (6.3%)	0 (0%)	4 (8.5%)
	11 (7.7%)			
態度保留ストラテジー	8 (5.6%)	16 (11.3%)	3 (3.6%)	4 (8.5%)
	24 (16.9%)			
非同調的ストラテジー	64 (45.1%)	43 (30.3%)	81 (96.4%)	39 (83.0%)
	107 (73.5%)			
合計	74 (52.1%)	68 (47.9%)	84 (100%)	47 (100%)
	142 (100%)			

次の5.2から同調性から見たストラテジーのうち、どの場面においても多く用いられた非同調的ストラテジーによる応答についてさらに詳しく見ていくことにする。

5.2 非同調的ストラテジーにおける応答の構成要素
5.2.1 合図

表4を見ると分かるように、中国語母語場面において合図の使用率が非常に低い。合図が使われる場合はほぼ非同調的なマーカーに限られており、それ以外の役割はほとんど持たないと言えよう。日本語母語場面のJSでは不一致を弱めるためらいのマーカーが最も多く、また、非同調的なマーカーも比較的多く使用している。

接触場面では、CLは母語場面のCSと比べて、さまざまなマーカーを用いており、日本語の合図を多用するという特徴に気付き、使用していると考えられる。ただし、内訳を見ると、CLではCSから観察されなかったためらいのマーカーも用いられてはいるが、最も多いのは非同調的なマーカーである。つまり、CLは日本語のためらいのマーカーを習得している一方、不一致に対する非同調的なマーカーの使用という母語規範も保持していると言えよう。

表4 各場面における合図の使用状況

合図	日本語接触場面（10組） CL	日本語接触場面（10組） JS	中国語母語場面（3組） CS–CS合計	日本語母語場面（3組） JS–JS合計
	CL–JS合計			
同調的なマーカー	3 (4.2%)	5 (7.0%)	1 (11.1%)	1 (4.4%)
	8 (11.3%)			
非同調的なマーカー	21 (29.6%)	11 (15.5%)	8 (88.9%)	9 (39.1%)
	32 (45.1%)			
ためらいのマーカー	12 (16.9%)	16 (22.5%)	0 (0.0%)	13 (56.5%)
	28 (39.4%)			
まとめのマーカー	2 (2.8%)	1 (1.4%)	0 (0.0%)	0 (0.0%)
	3 (4.2%)			
合計	38 (53.5%)	33 (46.5%)	9 (100%)	23 (100%)
	71 (100%)			

5.2.2　前部

　非同調的な応答における各場面の前部の使用状況を以下の表5に示す。件数が少ないため明瞭には言えないが、前部においても、CSは不一致をはっきりと伝える否定表示を使用する傾向が見られ、JSでは対人的な配慮を示す前置き表現を使用する傾向があると言えそうである。接触場面のCLでは否定表示の使用が母語場面のCSに比べ、減少している。

表5 各場面における前部の使用状況

前部	日本語接触場面（10組） CL	日本語接触場面（10組） JS	中国語母語場面（3組） CS–CS合計	日本語母語場面（3組） JS–JS合計
	CL–JS合計			
同感表示	0 (0.0%)	2 (9.5%)	0 (0.0%)	0 (0.0%)
	2 (9.5%)			
前置き表現	3 (14.3%)	10 (47.6%)	3 (16.7%)	7 (46.7%)
	13 (61.9%)			
否定表示	5 (23.8%)	1 (4.8%)	15 (83.3%)	4 (27.7%)
	6 (28.6%)			
曖昧表示	0 (0%)	0 (0%)	0 (0.0%)	4 (27.7%)
	0 (0.0%)			
合計	8 (38.1%)	13 (61.9%)	18 (100%)	15 (100%)
	21 (100%)			

5.2.3　主要部

表6　各場面における主要部の使用状況

主要部		日本語接触場面（10組） CL	日本語接触場面（10組） JS	中国語母語場面(3組)	日本語母語場面(3組)
主要部		CL-JS 合計		CS-CS 合計	JS-JS 合計
直接ストラテジー		46 (43.0%)	27 (25.2%)	64 (79.0%)	28 (71.8%)
		73 (68.2%)			
間接ストラテジー	質問	12 (11.2%)	7 (6.5%)	12 (14.8%)	2 (5.1%)
		19 (17.8%)			
	ほのめかし	6 (5.6%)	9 (8.4%)	5 (6.2%)	9 (23.1%)
		15 (14.0%)			
合計		64 (59.8%)	43 (40.2%)	81 (100%)	39 (100%)
		107 (100%)			

　非同調的な応答において、各場面における主要部の使用状況を表6に示す。直接ストラテジーの使用率は三つの場面のどちらにおいても7割前後である。間接ストラテジーに関して、CSとCLは質問を多く使用しており、接触場面と母語場面のJSはほのめかしを多く使用している傾向が見られる。

5.3　主要部の直接ストラテジーにおける述部表現の選択

　5.2で述べたように、不一致に対し、非同調的な応答の主要部におけるストラテジーの選択については、CS、CL、JSの間で明瞭な差が見られなかった。では、7割も占めた直接的ストラテジーを使用した主要部において、どのような述部表現の選択が使用されていたのであろうか。

　表7を見ると分かるように、母語場面では、CSが直接的表現を多用し、JSが緩和的表現を多用する傾向が顕著である。接触場面においては、CLはJSより直接的表現を多用する傾向があるが、母語場面のCSほど多くない。

表7 各場面における主要部直接的ストラテジーの述部表現

主要部直接的ストラテジー	日本語接触場面（10組）		中国語母語場面（3組）	日本語母語場面（3組）
	CL	JS	CS–CS 合計	JS–JS 合計
	CL–JS 合計			
直接的表現	15 (16.1%)	4 (4.3%)	44 (71.0%)	9 (20.9%)
	19 (20.4%)			
緩和的表現	35 (37.6%)	39 (41.9%)	18 (28.9%)	34 (79.1%)
	74 (79.6%)			
合計	50 (53.8%)	43 (46.2%)	62 (100%)	43 (100%)
	93 (100%)			

　また、表8に示したように、接触場面においては、JSからは文を言い切らない、不確かさを示す、程度を下げる、個人性の強調などのストラテジーで不一致応答を和らげようとする傾向が見られる。一方、CLからは、文を言い切らない、程度を下げる、共有化、また、JSからあまり観察されなかった疑似疑問を使用する傾向が見られる。つまり、母語にある規範に影響されると同時に、日本語の規範もまた習得していると言えるであろう。

表8 日本語接触場面における緩和的表現

主要部直接的ストラテジー		日本語接触場面	
		CL	JS
緩和的表現[8]	文を言い切らない	11 (14.9%)	11 (14.9%)
	不確かさを示す	4 (5.4%)	12 (16.2%)
	程度を下げる	6 (8.1%)	6 (8.1%)
	伝聞	1 (1.4%)	2 (2.7%)
	個人性の強調	1 (1.4%)	3 (4.1%)
	疑似疑問	8 (10.8%)	2 (2.7%)
	共有化	4 (5.4%)	3 (4.1%)
	小計	35 (47.3%)	39 (52.7%)
合計		74 (100%)	

　以上のように、主要部の直接ストラテジーの使用割合自体には大きな相違がないにもかかわらず、述部表現の選択に注目すれば、JSは圧倒的

に緩和的表現を多用しており、その傾向は母語場面から接触場面に移行する場合はより強まると言える。一方、母語場面のCSは直接的表現を使用しているが、接触場面のCLは留意・習得した「文を言い切らない」などのような日本語の表現を使用して、非同調的な応答を構成していると考えられる。

6 考察

以上、日本語接触場面、中国語母語場面、日本語母語場面における不一致応答について見てきたが、CLの不一致応答はJSとCSの中間的な特徴を持っていることが分かった。以下では、CLにおける不一致応答の傾向の形成要因について習得された日本語の規範、母語規範からの転移、日本語規範による事前管理などから考察する。

(1) 日本語の習得
母語にないが、目標言語にある規範を使用していることは習得の結果であろう。下記の要素はCSからあまり観察されなかったが、JSとCLから多く観察されたものである。

・同調的ストラテジー（同調性）
・ためらいのマーカー（合図）
・文を言い切らない（主要部・緩和的表現）

以上の要素は日本語会話の特徴ないし不一致応答の要素としてCLに習得され、実際の不一致会話の場面に使用された。中国語における使用頻度が非常に低いが、日本語における使用頻度が高いことと、表現形式が比較的簡単であることがCLに習得された不一致応答の構成要素の特徴として挙げられる。

例8

JS15：	あっ、
JS16：あー、で、TBはそういう方言とかの、　分析とか盛んなんです

JS15：	あのー、なんか大学によってっていうよりもー、それを専門
JS16：	かね
JS15：	にして　　で、TBにはずっといらっしゃってー、その先生、私来
JS16：	あーー

　例8では、JS15は自分がTB大学に入った経由について語っている。JS16は、TB大学は方言（JS15の専攻）に関する研究が盛んであるかと聞いた。JS15はクッションの役割を果たす「あのー、なんか」というためらいのマーカーをもって不一致応答を始めた。

例9

JS10：	えっ、ドイツ語、以
CL10：	（笑）ドイツ語、それ以外は何ができるんですか↑
JS10：	外↑（笑）　　　英語少しとドイツ語だけ（笑）
CL10：	はい、日本語以外（笑）　　　うー
JS10：	一応、その第1
CL10：	ん、なんか国際[9]だと、いろんな言語を選ぶでしょう

　例9では、CL10はJS10にできる言語について聞いている。CL10は相手が国際言語コースに所属しているので、いろいろな外国語ができると予想した。JS10の「英語少しとドイツ語だけ」という答えに不一致を感じ、ためらいのマーカー（「うーん、なんか」）を使用し、不一致応答を行った。

　例8と例9ではCLとJSは類似した、ためらいのマーカーを使用している。CLのためらいのマーカーは日本語の習得によるものであると推測できよう。

　（2）母語からの転移
　目標言語の学習において、母語における規範が意識的あるいは無意識的に目標言語に影響することがある。本章の調査から中国人学習者が接触場面において不一致応答を行う際に中国語における規範（不一致応答の構成要素）を使用する現象が見られた。

①母語にある規範の使用
- 非同調的ストラテジー（同調性）
- 非同調的なマーカー（合図）
- 否定表示（前部）
- 直接的表現（主要部）
- 疑似疑問（主要部・緩和的表現）

　以上の要素は、JSからはあまり観察されず、CSから多く観察された。これは母語における規範が働いているものであり、中国語からの転移によるものであると考えられる。

例10

CS5:	我以为旅顺只是不准日本人进。
CS6:	不，不是，就所有的外国人。因为他是军港。
（訳）	
CS5:	旅順に入っていけないのは、日本人だけだと思った。
CS6:	いや、違う、全
CS5:	
CS6:	ての外国人、あそこは軍港だから。

　例10では、会話参加者が旅順について話している。CS5は旅順に入ってはいけない対象は日本人だけだと思っていたと述べた。それに対して、CS6は（禁止の）対象が全ての外国人だと、非同調的な応答を行った。非同調的なマーカー「不（いや）」、否定表示「不是（違う）」を用い、否定を明示してから、「すべての外国人（だ）」と直接的に不一致応答を行った。

例11

JS10:	（笑）まあ、遊びでもね、言葉覚えられるけどねー
CL10:	うん、遊びばっかりで（笑）
JS10:	そっかー（笑）
CL10:	や、そうじゃなくて、留学生ばっかりで、中国人と韓国人だけですよ

例11はCL10が大学に入る前に通っていた専門学校についての会話である。CL10は学費が高いのに、勉強にならず、遊んでばかりいたと語った。それに応じ、JS10は遊びで言葉が覚えられると言った。CL10はまず非同調的なマーカー「や」と否定表示「そうじゃなくて」を使用し、否定を明示してから不一致応答を行った。

例10と例11から、CSとCLの類似性が見られ、CLの非同調的なマーカーと否定表示は母語からの転移によるものであろうと推測できる。

②母語にない規範の非使用
　・同調的ストラテジー（同調性）
　・同感表示（前部）
　・不確かな表現（主要部・緩和的表現）

JS、特に接触場面のJSに多く見られたこうした構成要素は、CSからもCLからもほとんど観察できなかった。もともと不一致を顕在化させない要素であるため、留意されにくい要素であると考えられる。

(3) 日本語の管理

下に挙げた要素はCLの使用頻度がそれほど多いわけではないが、フォローアップ・インタビューでは、CLが意識的に使おうとしていると報告されたものである。

　・前置き表現（前部）
　・程度を下げる（主要部・緩和的表現）
　・共有化（主要部・緩和的表現）

上記の要素はCSからはあまり観察されなかったが、JSから多く観察されたものである。フォローアップ・インタビューにおいて、CLから次のような報告があった。「日本人は自分の意見を言う前に、「はっきり分からないんですけど」とかよく使う。また大学のゼミでは、日本人の学生は自分の意見を言う前に、よく「すごく個人的な意見ですけど」などの言葉を使うことに気付いた。日本に来る前に、こんな表現があるのが分

からなかった。今、自分も使うようにしている」。また、自分が中国語で表現する際に「絶対」という表現を使う傾向があるが、日本語で表現する際には、そのような断定的な表現を避け、できるだけ和らげられた表現を使う、という報告もあった。CLはJSが前置き表現や緩和的表現を使用することに気付き、使用するように管理していることが窺える。

　CLに使用される不一致応答の管理をまとめると、以下の二種類に分けられる。ひとつは、中国語には存在しているが使用頻度が低い一方で、日本語における使用頻度が高く、表現形式が比較的に複雑なものである。この種の要素は学習者に気付かれやすいが、形式が複雑であるため、管理の対象になりやすい。もうひとつは、中国語には存在しないが、日本語では頻繁に使用されるものである。共有化は、表現形式が複雑とはいえないが、使用場面が広いという特徴を持っている。不確実な表現と同様に、共有化は、CLの不一致応答からあまり観察されなかったが、筆者の周りの中国人学習者の日常会話によく観察される表現である。使用場面が広いため、適当な場面に適当に応用することが難しいことが、管理の対象になりやすい理由ではないかと推測される。以上の要素は応答の特徴として留意されてはいるが、未だに習得の途上にあり、意識的に言語管理（ネウストプニー1994）されていたと考えられる。

7 ｜ 終わりに

　本章では、同調性、不一致応答の構造、述部表現の選択という三つの視点から、日本語母語場面、中国語母語場面を参考しながら日本語接触場面における不一致応答に対して考察を行った。その結果、以下のことが明らかになった。

　不一致応答をする際に、CLはJSとCSの中間的な特徴を持っているが、日本語の習得、母語からの転移、日本語の管理（日本語における不一致応答の構造の複雑さ、不一致応答の原則、JSによる不一致の潜在化）などがその傾向の形成要因であると結論づけられる。

　本章ではCLの不一致応答の傾向を見出す上で、CLにとって習得しやすい構成要素、習得しにくい構成要素、母語から転移しやすい構成要素、管理の対象になりやすい構成要素とその原因についても見てきた。教室

場面で有効に提示する、より具体的な提案を今後の課題として考えていきたい。

謝辞
本章の執筆にあたり、多くの方々のご指導とご協力をいただきました。研究計画の段階から作成に至るまで大変細かくご指導いただきました村岡英裕先生に心より厚くお礼申しあげます。先生には、研究とは何かさえ分からぬ未熟な私を導いていただき、言葉では言い尽せぬほどの多くのご助言とご指導をいただきました。今度の論文修正の際にも多くの貴重なご助言をいただきました。先生に深く感謝申し上げます。また調査に快く協力してくださった方々にも厚くお礼申し上げます。

注 [1] 本章は、村岡英裕（編）『多文化共生社会における言語管理──接触場面の言語管理研究 vol.4』（千葉大学大学院社会文化科学研究科研究プロジェクト報告書）に掲載された王玉明（2006）「接触場面における不一致応答──中国人学習者と日本語母語話者の相違」（pp.69–78）を加筆修正したものである。
[2] 「摩擦の原因となる、参加者間の思考内容のくいちがいを「不一致」と呼ぶ」（大津2001: 211）
[3] なお、単純な情報確認や情報求めなどの発話は分析対象外とした。
[4] 会話参加者JS2とCL2の所在しているところの略称。
[5] 相手が持っていないと想定される、自分の有する知識や認識のあり方を相手に伝える際に、相手との間に共有感を作り出そうとし、文末に付け加える「ね」である。
[6] 各パーセントは各場面における不一致応答の総件数に対する割合である。接触場面のCL、JS合計で100％と数えて、母語場面のCS、JSと比較する場合、母語場面のパーセントを2で割ることになる。
[7] 各パーセントは各場面における不一致応答の総件数に対する割合である。表4も同様。
[8] 「緩和的な表現」の使用回数は延べ回数である。1発話文に緩和的な表現が2箇所使用する場合は、2でカウントする。また「緩和的な表現」における各ストラテジーが「緩和的な表現」の全体に占める割合を調べることが目的であるため、この部分のパーセンテージは「緩和的な表現」の合計を分母としたものである。
[9] J10の所属しているコース「国際言語」の略称。

参考文献

ファン，S. K.（2002）「対象者の内省を調査する（1）――フォローアップ・インタビュー」ネウストプニー，J. V.・宮崎里司（編）『言語研究の方法』pp.87–95．くろしお出版

平野美恵子（2004）「目標指向型の議論における反対意見表明――日本語教育実習に参加した母語話者・非母語話者のインターアクション分析」社会言語科学会第14回大会発表論文　pp.95–98．

黄士瑩（2009）『意見不一致の場面における台湾人と日本人の対処に関する対照研究』九州大学大学院比較社会文化学府日本社会文化専攻博士論文

李善雅（2001）「論議の場における言語行動――日本語母語話者と韓国人学習者の相違」『日本語教育』111, pp.36–45．

国立国語研究所（1994）『日本語教育映像教材中級編関連教材「伝え合うことば」4　機能一覧表（第1部発話機能一覧表）』国立国語研究所

森山卓郎・仁田義雄・工藤浩（2000）『日本語の文法3　モダリティ』岩波書店

ネウストプニー，J. V.（1994）「日本研究の方法論――データ収集の段階」『待兼山論叢　日本学篇』28, pp.1–24．

大津友美（2001）「雑談における共感作りのためのコミュニケーション行動――不一致を表明する際の緩和処置について」『言葉と文化』2, pp.211–222．

Sinclair, J. McH. & Coulthard, R. M. (1975). *Towards an analysis of discourse*. Oxford: Oxford University Press.

末田美香子（2000）「初対面場面における不同意表明と調整のストラテジー」『日本語教育論集』16, pp.23–46．

宇佐美まゆみ（2007）「改訂版：基本的な文字化の原則（Basic Transcription System for Japanese: BTSJ）2007年3月31日改訂版」<http://www.tufs.ac.jp/ts/personal/usamiken/btsj070331.pdf>（2011年2月10日）

王萌（2010）「日本語の不同意表明の仕方――意見と評価の不同意を中心に」2010年度中国日本語教学研究会年会　第6回中日韓文化教育研究フォーラム

楊昉（2010）「日本語による不一致応答の社会的場面的要因の分析―中国人居住者の事例」村岡英裕（編）『接触場面の変容と言語管理―接触場面の言語管理研究 vol.8』（千葉大学大学院人文社会科学研究科研究プロジェクト報告書 228）pp.95–114．　千葉大学大学院人文社会科学研究科

ザトラウスキー，ポリー（1993）『日本語の談話の構造分析―勧誘のストラテジーの考察』くろしお出版

第10章　接触場面における勧誘談話の分析[1]
勧誘者によるシグナル判定をもとに

武田加奈子

1　はじめに

　依頼、勧誘、ほめ、謝罪など発話行為に分類されるものは、哲学、社会、言語、文化などの様々な観点から調査・研究されてきた（Cohen 1996）。日本語に関しても、90年代から他言語との対照研究が盛んに行われてきている。しかし、以前から談話レベルで考察する必要があると指摘されている（熊取谷1995; 武田2004, 2007a）ものの、大半が談話参加者の片方（「依頼」の研究で言えば依頼者）だけを取り上げており、参加者の相互交渉を分析に加えているものが少ないのが現状である。

　これまで様々な研究で取り上げられてきた依頼行動と同じように、勧誘談話でも勧誘者、被勧誘者が様々なストラテジーを行使していることが想像される（例えば勧誘者は誘いやすい状況を作りだす、被勧誘者は誘われそうだと思ったら回避するなど）。依頼や断り行動などでは、一つの発話を意味公式（semantic formulas[2] : Beebe, et al. 1990）により分類し、語用論的転移（pragmatic transfer）を分析したり、ポライトネス理論（Brown & Levinson 1987）をもとに、発話をポライトネス・ストラテジーの観点から分析する研究が行われてきているように、様々な要因が関係していることが徐々に明らかになってきた。しかし、そのようなストラテジーを発話者が意図的に行使し、そしてそれが意図通りに作用しているならば問題ないが、接触場面の場合には意図通りに作用しない、あるいは当該発話行為と関係のない言動が関係あるだろうと相手に誤解される可能性がある。

　本研究では、勧誘者である母語話者が非母語話者の勧誘応答の中で、どのような要素を逸脱と留意し、またそれを断りのシグナルと判断する

のに利用していたかを示すことを目的とする。そして、その中で接触場面による影響を受けていた例についても紹介したい。これまでの断り行動等の研究では、断りになる発話やその連鎖の分析は行われているが、断りとして機能しているかどうかは調査者の判断によるもので、参加者の認知、あるいは評価が考慮されることはなかった。本研究の分析結果は、これまでの断り行動研究の方法論に再検討が必要であることを示唆するものであると考える。

2　先行研究

　発話行為に関する研究、特に本研究に関連する断り行動の研究は、分析の観点から、語用論に関する研究とポライトネス理論の観点からの研究の大きく2つに分けられる。

　第2言語習得での誤用分析の進展に伴い、80年代から語用論の観点からの研究が見られるが、日本語教育でも日本語と学習者の母語との比較や、日本語母語話者と非母語話者の日本語の比較が行われてきている。具体的には、生駒・志村（1993）、藤森（1994, 1995）、劉・小野（1997）、ルンティーラ（2004）、藤原（2009）などである。Beebe, et al.（1990）での英語学習者に対する調査を日本語学習者に対して行った生駒・志村（1993）では、意味公式による分析により、有害な語用論的転移が発見されたと報告している。他の研究でも、意味公式により分析・分類された発話の出現数や出現順を、言語や調査対象者によって比較しているものが多い。また近年、西村（2007）や吉田（2010）のように、意味公式の中でも「言い訳」とその後の勧誘者の応答について分析を行うような、連鎖についての研究も行われている。

　一方、Brown & Levinson（1987）により体系化された、ポライトネス理論を用いた発話行為研究（断り行動研究）もなされてきている。具体的には、熊井（1993）、熊谷（1995）、山口（1997）、村井（1998, 2009）、元（1999, 2003）、金（2000）、伊藤（2006, 2009他）、任（2003, 2004）、野木（2010）、タブンティナー・加藤（2010）などである。伊藤（2006）では断り表現における丁寧さの表明について、村井（2009）では断り行為での不快感をスピーチレベルと方略から分析している。ポライトネスの観点による研究でも、多くは

意味公式等により発話の分析をした上で、ポライトネス・ストラテジーの使用状況を母語や学習言語とで比較を行っているものが多い。

どちらの観点からの分析も、談話全体を見ることは難しいことが岡崎(1995)、宇佐美(2001)、武田(2007a)などにより指摘されているが、実際、勧誘者・被勧誘者（又は依頼者・被依頼者）間の交渉過程を分析している研究（ザトラウスキー1993, Kawate-Mierzejewska 2002, 施2006, 武田2006）はまだ少ない。また、言語間の対照研究が多く、対象言語は英語、中国語、韓国語、ドイツ語、タイ語、マレー語、インドネシア語等に及び、一見、接触場面研究が増加しているように思える。しかし、分析は調査協力者の母語・母文化が違うという点に留まり、接触場面としての分析ではない。接触場面と内的場面では参加者の行動に差がある場合が多いという報告（Neustupný 1985, 1994; 加藤2002; フェアブラザー2002）があることからも、本研究では接触場面であることを念頭に分析を進める。

そして、勧誘者は被勧誘者の応答をどのように捉えているか、という本研究の分析は、評価研究とも関連する部分がある。評価研究としては、依頼の電話会話の分析を評価の観点から行った目黒(1996)や、断り談話での予測を日中比較した王(2010)、依頼ロールプレイの第三者評価を分析した小池(2000)などのほかに、馬瀬他(1989)、岡田・杉本(2001)、小林(2005)、村井(2009)等がある。しかし、依頼や勧誘の受け手側の立場にたって判定するというこれらの研究は、いくつか興味深い点を指摘しているが、このような第三者に判定させる方法では判定が厳しくなる可能性もあるため、実際の談話参加者の評価を分析する方が望ましいと考える。

3 調査方法

発話行為の調査方法については様々な研究で検討されているが（Rose & Ono 1995, Beebe & Cumming 1996, 武田2007b, Turnbull 2001, Golato 2003等）、自然談話がもっとも良いことで意見は一致している。しかし、実際に分析資料とするにはデータ収集に限界があるため、最終的にどのような調査を行うかについては意見が分かれている。

本研究ではより自然な談話を収集することを目標に、Kaneko (1992)のダ

ミー・インタビューを参考にした調査方法を設定した。Kaneko（1992）のデータ収集法は、調査目的が「依頼への応答」であることを協力者には伏せて電話会話を録音するという方法である[3]。本研究では分析対象に調査者が入ることを避けるため、実生活で勧誘可能なイベントがある者を調査者が勧誘者として選び、談話収集の時には調査内容を伏せて行った。

調査は2002年11月〜2003年12月の期間に、関東のある大学において行われた。

3.1 調査協力者

日本語母語話者（NS）、日本語非母語話者（NNS）に協力を願い、それぞれ24名ずつの24組の録音・録画データが収集できた。NSは調査者の知り合いの大学生で、みな同じ大学の音楽系サークルに所属していた。

表1 調査協力者[4]

NS：勧誘者					NNS：被勧誘者				
性別	出身地	年齢	専門	No.	出身国	レベル	滞日歴	年齢	身分	専門
女	関東	20前	文系	1	中	初	7カ月	20後	研究生	理系
女	関東	20前	理系	2	中	日	2カ月	20前	短期	日本語
女	関東	10後	文系	3	中	日	2カ月	20前	短期	日本語
女	関東	10後	文系	4	韓	初	8カ月	20後	研究生	理系
女	関東	10後	理系	5	イン	日	2カ月	20前	短期	日本語
女	関東	20前	文系	6	イン	日	2カ月	20前	短期	日本語
女	関東	10後	理系	7	ハ	*1	2カ月	20後	短期	文系
男	北陸	10後	理系	8	エ	中	8カ月	30前	研究生	理系
男	関東	20前	理系	9	韓	*2	1年6カ月	20前	学部生	理系
男	関東	20前	理系	10	中	初	2年2カ月	20後	研究生	理系
女	九州	10後	文系	11	韓	*2	8カ月	20前	学部生	理系
男	関東	10後	理系	12	中	初	2カ月	20後	研究生	理系
男	関東	10後	理系	13	中	日	2カ月	20前	研究生	日本語
女	関東	10後	理系	14	中	日	2カ月	20前	短期	日本語
男	関東	20前	文系	15	中	初	2カ月	60前[5]	研究生	理系
女	四国	20前	文系	16	中	初	8カ月	20後	留学生家族[6]	なし
女	関東	10後	文系	17	中	日	2カ月	10後	短期	日本語
男	関東	10後	理系	18	韓	日	2カ月	20後	短期	日本語
女	関東	10後	理系	19	韓	初	8カ月	20後	研究生	理系
女	関東	20前	文系	20	イン	日	2カ月	20前	短期	日本語
女	関東	10後	文系	21	タイ	中	1年2カ月	20後	研究生	文系
女	関東	20前	文系	22	露	*1	2カ月	20前	短期	文系
女	関東	10後	理系	23	モ	*2	2年2カ月	20後	院生	理系
女	関東	10後	理系	24	モ	初	8カ月	20前	研究生	理系

NSの24名は、日頃、留学生とは授業で同席することはあっても、特に親しい留学生の友人がいる者はいなかった。NNSは、留学生センターで日本語補講（初級・中級レベル）を受講している12名のほか、学部生や短期留学生などの留学生である。これらの協力者を、同性同士のペアになるように調査者が任意で組み合わせて調査を実施した。

3.2　調査手順

　初対面の相手を誘うことは難しいだろうと考え、誘う前に一度会い、初対面から顔見知りへ人間関係のレベルを変化させるために、2人の会話を2回設定した。1日目の会話はKaneko（1992）での調査のダミー・インタビューにあたる。2日目の調査日に、NNSを演奏会に誘うよう、調査者からNSに提案した。中道・土井（1995）では、勧誘は「自分が行おうとしている行為をいっしょに行うよう求める談話」と定義されているが、本研究で扱う勧誘行動とは共同行為要求ではなく、参加者間で習慣性がなく、既に決定しているイベントに誘う言語行動である。その後、個別にフォローアップ・インタビュー（ネウストプニー1994）を実施した。

　具体的な調査手順は以下の通りである。

　1）会話の録音・録画　1日目　　　　10分〜15分
　2）会話の録音・録画　2日目　　　　15分〜30分
　　　NSからNNSへの「自分の所属する音楽系サークルの演奏会への誘い」を含む。
　3）フォローアップ・インタビュー　　30分〜1時間

　1）から3）はそれぞれ別の日に日程を調整して行った。1日目は、最初に自己紹介をすることだけを2人に説明し、あとは自由に話してよいと会話を限定せず、調査者は退室した。会話はすべて録音・録画し、どのような話をしていたかを調査終了後に調査者がビデオで確認した。

　2）の2日目の誘いについては、調査当日に調査者からNSへ個別に提案した。分析対象である「誘い」は、調査のために行うロールプレイではないことが重要であるため、実験で使用するような「教示」は用意せず、また、調査の本来の目的も会話録音時ではなく、フォローアップ・

インタビュー時に説明していた[7]。この時、勧誘者となったNSはコンサートに向け練習に励んでいる時期であり、友人にすぐ配布できるようにチラシやチケットを持ち歩いている者も少なくなかった。会話録音時のどの時点で誘いを実施するかはすべてNSに任せ、録音開始前は自由会話であることを説明して調査者は退室した。会話はすべて録音・録画し、調査終了後、調査者により会話はすべて文字化された。

3) のフォローアップ・インタビュー（以下、FUI）では、録画したビデオをもとに、会話時の意識を想起してもらい、日本語で説明してもらった。初級レベルのNNSで日本語による説明が難しい場合には、英語や辞書、筆談なども使用した。

3.3　勧誘の結果

NSがNNSを誘った最終的な結果としては、承諾9件、断り15件であった。断りに分類したものの中には、はっきり結論が出なかった6件が含まれているが、明らかに承諾ではないこと、NSも断り寄りに解釈していたことから断りに分類した。先に示した表1では、ペアNo.1からNo.9までが誘いを承諾し、No.10からNo.24が断ったことになる。

4　分析方法

4.1　逸脱の認定と発話の抽出

言語管理プロセス（ネウストプニー 1995）は、自己の持つ規範に合わないものを逸脱と捉えるところから開始され、留意、評価、調整計画、遂行へと進んでいくが、本研究ではこの言語管理プロセスの「留意」を、会話での隣接応答ペア（adjacency pairs: Sacks, Schegloff & Jefferson 1974）の段階に援用した。勧誘者には誘いを遂行する上で、ある程度、談話の組み立ての計画があると想像されるが、勧誘者自身の計画とは違う方向に進んでしまった（つまり、逸脱を留意した）時には、計画通りに進むように修正したり、そのまま相手に合わせて話を進めるよう、計画自体を修正したりすると考えられる。そのような状況では談話上に何らかの痕跡が、言語的、あるいは非言語的に表出されるだろう。談話上に表出した逸脱は、勧誘者からの報告や談話資料、録画資料の分析により、勧誘者が留

意しているかどうかを確認できると考える。談話上に現れない、あるいは勧誘者側が留意しない逸脱も存在するはずであるが、本研究では会話の実際の参加者である勧誘者が、どのように勧誘談話を捉えているのか、被勧誘者の応答によりどのように勧誘の結論（承諾・断り・保留等）を得ているのかを重視する。従って、参加者に留意されない逸脱はここでは省く。また、勧誘談話では質問に応答が接続しなかった、という隣接応答ペアの規範への逸脱も存在するとともに、勧誘談話であるため、「誘いに承諾しなかった」という勧誘者の期待に対する逸脱も存在している。本研究は、談話全体の評価や期待に対する逸脱から分析を始めるのではなく、個々の発話が断りや承諾のシグナルとなっているかどうか発話レベルから見ていき、全体の評価にどう関わっているかを検証するという手法をとる。

具体的には次のように行った。まず、隣接応答ペアのルールに合わない発話や非言語行動を抜き出した。文字化した談話資料を、会話のやりとりの最小単位である隣接応答ペア（挨拶―挨拶、質問―応答等）のルールに対する逸脱という観点で見ていき、該当するものをすべて抜き出した。機械的に抽出していくと、参加者に逸脱であると留意されていたものと、そうではないものが含まれている可能性がある。そのため、次のような点にも注意した。

被勧誘者NNSの発話を受けた勧誘者NSの発話等には、何らかの特徴がある場合（笑い、または笑いを含んだ発話、強調された発話、直前のNNS発話の内容の訂正等）と、何もない場合がある。前者については、直前のNNSの発話に何らかの留意があった（意識化された）と考え、談話から取り出した。これにより、最小単位の隣接対ではない次のようなパターンにも対応できる。

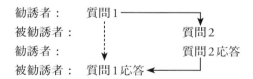

隣接応答ペアのルールに則れば、勧誘者の「質問1」には「質問1応

答」が続くべきであるが、上記の例では直後に位置しておらず、被勧誘者の「質問2」は逸脱として談話から取り出されることになる。しかし、勧誘者の「質問2応答」に逸脱として留意したと思われるような特徴がない限り、分析対象からは外される。同じような手法で会話から逸脱を取り出している研究に、富田（2004）がある。

　本研究のデータは接触場面であるため、内的場面でも生じる逸脱と、接触場面であるために生じる逸脱の両方が含まれることが想像された。しかし、どのような発話、非言語行動が勧誘／被勧誘行動に関係するのか、また、接触場面における勧誘談話の特徴はどのようなものであるかを明らかにするためには、最初に分析対象を絞り込んでしまわずに、数多く収集した上で、その中から一つずつ検証していくことの方が適当であると考える。

　また、談話からの抽出とともに、FUIでNSから何らかの報告（あるいは逸脱留意の申告）があった発話も、談話と対照させて抜き出した。調査者による談話からの抽出と重なる場合が多いが、録画データに映っていない点や、調査者には分からない会話参加者の持つ印象、談話には現れていない行動の報告等を補うためである。そして、実際に承諾や断りと感じたのかどうか、どれが承諾や断りに作用しているのかを分析するためにも、FUIからの報告は、以後の分析には不可欠なデータとなる。「データの分析においても調査者による解釈作業が必要なため、フォローアップ・インタビューの信頼性はつねに保証されているわけではない」（村岡2004）という指摘もあり、インタビュー結果の使用には注意を要す[8]が、本研究では、録音・録画資料から作成した談話資料とFUIの結果を両方用いることで克服するようにした。

　本研究は勧誘応答を分析するため、被勧誘者NNSの発話を勧誘者NSがどのように管理していたか、というNSの観点による分析となる。そのため、インターアクションにはNNSによる言語管理プロセスもあるが、分析の主体とはしない。従って、本研究で談話から抽出された分析対象は、すべてNNSの発話・非言語行動である。

4.2　抽出発話の機能別分類

　本研究はアンケート調査ではなく、談話資料を分析データとし、また、

断り談話に限定せず、発話や非言語行動を抽出するため、様々な要素が多数、出現する可能性が考えられた。実際に抽出したものを種類ごとに分類すると、Beebe, et al.（1990）などの分類項目にも含まれ、よく断り研究で取り上げられる発話類（言い訳や直接的な断り、謝罪等意味公式に含まれるもの）と、それ以外の発話類（情報要求やあいづち）の大きく2つに分けることができた[9]。これらを「勧誘談話管理」における発話と、「インターアクション管理」における発話に分けた。

「勧誘談話管理」の発話として分類されるのは、勧誘談話で勧誘者に意識化された被勧誘者の発話のうち、誘いの諾否に直接的に関係すると考えられる発話で、これまで断り研究で分析されてきた発話類が中心となる。具体的には「その日はちょっと…」や「行きたい！」などで、その前後の文脈が分からなくとも諾否を表すと判断可能な発話である。これらの発話が本来の機能を発揮すれば、断り（あるいは承諾）としてのシグナルとなりうると考え、「勧誘談話管理」における発話とした。

「インターアクション管理」に分類される発話類は、勧誘談話以外でも頻繁に出現し、通常、誘いの諾否とは関係しないと考えられる発話や非言語行動を指す。具体的には、「何時から？」や「どこ？」などの問いや、「土曜日」、「700円ですか」などの確認、また、あいづちやフィラー、沈黙など、他のどのような会話においても出現する発話などである。これらは、その発話や非言語行動単独で見ても、誘いの諾否に関係しているとは判断できない点が「勧誘談話管理」の発話と大きく違う点である。

以上のような方針に基づき、24ペアの勧誘談話から留意された逸脱として抽出した発話や非言語行動、計198件を分析し、機能別に分類した。

4.3　シグナルの判定

機能別に分類した被勧誘者NNSの発話が、勧誘者NSにとって断りのシグナルになっていたかどうかを、FUIでの報告と談話でのやりとりから判断した。調査者（あるいは教師）が接触場面の談話を見ると、NNSの文法的誤りを逸脱と留意することが多いが、実際の会話相手であるNSにとってはあまり問題ではなかった（留意していなかった）という例もある。調査者の視点では、当然、断りを表しているのだろうと思われるものが、接触場面の参加者では同じように留意、評価されているとは限ら

ないことから、FUIでの報告も重視している。

　NSがNNSとのインターアクションの中で、誘いの内容である演奏会に「来てくれそうだ」と感じ、誘いの結果を承諾と判断する材料になったものを「承諾のシグナル」、「来ないだろう・来るのは無理そうだ」と感じ、誘いの結果を断りと判断する材料になったものを「断りのシグナル」とした。表2に機能別分類とそのシグナル化状況を示す。

　談話から抽出された発話のシグナル化・非シグナル化状況を一つずつFUIと照らし合わせてみていくと、勧誘談話管理【A】類でも非シグナル化し、インターアクション管理の情報の伝達・応答【B】、あいづち他【C】、その他【D】でもシグナル化する発話があることが、表2のように明らかになった。なお、セルに引かれた斜線は適用不可であることを示している。

表2　各項目別シグナル化状況

分類名			承諾	断り	非シグナル化	シグナル化せず	小計	合計
勧誘談話管理	【A-1】承諾類	感謝	1	0	1		2	17 (8.6%)
		希望	2	1	2		5	
		実行意思	5	0	1		6	
		興味・関心	1	0	3		4	
	【A-2】断り類	意見	0	2	2		4	32 (16.2%)
		遺憾	0	1	2		3	
		事情・都合	0	10	6		16	
		実行不可	0	0	1		1	
		代案	0	1	0		1	
		保留	0	4	3		7	
インターアクション管理	【B】情報の伝達・応答	応答	2	1		5	8	123 (62.1%)
		確認	0	1		9	10	
		確認要求	0	3		44	47	
		情報提供	2	3		25	30	
		情報要求	3	3		22	28	
	【C】あいづち・フィラー・非言語	あいづち	0	2		3	5	19 (9.6%)
		フィラー	0	3		0	3	
		笑い	0	0		2	2	
		沈黙	0	1		3	4	
		表情	0	0		5	5	
	【D】その他	はげまし	0	1		0	1	7 (3.5%)
		ほめ	0	0		2	2	
		依頼	0	0		1	1	
		評価	0	0		3	3	
計			16	37	21	124	198	(100%)

なお、1つの談話にシグナルが1つの場合もあったが、目黒（1996）でも指摘されているように、1つの談話にシグナルがいくつか含まれるケースの方が多かった。また、承諾の談話でも断りを匂わせるような言動だと留意され、断りのシグナルになったり、断りの談話で留意された逸脱でも断りのシグナルにはならなかったものがあった。

5 シグナル化した発話とその要因

　勧誘談話管理【A】類の発話でシグナル化したのは、大半がその発話が承諾、あるいは断りとしての機能を果たし、シグナル化していた場合であるが、ほかに、【A-1】の〈希望〉、【A-2】の〈遺憾〉は発話の出現位置がシグナル化に影響を与えていると考えられた。
　【B】、【C】、【D】は、機能的にはシグナル化する性質はないが、個々の発話で使用された語彙の影響のほか、その逸脱の出現位置、そしてパラ言語的特徴等によりシグナル化していることが分かった。

5.1　承諾類【A-1】の発話例

　承諾類【A-1】に分類される発話17件のうち、シグナル化した発話は10件（承諾シグナル9件、断りシグナル1件）で、残り7件は非シグナル化していた。

5.1.1　【A-1】の承諾シグナルの例

　次のNo.04ペアの例は、〈感謝〉を表す発話がシグナル化された例である。勧誘行動、あるいは渡されたチケットに対して謝意を表している発話であるが、この項目に分類される発話は2件あり、そのうちシグナル化していたのは1件であった。

No.04-5[10]　「ありがとうございます」〈感謝〉
　32　NS　　シベリウスって
　33　NNS　あー！、はい
　34　NS　　よろしければ
→ 35　NNS　あーあ〔0.5〕、あ、ありがと［ございます｛チケット手に取る｝

```
36  NS                              ［はい
37  NNS   えー｛チケットよく見る｝
```

　この例では、談話を見ても特にNSの次発話に何もシグナルとして留意しているような様子は見られないが、FUIで「結構来てくれそうに受け取った」との報告があり、承諾シグナルになっていたことが判明した。

5.1.2 【A-1】の断りシグナルの例

　承諾類【A-1】に属す発話で断りへシグナル化した例が1件のみ見られたが、発話の出現位置の影響と考えられた。

No.21-4 「でも、いきたーい」　　　　　　〈希望〉
```
  19  NNS   あのー、でもーわたしは用事、ありますからー＝
  20  NS    ＝ありますかー＝
→ 21  NNS   ＝でも、いきたーい
  22  NS    あーあ、いっきょくーだけでもいいんで最初の曲は、(略)
```

　承諾類【A-1】の中で、この発話だけ断りへシグナル化しており、生駒・志村(1993)の意味公式にある、「断りの働きをする承諾：熱意のなさ」に相当すると思われる。19行目の〈事情・都合〉の直後であったため、本来の「行きたい」という望みを表す働きはなくなり、断り類【A-2】の〈遺憾〉(「行きたいけど」等)にあたる機能を担ってしまい、承諾シグナルにはならなかったと考える[11]。

　また、NNSが「行きたい」ではなく、「行きたいけど」を言いたかったのならば、断りの談話として文脈的にも齟齬を来さず、問題なかったと考えられるが、その場合にはNNSの日本語使用(表現選択)に誤りがあったと言える。

5.1.3 【A-1】の非シグナル化の例

　次の例はNSもNNSの発話を聞き取って理解でき、また、発話に文法的な誤りはなかったが、発話の出現位置の影響で、非シグナル化されたと考えられた。

No.10-10 「はいー、おもしろいそーですよー」 〈興味・関心〉
　　57　NS　　また機会があれば
→ 58　NNS　 はいーおもしろいそーですよー
　　59　NS　　おもしろいすか [ねー（笑）

　「面白そうだ」と興味を示すことは、NSにとっては承諾の可能性が広がる、好ましい反応であろうが、上の例では「おもしろいそーですよー（面白そうですよ）」にNSは同意してない。しかし、同意していたとしても、予定が入っていて、コンサートには行けないことが既にNSに伝達されたあとに出てきているため、興味を示しても承諾への可能性が広がることは考えられず、非シグナル化したと考えられる発話であった。これが誘いの応答がはっきりする前であれば、承諾シグナルの可能性が高かったと思われる。

5.2　断り類【A-2】の発話例
　NSに留意された【A-2】の32件の発話のうち、18件がその発話の機能によりシグナル化されたと考えられた。

5.2.1　【A-2】の断りシグナルの例
5.2.1.1　発話機能によるシグナル化
　次の例は、被勧誘者NNSが断りの理由となる〈事情・都合〉を伝達した発話が、勧誘者NSによってシグナルであると、シグナル化された部分である。

No.11-3 「あーあさってなんか、千葉にありま、いません（笑）」〈事情・都合〉
　　24　NS　　だからきゅ、[急なんだけど
　　25　NNS　　　　　　　[じゅーよっかって、いつ {チケット見たまま}
　　26　NS　　えーとあさって
→ 27　NNS　あさって、[あー、あさってなんか、千葉にありま（笑）いません（笑）
　　28　NS　　　　　　[あした金曜日だから
　　29　NS　　いませんか↑、あーそかー

NSからFUIで断りシグナルの報告もあったが、談話上でも、直後に位置する29行目でNSが「いませんか↑、あーそかー」と残念そうに述べていることからも分かる。「ありま（笑）いません（笑）」と言い間違いをしていることや笑いが伴っていることについては「特に気にしなかった」とも報告している。笑いは否定的評価を受ける要因になりうると思われるが、それよりもシグナルの方がNSにとっては強く影響したようだ。

5.2.1.2　接触場面の影響によるシグナル化
　次の例は、No.15ペアにおいて、NNSの応答が保留から急に断りに転じているが、その背景には日本語の理解面で問題があったことがFUIで明らかになった例である。

No.15-15　「たぶーん、時間は、時間じゃない」〈事情・都合〉
　　　68　NS　　NNSさんいらっしゃいます↑
　　　69　NNS　んー <u>13日、13日</u> {声小　眼鏡に両手　下向く}
　　　70　　　　〔2〕
　　　71　NNS　いまはわからない（笑）
　　　72　NS　　よろしければじゃー［チケットー
　　　73　NNS　　　　　　　　　　［はい
　　　74　NS　　［用意しますんで
　　　75　NNS　［はいありがとうございます、はい {おじぎ}
　　　76　　　　〔1.5〕
　　　77　NS　　でー、いらしてくれたらー、チケット
　　　78　NNS　はい、し、しけんはー〔1〕無料
　　　79　NS　　あ〔1〕お金かかるんでーでもぼくチケットもってるん［でー
　　　80　NNS　　　　　　　　　　　　　　　　　　　　　　　　　［あ！（？？）
　　　　　　　　{ジェスチャー} ＝
　　　81　NNS　＝いえ、（笑）あー {手二回叩く}
　　　82　　　　〔2〕
→　　83　NNS　たぶーん
　　　84　NS　　はい

第4部｜接触場面とプロセス

→ 85　NNS　時間は、時間じゃない
　86　NS　　あー{首の後右手でかく}
　87　NNS　はい

　NNSは71行目で誘いに対し「いまは分からない」と保留していた。この〈保留〉は非シグナル化し、NSはもし来られる場合にはチケットはどうすればいいか、承諾へ向けた説明をしようとしている。しかし、NNSはチケットが無料ではないと分かる（78〜80行目）と、83、85行目で「たぶーん、時間は、時間じゃない（＝たぶん時間がない）」と急にNSに都合が悪いことを伝えている。これについてNSはFUIで「この時は、じゃあ、来たくないのかなと思いました。（中略）ひょっとして来たくないのに、さっきは社交辞令で答えてたのかな」と報告している。NSのFUIにより、このNNSの反応の変化は、断りへのシグナル化を超え、NNS本人に対する評価にも影響していることが分かった。
　一方、NNSにFUIで確認すると、NSの発話内容がよく分かっていなかったためにこのような急な断りが発生したことが明らかになった。NNSは、直前のNSの79行目の発話を理解できていなかったが、それ以前の、NSが出演するコンサートであることも理解できておらず、NSがNNSをコンサートに連れて行ってくれるのだと思っていた。そのため、お金がかかるということから、それはNSに対して申し訳ないと思い、「時間じゃない（＝時間がない）」と言った（遠慮した）ことがFUIで判明した。
　この場合は、完全にNNSが意味をよく理解できなかったために勘違いが生じていたが、NSはまったく気づかず、ただ急に断られたと思い、その発話をシグナル化していた。このNo.15ペアでは、誘いの内容を伝達するときに意味が通じず、NSが苦労する様子が何度も談話データに見られるため、NSにとって接触場面としての意識は強かったと思われる。しかし、NNSが保留から急に断りに転じた時、NSはその変化がなぜ生じたのか、接触場面という場面性から考えることはできなかった。そして、〈保留〉が〈事情・都合〉の前に位置していたことにより、NNSへの否定的評価が発生していた。

5.2.2 【A-2】の非シグナル化の例

〈事情・都合〉の16件のうち、10件がシグナル化し、6件が非シグナル化していた。次の例もシグナル化していないが、出現場所の影響と考えられる。

No.15-16 「(略) えー12月とおか、はくしーの入学試験」〈事情・都合〉
　　88　NS　　残念です (笑)
　　89　NNS　残念です (笑) すみません (笑){会釈}
　　90　NS　　いえいえ
→ 91　NNS　え一、お、んーとーわたしんちーわーいま時間、時間は一、{息吸}え
　　　　　　　ー12月とおか、はくしーの入学試験
　　92　NS　　あ！
　　93　NNS　はい

　NSはこれ以降、「じゃーいま忙しい」んですね、と断りの正当化をしていることからも、断りシグナル化しているとも考えられたのだが、NSからの報告はなかった。この部分は既に「違う話になってる」とNSはFUIで言っていたが、勧誘談話が終了していたのではなく、既に誘いに対する応答としての断りが既に伝達されていたため、91行目の〈事情・都合〉は断りシグナルとして報告されなかったと考えられる。

5.3 【B】の断りシグナルの例

　情報の伝達・応答【B】に分類される逸脱123件のうち、シグナル化した逸脱は18件(承諾シグナル7件、断りシグナル11件)で、残り105件はシグナル化しなかった。

5.3.1 選択した表現の影響による〈情報要求〉のシグナル化

　次のNo.17ペアの例は、「遠い」という語彙に対して断りだとシグナル化したと考えられる。

No.17-3 「遠いの↑ここは」〈情報要求〉
　20　NNS　土曜日は授業があるんです [ねー

```
     21  NS                          [あ、あるの！
→    22  NNS  とお、遠いの↑これ　{バッグから筆ばこを出しながら}
     23  NS   うんとねー、電車でふた駅
     24  NNS  電車でふじ
     25  NS   ふた、ふた駅、に、2コ先
```

　NSが「なんか、遠いとー、行くのめんどくさいのかなとかそういうのがあるのかなと思って」とFUIで報告していたため断りシグナルとした。これは、場所に関する問いで、しかも「どこ↑」や「近い↑」ではなく「遠いの↑」だったことが断りシグナルの要因と考えられる。これもNS自身が言っているように、場所が遠い時は行くのが大変だから気が進まない、と思っていると解釈可能であるためと考えられる。

5.3.2　パラ言語の影響による〈確認要求〉のシグナル化

　次は、No.9談話における〈確認要求〉の例であるが、笑いを伴っているため、断りシグナルになったと考えられる例である。

No.09-6　「そーですか、700円ですか（笑）」〈確認要求〉
```
     86  NS   8時か8時半ぐ、8時半ぐらいにはもう、全部、終わってるとおもうんで
                すけど
     87  NNS  あー{声小　チケット手に取り裏返す}
     88  NS   どーすかねー
     89       〔3〕{NNSはチケットを手に取って見る}
→    90  NNS  そーですか、700円{指さす}ですか（笑）
     91  NS   あーでもこれべつにいい、あげますよこれは
     92  NNS  そーです[か
     93  NS           [はい
```

　チケットの値段についての発話で、「まーなんかお金とられるのは嫌なのかなーって雰囲気はあったからー、じゃーあげますよって、あげるつもりで持ってきたけど」というNSの報告がFUIであったため、「お金を払ってまでは行きたくない」という意味に解釈しているとし、断りシ

グナルとした。この発話の場合、笑いを伴っていたことが、さらにそう思わせる要因になったのではないかと考えられる。ただ「700円ですか」と尋ねれば、チケットの値段を確認しているだけだと解釈されるだろうが、笑いを伴っていると、「700円は高い、700円も払うのか」と非難しているように聞こえてしまう。逸脱と留意した要因が笑いだったとしても、それが勧誘談話上であったため、勧誘談話に関連させて解釈し、断りへシグナル化したと考えられる。

5.3.3　出現位置・談話構成との関係による〈確認要求〉のシグナル化

　次も〈確認要求〉の例だが、接触場面による影響で出現し、シグナル化されてしまった例である。

No.24-6 「さ、さっか、サッカーの人たち、サッカーをしている人たち↑」〈確認要求〉
　　41　NS　　学部の、1年［生から4年生まで
　　42　NNS　　　　　　　　　　［あーそー
　　43　NNS　んー
　　44　　　　〔1〕
　　45　NS　　いるんです {うなずき}、はい
　　46　　　　〔1〕
　　47　NNS　あーサッカーの、パーティーのひとたちね↑
　　48　NS　　んん↑
→　49　NNS　さ、さっか、サッカーの人たち、サッカーをしている人たち↑
　　50　NS　　あーあーあー、そーですね、そーゆーのも仲間ですね

　NSはNNSから誘いに対する応答を得られないまま、49行目でNNSにより話題が変更されたと感じていた。NSは「話が逸れたぞって思った。その時は、たぶん興味がないのかなって。誰かに言ったときに返ってくる返答じゃないし、しかも、自分が考えていなかった質問が急に登場したので驚いた」と報告している。この報告により、勧誘談話を継続したくないとNNSは思っているのだと、NSは解釈していたことが分かった。これは、完全に、NSの一方的な解釈であるが、このNo.24の談話でも、NNS側に日本語の問題があったことがFUIから明らかになっている。

NNSは「サークル」という言葉を知らなかったため、第1回目の会話収録時に「サークル」の意味説明を求めていた。その時、サークル団体の例として出された「サッカー」がそのまま「サークル」の意味であると誤解してしまい、第2回目の会話（勧誘談話当日）でも意味の訂正がされることはなかった。NNSは日本語補講の初級クラスに属す学生であったが、NNSが質問すること以外は日本語に関する問題は表面化しにくく、NSはここに日本語の問題が絡んでいるとは気づかなかった。一方、NNSは、この勧誘談話部分での自分の質問に対するNSの答えが合っていないことは気づいていた。NSがもう勧誘談話は終了してしまったと感じた49行目を過ぎても、NNSはNSの出してきた話題（コンサート）について情報を得ようと質問していたが、適切な応答はNSからは得られなかった。

　NSの視点からは、NNSによる49行目の〈確認要求〉により、勧誘談話は急に別話題へ転換してしまったように解釈された。NSはその理由を考えるが、文脈からは想像できなかった。実際は、接触場面特有の問題が発生していたのだが、それを内的場面での逸脱と同じように解釈し、つまり、勧誘談話を終了させるための意図的な話題転換だと解釈してしまったことが明らかになった。インターアクション管理【B】の逸脱としての留意であったが、勧誘談話であるために、シグナル化し、また、否定的評価も生じてしまっていた。

5.4　【C】の断りシグナルの例

　あいづち・フィラー・非言語行動【C】に分類される逸脱19件のうち、シグナル化した逸脱は6件（すべて断りシグナル）で、残り13件はシグナル化しなかった。

5.4.1　パラ言語の影響による〈フィラー〉のシグナル化

　逸脱と留意された【C】のフィラーは、3件ともすべて断りへシグナル化されていたが、いずれもパラ言語的な影響によりシグナル化されたと考えられた。しかし、パラ言語的な特徴のみが作用しているのではなく、発話位置や非言語行動などの要素も関係していた。

No.18-1 「あー」〈フィラー〉

```
  3   NS     あのー〔1〕12月、14日にー {チケット見せながら} ＝
  4   NNS    ＝はい
  5   NS     あの〔ー
→ 6   NNS       〔あー 14日はー＝
  7   NS     ＝だめですか↑
```

　このNo.18の談話では、行数を見て分かるように、勧誘談話が始まって間もない時のNNSのフィラーが逸脱として留意され、且つ、断りシグナルとなっていた。NSが誘いの内容を説明しようとしたところにNNSのフィラーが割り込むように現れたためであると考えられる。NSが説明を中断するぐらいの声の大きさ（声は大きかった）と割り込みのタイミングがシグナル化の要因であることは間違いないだろう。

　そして、6行目のNNS「あー 14日はー」に対し、NSは「あーって言われた時点で、14日だめなんだ」と、割り込まれた「あー」だけで断りが予測されたことをFUIで報告していた。「14日」と日付が入っていることもあるが、「あー」の音域が低く落ち着いた感じであれば、「あー 14日は（何曜日？何時ですか？）」などとほかの言葉が接続する可能性もあっただろう。しかし、声も大きく、急に思い出して言った印象を与え（実際NNSは、予定が入っていたことを急に思い出したのでそのまま言ったと主張していた）、何よりNSの発話を遮る割り込み発話だったことが断りシグナルにつながったと考えられる。そして、このまま理由説明が続いていることに対し、行きたくなさそうだと感じたこと、なぜそう感じるかについても、NSは「それでー、あんまり来たくないのかなとも思った。自分だったら興味があるんだったらとりあえず聞いてー、説明の後に言う。興味がなかったらあー 14日かー！ってすぐ言う」と、自己の規範も報告している。

　この勧誘談話の場合、6行目までにNSから伝達されたのは日付のみで、勧誘者であるNS側が誘い行動を完遂する（一通り内容を説明して、来てくれと言う）前に断られてしまった状況であった。断り談話としてはかなり短く、ある意味、効率がよかったと言えるが、勧誘者NSのNNSに対する評価はかなり悪かった。NNSの報告をそのまま採用して考えるな

ら、適切な間合いをとることができなかった、適切な調整ができなかった、などの非母語話者であるために生じた逸脱である可能性が高い。そうではなく、意図的な割り込みであったならNSの解釈と合致したことになるが、どちらにしろ、強調されたフィラーが逸脱と留意され、勧誘談話の中であるため、断りへシグナル化されていたことになる。

5.4.2 パラ言語、非言語行動の影響による〈あいづち〉のシグナル化
〈あいづち〉は5件、逸脱として留意されていたが、うち、シグナル化したのは2件であった。2件ともパラ言語的な影響が強いと考えられるが、非言語行動も関与していると思われる。

No.21-2 「あー」「あー」「あー」〈あいづち〉
　　6　NS　　じゅーさんにちー［どよーびのー、よるなんです
　　7　NNS　　　　　　　　　　［じゅーさんにち
　　8　NS　　［ろくじはんからで
→　9　NNS　［あー {小さくうなずきながら}
　10　NS　　くじぐらいまで {机上の手帳見る}
→ 11　NNS　あー {声小　小さくうなずきながら机見る}
　12　NS　　ちょっと、リラックスしに {手帳めくる}
→ 13　NNS　あー {声小}
　14　NS　　リフレッシュしに、来てくれないかなって思ったんですけど

　この部分は、NSが誘いの内容を説明している最初の部分である。この時のあいづちについてNSは「あーやっぱりだめかな」と思ったと、断りシグナルであったことをFUIで報告している。No.21のNNSは、会話時の声は大きい方だが、この時のあいづちの声は相対的に小さく、うなずきも小さかったのが影響していると考えられる。

5.5 【D】の断りシグナルの例
　その他の言語行動【D】に分類される逸脱7件のうち、シグナル化した逸脱は、〈はげまし〉の1件だった。これはNo.14ペアの勧誘談話で現れたが、出現した〈はげまし〉発話の位置がシグナル化を引き起こした

第10章　接触場面における勧誘談話の分析

と考えられた。

　〈はげまし〉として分類した発話はNo.14ペアの勧誘談話における最後のNNS発話になったもので、これで勧誘談話が終了された。NSはNNSの〈はげまし〉を「はい」で受けた後、関連のある他の話題に話を展開させている。

No.14-11 「あー、がんば、てください」〈はげまし〉
　　　46　NS　　　ほかにいっぱい｛ジェスチャー｝
　　　47　NNS　＝［バイオrinをひけること
　　　48　NS　　　［（笑）いますごい練習中｛うなずき｝＝
→　49　NNS　＝あー、がんば、てくだ［さい（笑）
　　　50　NS　　　　　　　　　　　　［はい（笑）＝
　　　51　NS　＝なにか楽器やってる↑

　49行目の「あー、がんば、てください（笑）」が勧誘談話を終了させる発話となった。NSにとっては勧誘内容の説明が途中のまま、〈はげまし〉の登場により勧誘談話自体が終了されてしまっており、5.4.1で紹介した例のように、否定的評価があった可能性がある。FUIでNo.14のNSからシグナル化の報告は得られなかったが、NSはこの〈はげまし〉でそれ以上の勧誘談話の継続を断念していること、誘いの応答がないまま終了していること、文脈から承諾シグナルではありえないと考え、断りシグナルと認定した。

6　まとめ

　本研究では、まず、接触場面の参加者である勧誘者NSに留意された被勧誘者NNSの発話を抜き出し、どのような種類があるかを分析し、分類した。そして、談話から抽出された発話がシグナルと受け取られているかを、FUIと談話資料から考察した。
　勧誘談話管理の【A】グループとは違い、インターアクション管理の【B】、【C】、【D】については、表現方法だけではなく、発話の内容も関係してくるため、1つの要因だけで説明できないものもあるが、ある特

定の発話に何らかの強調が加えられると、何かの合図ではないかと――本研究では断りのシグナルではないかと――、NSが会話の含意（Grice 1975: conversational implicature）を解釈しようと試みていることがうかがわれた。誘いに対する応答で、すぐに諾否が判明せずとも、勧誘者は発話行為以外の面でも被勧誘者の反応から誘いの結果を読み取ろうと観察していると考えられる。シグナル化の傾向を簡単にまとめると以下のようになる。

（ⅰ）発話の中でも、断りの間接発話行為になりうる慣用的な表現（つまり勧誘談話管理【A】におけるシグナル発話）はそのまま断りと認知されることが多いが、すべてがシグナル化するとは限らない。
（ⅱ）【A】以外の発話（インターアクション管理における逸脱発話【B】、【C】、【D】）でもイントネーションやポーズ、非言語行動など、他の要因が付加されると断りを暗示しているとシグナル化されることがある。
（ⅲ）勧誘者NSの持つ勧誘談話の進行規範に合わないものが出現すると逸脱になり、断りと判断される可能性がある。

　従来の研究では分析資料に表れたものの中から、これがシグナルであると研究者が決定してしまっていた。承諾や断りを伝える表現、あるいはどのように伝達するかは確かに問題であるが、それが本当の受諾なのかそうではないのかも、実際の相互行為では重要な点である。これまで、相手の面子を傷つけないように自分の意志をどのように伝達するかが考えられてきたが、最終的にどのように受け取られるかという視点から考察する必要があるとも言えるだろう。本研究の分析結果は、先行研究で使用されてきた意味公式等の分類を見直す必要があることを示唆していると考える。
　一方、接触場面の勧誘談話を分析することで、接触場面であるために発生する問題も浮き彫りになった。通常、NNSが参加した接触場面において、意味が分からない発話が現れ、逸脱と留意された場合には、日本語の問題であると判断されるだろう。その場合には調整されるか、そのまま留意や評価の段階で言語管理プロセスが止まる。しかし、本研究で

は文脈に合わない、理解に苦しむ発話が現れ、逸脱と留意された時にシグナル化されたケースもあった。接触場面の、特に初級レベルの非母語話者が参加するインターアクションでは、日本語能力の問題や社会言語・文化的な知識の不足により、確認要求、情報要求が多発したり、その意味交渉が長くなったりすること、あるいは急に話題が変わることなどがあり得る。しかし、それらが勧誘談話で発生したため、NSは日本語能力や社会言語的知識の不足の問題とは考えず、勧誘に関するシグナルに結びつけたのではないかと推測される。さらに言えば、勧誘者に間違って解釈されることにより、発話者に対する否定的評価につながる危険があると言えよう。NNSにとっては、細かな文法的な誤りや本研究での【A】類に属する発話の選択のほかに、それ以外の要因である、談話の進行に関する逸脱などで深刻な結果が生じることを学ぶ必要があるだろう。本研究では勧誘者がNSであるためにこのような結果が出ているが、勧誘者がNNSである場合にはまた違った結果が出ることも考えられる。

　そして、従来、断り行動などはFTA（Face Threatening Act: Brown & Levinson 1987）であるため、「NNSがうまく遂行できないためにNSに誤解されることのある難しい行為である」というように、NNS側の問題として取り上げられることが多かったが、誤解の背景には、NSの接触場面への不慣れや知識不足もあることが垣間見えた。接触場面ではどのような点について規範が厳しくなるかなどは場面によって大いに異なり、断定するのは難しいことではあるが、今後、ますます国際化が進むであろうことを鑑み、NS側にも接触場面の情報を広く提供することが必要であると考える。

謝辞
本研究で使用した談話資料の収集は、快く協力してくれた48名のほかに、資料には名前の載らない様々な方の協力により実現したものであった。また、本章のもととなった研究論文、そして本章の執筆にあたっては、諸先生方に貴重なアドバイスを多々いただいている。この場を借りて深く感謝したい。

【談話データ凡例】

↑	上昇イントネーション	[	下の段の発話と同時に発話
!	驚き 直前の発話の強調	{ }	非言語行動の内容
？？	不明個所	〔1〕	沈黙約1秒
＝	前（後）の行と間がなく発話	（笑）	笑い

注　[1]　武田（2004）をもとに、大幅に加筆・修正した。
　　[2]　「意味公式とは、人がものを断るときに使う言葉を、その意味内容によって分類したものである」（Beebe, et al. 1990、志村1995訳より）。
　　[3]　Kaneko（1992）と似た調査を行っている研究に、金（2005）、施（2006）がある。
　　[4]　表中の記号は以下の通り。
　　　　中：中、韓：韓国、イ：インドネシア、モ：モンゴル、ハ：ハンガリー、タ：タイ、露：ロシア、エ：エルサルバドル、短期：短期留学生（学部）、初：初級、中：中級、日：日本語専攻、10後：10代後半、20前：20代前半
　　　　＊1：短期留学の学部生だが、日本語専攻ではない。中級レベル相当。
　　　　＊2：留学生センターの授業修了者で工学部所属。中～中上級レベル相当。
　　[5]　この1名のみ他と比べて年長者であるが、NSは相手NNSの年齢を20代後半ぐらいではないかとの推測をフォローアップ・インタビューで調査者に報告していたので問題ないと考える。
　　[6]　1名のみ、研究生・大学院生用の日本語補講を受講している留学生の家族が入っているが、日本語のレベルも調査対象として問題はないと考えた。母国では小学校教員であったが、日本には家族として来日していた。
　　[7]　「提案」であったため誘わなかったNSもいたが、データからは省いてある。
　　[8]　ほかに、言語社会心理学からは、FUIなどによる資料は、研究者の解釈の客観性・信頼性を保証するものとしては扱えないという指摘もある（宇佐美1999）。
　　[9]　Beebe, et al.（1990）らの意味公式のリストでも、発話の表現に関する項目（遂行動詞を使わない断り、間接的な断りとしての言い訳や謝罪、言葉を濁す）のほかに、行動に関するもの（回避としてその場から離れる）も含まれていたが、すべて断り行動に関連する項目とし

[10] 「No.04-5」はペア番号No.04の談話の中で、5番目に留意された逸脱であることを意味する。

[11] NSはFUIで、NNSの「いきたーい」については「でもやっぱり来ることはないだろうな」と思ったが、それでもそう言ってくれたので、わずかな望みを持って22行目で「一曲だけでもいいんで」と再勧誘していることを報告している。

参考文献

Beebe, L. M., & Cumming, M. C. (1996). Natural speech act data versus written questionnaire data: How data collection method affects speech act performance. In Gass, S. M., & Neu, J. (Eds.), *Speech acts across cultures: Challenges to communication in a second language* (pp.65–86). Berlin; New York: Mouton de Gruyter.

Beebe, L. M., Takahashi, T., & Uliss-Weltz, R. (1990). Pragmatic transfer in ESL refusals. In Scarcella, R., et. al. (Eds.), *Developing communicative competence in a second language* (pp.55–73). Rowley, MA: Newbury House Publishers.

Brown, P. & Levinson, S. C. (1987). *Politeness: Some universals in language usage*. Cambridge: Cambridge University Press.

Cohen, A. (1996). Investigating the production of speech act sets. In Gass, S. M., & Neu, J. (Eds.), *Speech acts across cultures: Challenges to communication in a second language* (pp.21–43). Berlin; New York: Mouton de Gruyter.

鄭在恩（2009）「日韓の勧誘ストラテジーについて」『言語と文化』10, pp.113–132. 名古屋大学大学院国際言語文化研究科日本語文化専攻

フェアブラザー，リサ（2002）「相手言語接触場面における日本語母語話者の規範適用メカニズム」村岡英裕（編）『接触場面における言語管理プロセスについて――接触場面の言語管理研究 vol.2』（千葉大学大学院社会文化科学研究科研究プロジェクト報告書38）pp.1–12. 千葉大学大学院社会文化科学研究科

ファン，サウクエン（1998）「英語母語話者と中国語母語話者の点火ストラテジーについて――日本語学習者としての「誘い」」『日本語・日本文化研究』5, pp.35–49.

藤森弘子（1994）「日本語学習者にみられるプラグマティック・トランスファー――「断り」行為の場合」『名古屋学院大学日本語学・日本語教育論集』1, pp.1–19.

藤森弘子（1995）「日本語学習者にみられる「弁明」意味公式の形式と使用――中国人・韓国人学習者の場合」『日本語教育』87, pp.79-90.

藤原智栄美（2009）「インドネシア人・台湾人日本語学習者による「断り」のストラテジー――プラグマティック・トランスファーの再考」『茨城大学留学生センター』7, pp.15-28.

Gass, S. M., & Houck, N. (1999). *Interlanguage refusals: A cross-cultural study of Japanese-English*. Berlin: Mouton de Gruyter.

Golato, A. (2003). Studying compliment responses: A comparison of DCTs and recordings of naturally occurring talk. *Applied Linguistics*, 24(1), pp.90-121.

Grice, H. P. (1975). Logic and conversation. In Cole, P., & Morgan, J. L. (Eds.), *Syntax and semantics 3: Speech Acts* (pp.41-58). New York: Academic Press.

生駒知子・志村明彦（1993）「英語から日本語へのプラグマティック・トランスファー――「断り」という発話行為について」『日本語教育』79, pp.41-52.

伊藤恵美子（2001）「ポライトネス理論の実証的考察――心理的負担の度合いを中心に意味公式の数値の観点から」『日本語教育論集：日本語教育長期専門研修報告』17, pp.1-20.　国立国語研究所日本語教育センター

伊藤恵美子（2006）「日本人は断り表現において丁寧さをどう判断しているか――長さと適切性からの分析」『異文化コミュニケーション研究』18, pp.145-160.　神田外語大学

伊藤恵美子（2009）「断り表現を構成する発話の順序――ジャワ語・インドネシア語・マレー語・タイ語を勧誘場面で比較して」『異文化コミュニケーション研究』21, pp.185-208.　神田外語大学

Kaneko, E. (1992). *Responses to a request in Australia-Japan contact situations*. M.A. thesis, Monash University, Melbourne.

カノックワン，ラオハブラナキット（1997）「日本語学習者にみられる「断り」の表現――日本語母語話者と比べて」『世界の日本語教育』7, pp.97-112.

加藤好崇（2002）「インタビュー接触場面における「規範」の研究」『東海大学紀要　留学生教育センター』22, pp.21-40.

Kawate-Mierzejewska, M. (2002). *Refusal sequences in conversational discourse*. Doctoral dissertation, Temple University.

金秀英（2000）「「断り」談話の日・韓比較――社会的距離を表示するストラテジーをめぐって」『2000年度日本語教育学会秋季大会予稿集』pp.232-237.

金潤淑（2005）「「依頼」に対する「断り」の理由の述べ方——日本語母語話者と韓国人日本語学習者の場合」『国際教育評論』2, pp.37-48. 東京学芸大学

小池真理（2000）「日本語母語話者が失礼と感じるのは学習者のどんな発話か——「依頼」の場面における母語話者の発話と比較して」『北海道大学留学生センター紀要』4, pp.55-80.

小林ミナ（編）（2005）『日本人は何に注目して外国人の日本語運用を評価するか』H12-15年度科研報告書

熊谷智子（1995）「依頼の仕方——国研岡崎調査のデータから」『日本語学』14(11), pp.22-32.

熊井浩子（1993）「外国人の待遇行動の分析（2）——断り行動を中心にして」『静岡大学教養部研究報告人文・社会科学篇』28(2), pp.1-41（266-226）.

熊取谷哲夫（1995）「発話行為理論から見た依頼表現——発話行為から談話行動へ」『日本語学』14(11), pp.12-21.

Levinson, S. C. (1983). *Pragmatics*. Cambridge: Cambridge University Press.

ルンティーラ，ワンウィモン（2004）「タイ人日本語学習者の「提案に対する断り」表現における語用論的転移——タイ語と日本語の発話パターンの比較から」『日本語教育』121, pp.46-55.

馬瀬良雄・岡野ひさの・伊藤祥子（1989）「外国人の言語行動に対する日本人の意識」『日本語教育』67, pp.25-47.

目黒秋子（1996）「日本語の談話における間接的断り理解の過程——母語話者の認知の視点から」『東北大学文学部日本語学科論集』6, pp.105-116.

村井巻子（1998）「「断り」行為の日独比較——詫び表現、共感表現を中心に」『筑波大学地域研究』16, pp.199-226.

村井巻子（2009）「「断り」行為において好感と不快感を決定する要因は何か——「スピーチ・レベル」と「方略」の二つの方策から」『筑波大学地域研究』30, pp.17-30.

村岡英裕（2004）「フォローアップ・インタビューにおける質問と応答」村岡英裕（編）『接触場面の言語管理研究 vol.3』（千葉大学大学院社会文化科学研究科研究プロジェクト報告書 104）pp.209-226. 千葉大学大学院社会文化科学研究科

中道真木男・土井真美（1995）「日本語教育における依頼の扱い」『日本語学』14(11), pp.84-93.

Nelson, G. L., Carson, J, Al Batal, M., & El Bakary, W. (2002). Cross-cultural pragmatics: strategy use in Egyptian Arabic and American English refusals. *Applied Linguistics*, 23(2), pp.163-189.

Neustupný, J. V. (1985). Problems in Australian-Japanese contact situations. In Pride, J. B. (Ed.), *Cross-cultural encounters: Communication and mis-communication* (pp.44–64). Melbourne: River Seine.

Neustupný, J. V. (1994). Problems of English contact discourse and language planning. In Kandiah, T. & Kwan-Terry, J. (Eds.), *English and language planning: A Southeast Asian contribution* (pp.50–69). Singapore: Times Academic Press.

ネウストプニー，J. V.（1981）「外国人の日本語の実態（1）外国人場面の研究と日本語教育」『日本語教育』45, pp.30–40.

ネウストプニー，J. V.（1994）「日本研究の方法論——データ収集の段階」『待兼山論叢 日本学篇』28, pp.1–24.

ネウストプニー，J. V.（1995）「日本語教育と言語管理」『阪大日本語研究』7, pp.67–82.

西村史子（2007）「断りに用いられる言い訳の日英対照分析」『世界の日本語教育』17, pp.93–112.

野木園子（2010）「日本人の断り表現とラポールマネジメントに関する一考察」『二松学舎大学論集』53, pp.97–109.

岡田安代・杉本和子（2001）「外国人の断り行動と日本人の評価」『愛知教育大学研究報告（教育科学編）』59, pp.153–160.

岡崎眸（1995）「日本語学習者における語用論上の転移再考」『東京外国語大学論集』50, pp.97–109.

王先哲（2010）「日本人母語場面の断り行動に対する予測の手がかり」『2010年度日本語教育学会春季大会予稿集』pp.109–114.

Rose, K. R. & Ono, R. (1995). Eliciting speech act data in Japanese: The effect of questionnaire type. *Language Learning*, 45(2), pp.191–223.

劉玉琴・小野由美子（1997）「中国人日本語学習者に見られるプラグマティック・トランスファー——「断り」発話行為を例に」『1997年度日本語教育学会春季大会予稿集』pp.51–56.

Sacks, H., Schegloff, E. A. & Jefferson, G. (1974). A simplest systematics for the organization of turn-taking for conversation. *Language*, 50(4), pp.696–735.

笹川洋子（2000）「ブルガリア語・ドイツ語・ポルトガル（ブラジル）語の依頼方略の比較——楽しく丁寧に誘う依頼・強制しないように配慮する依頼・丁寧に共感を得る依頼」『親和國文』35, pp.139–179. 神戸親和女子大国語國文学会

施信余（2006）「依頼に対する行動展開パターンに関する日台対照研究——女性友人同士の電話会話データの分析から」『国語学研究と資料』29, pp.43–54.

志村明彦（1995）「「断り」という発話行為における待遇表現として

の省略の頻度・機能・構造に関する中間言語語用論研究」『慶應義塾大学日吉紀要』15, pp.41-62.

鈴木睦（2003）「コミュニケーションから見た勧誘のしくみ――日本語教育の視点から」『社会言語科学』6(1), pp.112-121.

高木美嘉（2003）「依頼に対する「受諾」と「断り」の方法」『早稲田大学日本語教育研究』2, pp.137-149. 早稲田大学大学院日本語教育研究科

タブンティナー, ナッタモン・加藤好崇（2010）「タイ-日の日本語接触場面における「誘い-断り」の発話行為」『東海大学紀要』30, pp.29-41.

武田加奈子（2004）「接触場面における勧誘応答の分析――勧誘者が被勧誘者の応答を断りと判断する要素」村岡英裕（編）『接触場面の言語管理研究 vol.3』（千葉大学大学院社会文化科学研究科研究プロジェクト報告書 104）pp.35-54. 千葉大学大学院社会文化科学研究科

武田加奈子（2006）『接触場面における勧誘談話管理』博士学位論文 千葉大学

武田加奈子（2007a）「接触場面の観点による発話行為研究へ向けて」村岡英裕（編）『接触場面と言語管理の学際的研究――接触場面の言語管理研究 vol.5』（千葉大学大学院人文社会科学研究科研究プロジェクト報告書 154）pp.1-11. 千葉大学大学院人文社会科学研究科

武田加奈子（2007b）「発話行為談話の調査・分析方法――勧誘談話を例に」『接触場面と言語管理の学際的研究――接触場面の言語管理研究 vol.5』（千葉大学大学院人文社会科学研究科研究プロジェクト報告書 154）pp.13-35. 千葉大学大学院人文社会科学研究科

Thomas, J. (1983). Cross-cultural pragmatic failure. *Applied Linguistics*, 4(2), pp.91-112.

富田麻知子（2004）「第二言語話者と母語話者の会話の中に見る母語話者評価」小林ミナ（編）『日本人は何に注目して外国人の日本語運用を評価するか』（H12-15 年度科研報告書）pp.164-173.

筒井佐代（2002）「会話の構造分析と会話教育」『日本語・日本文化研究』12, pp.9-21. 大阪外国語大学日本語学科

Turnbull, W. (2001). An appraisal of pragmatic elicitation techniques for the social psychological study of talk: The case of request refusals. *Pragmatics*, 1, pp.31-61.

宇佐美まゆみ（1999）「談話の定量的分析――言語社会心理学的アプローチ」『日本語学』18(11), pp.40-56.

宇佐美まゆみ（2001）「談話のポライトネス――ポライトネスの談話理論構想」『談話のポライトネス』（第7回国立国語研究所国際シンポジウム第4専門部会報告書）pp.9–58.

ウィッタヤーパンヤーノン，スニサー（2006）「日本人とタイ人の「依頼」、「勧誘」行為について――対人関係を維持するストラテジーを中心に」『三田國文』43, pp.15–34. 慶應義塾大学国文学研究室

元智恩（1999）「日韓の「中途終了文」の丁寧さについて――断わる場面を中心として」『筑波応用言語学研究』6, pp.133–144.

元智恩（2003）「断わりとして用いられた「ノダ」――ポライトネスの観点から」『計量国語学』24(1), pp.1–18.

山口和代（1997）「留学生の発話行為と文化的要因に関する一考察――中国人および台湾人留学生を対象として」『異文化間教育』11, pp.125–140.

任炫樹（2003）「日韓両言語における断りのストラテジー――言語表現の違いとストラテジー・シフトを中心に」『ことば――女性による研究誌』24, pp.60–77. 現代日本語研究会

任炫樹（2004）「日韓断り談話におけるポジティブ・ポライトネス・ストラテジー」『社会言語科学』6(2), pp.27–43.

横山杉子（1993）「日本語における、「日本人の日本人に対する断り」と「日本人のアメリカ人に対する断り」の比較――社会言語学レベルでのフォリナートーク」『日本語教育』81, pp.141–151.

吉田好美（2010）「勧誘場面の断りに見られる言い訳と不可表現及び勧誘者の言語行動について――日本人女子学生とインドネシア人女子学生の比較」『言語文化と日本語教育』40, pp.11–20.

ザトラウスキー，ポリー（1993）『日本語の談話の構造分析――勧誘のストラテジーの考察』くろしお出版

第11章 韓国人超上級日本語話者[1]の言語管理
事前調整を中心として

キム キョンソン

1 はじめに

　成人になってから第二言語として日本語を学んでいる韓国人日本語学習者は、初期段階において他の言語の母語話者より日本語の習得が早いと言われる。
　しかし、どんなに習得が進んだとしても母語話者のようになることはまれである。このように日本語学習者のすべての問題が解決できないということは、日本語教育においても母語話者を目指す教育を目的にすることが適切とは言えなくなっていることを示唆している。村岡（2002）では、超上級日本語話者（準母語話者）になっていても日本語母語話者になることがまれな以上、超上級日本語話者の日本語能力は日本語教育において1つの到達目標とみなすべきだと主張している。従って、日本語学習者の到達目標である超上級日本語話者の言語管理を含む言語使用の実態について調べることは、今後の日本語教育のありかたを考える上で重要な手掛かりになると考えられる。
　従来の日本語教育において、超上級・上級話者に関する研究は、彼らの日本語が日本語母語話者のようにならない原因を探るものが多く、その内容も母語との関連性と結びつけて考えるものが多かった（奥野2003）。これらの研究では、超上級日本語話者の言語問題のうち、談話の表層に現れた誤用に注目してその原因を探るところに特徴があると言える。しかし超上級日本語話者は、母語話者との会話において、母語話者のように話せなくてもコミュニケーションが円滑にできることを母語話者に高く評価される場合が多い。これらの肯定的な評価の原因は、誤用

だけに注目すると見えてこない可能性が高いと考えられる。そのため、本研究では、超上級日本語話者の表層化された誤用だけではなく、誤用を生み出さないように表層化する前の段階でいかに自分の言語問題を克服するための管理を行っているかを中心として、彼らの接触場面の言語使用に見られる言語管理の特徴を明らかにしたい。

2 先行研究

2.1 接触場面

　接触場面とは、異なる文化背景を持つ参加者間のインターアクションの場面を意味している。特に、母語話者と非母語話者との接触は最も典型的な接触場面として考えられてきた（ファン1998）。ネウストプニー（1995）は、非母語話者が母語話者によって「準母語話者」として認められない限り、彼らの参加する場面は接触場面であるとしている。しかし、今日のように、定住外国人やバイリンガル、多言語話者、準母語話者などのような「母語話者」と「非母語話者」に分けられない人たちが増えている状況においては、上記のような「母語話者」、「非母語話者」のコミュニケーションの特徴だけでは、接触場面における参加者の多様なコミュニケーション問題を捉えることは難しい。

　また、超上級日本語話者になっても依然コミュニケーション問題が起こることを考えると、超上級日本語話者が参加する場面もやはり接触場面と言えるのではないだろうか。

　本研究ではこのような問題意識を基に、準母語話者とも言われている超上級日本語話者が参加する接触場面を分析・考察することを目的とする。言語習得の臨界期を過ぎてから学習を始めた成人学習者の接触場面を調べることによって、母語話者とは異なる超上級日本語話者（準母語話者）の特徴をより明らかにできると考える。同時に日本語の接触場面の多様性や言語管理の実態を明らかにしていくための1つの手掛かりになるだろう。

2.2 言語管理理論

　言語管理理論（Neustupný 1994）は、非母語話者を含む接触場面におい

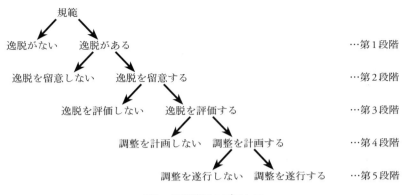

図1　言語管理のプロセス

て、単に生成的に実現される行動だけではなく、規範や期待からの逸脱から始まる管理的な諸過程が頻繁に行われていることに注目している。つまり、言語管理理論では言語問題が生じ解決するまでの過程を図1のような「管理プロセス」を基に捉えている。

接触場面の研究では、接触場面の参加者のインターアクションの過程を捉えるために、上記の管理プロセスを基にした分析が多くなされている。

村岡（2006）は、第二言語習得論の研究がいまだに言語プロダクトに焦点を当てていることを指摘し、言語管理理論における言語の接触プロセスの重要性を主張している。つまり、言語とは発話された言語プロダクトだけではなく、発話者の言語規範であり、評価であり、調整の計画であり、会話相手との相互作用でもあると説明している。高（2006）では、言語過程の生成プロセスと管理プロセスに焦点を当て、接触場面における非母語話者の「文法能力」の問題を言語表現の生成プロセスにおける規範の関わりから分析することで、逸脱の詳細を明らかにしようとしている。

超上級日本語話者のコミュニケーションの特徴と言えば、逸脱が接触場面の表面上にはあまり現れないことが挙げられる。表層化されていない逸脱を捉えるためには、超上級日本語話者の言語管理に関して、産出されたプロダクトだけではなく、インターアクションが産出されるまでの過程をも分析することが重要であるだろう。

3 調査概要

3.1 調査協力者

本研究では、日本語母語話者（以下Jとする）9名と韓国語母語話者（以下Kとする）9名による合計9組の接触場面を調査している。超上級話者としてのKの選定においては以下の3つの基準を参考にしている。

1) 旧日本語能力試験一級資格の所持
2) 5年以上の滞在歴
3) 日本語学習も自然習得ではなく日本の教育機関での学習経験がある人

Jに関しては特に制限を設けなかったが、すべてのJが接触経験を持っていた。韓国人超上級日本語話者の言語管理を見るためには参加者同士の関係も重要な要因として作用するため、Jとの関係は初対面かそれに等しい関係に限定した。それはKの場合、相手であるJが親しい間柄か初対面かによって言語管理の面で差が生じると考えられるからである。

それぞれの調査協力者のプロフィールは以下の通りである。

表1　韓国人超上級日本語話者のプロフィール

調査協力者	職業	年齢	性別	滞在歴	日本語学習歴	日本人との接触
K1	大学院生	38	男	6年目	日本語学校／日本の専門学校／日本の大学	大学／アルバイト先
K2	会社員	33	女	13年目	日本語学校	会社／義父が日本人
K3	会社員	36	女	13年目	日本語学校	会社
K4	大学生　主婦	32	女	9年目	日本語学校／日本の専門学校／日本の大学	大学／アルバイト先／日本人配偶者
K5	大学生	30	女	7年	日本語学校／日本の大学	大学／ボランティア
K6	大学生	27	女	6年	韓国の高校／日本語学校／日本の大学	大学／アルバイト先
K7	大学生	32	女	5年	日本語学校／日本の大学	大学／アルバイト先
K8	大学院生	32	男	6年	日本語学校／日本の大学	大学／サークル
K9	大学生	25	女	5年	日本語学校／日本の大学	大学／アルバイト先

表2 日本語母語話者のプロフィール

調査協力者	性別	年齢	職業	調査協力者	性別	年齢	職業
J1	女	23	大学生	J6	男	31	大学院生
J2	男	26	会社員	J7	女	23	大学院生
J3	男	35	会社員	J8	女	22	大学生
J4	男	34	会社員	J9	女	21	大学生
J5	女	30	会社員				

3.2 調査方法

　本研究では韓国人超上級日本語話者の言語使用と言語管理を明らかにするため、対面による会話資料を収集した。円滑に会話を進めてもらう目的で、予め用意した会話の話題を提供した。提供した話題は「日本に来た動機」「将来の夢」「日本と韓国の差」など身近な話題と時事に関するものである。会話は10分程度で、周辺の影響を受けない静かな場所で行われた。すべての会話は録音・録画され、すべて文字化された。さらに文字化された資料をもとに個別にフォローアップ・インタビュー（以下FUIとする）を行った。

3.3 分析の枠組み

　本研究では上述した言語管理モデルを使用し、日本語母語話者と韓国人超上級日本語話者の接触場面における言語管理を分析、考察する。
　言語管理モデルでの管理プロセスは逸脱がコミュニケーション上に現れること、あるいははっきり現れなくても、何らかの形で示されることを前提としており、逸脱が起きてからの調整までのプロセスに注目している。そのため、インターアクションが表面化する前に行われた管理については、図1の管理プロセスだけで捉えるには限界がある。特に、超上級日本語話者の場合、表層に現れる逸脱が少ないため、表層化されたところを見るだけでは、彼らの言語管理は見えてこないこともある。しかし、逸脱が少ないからといって言語管理が行われていないということには、必ずしもならないように思われる。ネウストプニー（1995）では、接触場面で非母語話者がコミュニケーションにおいて起こる言語問題を予測し、それを避けるために事前調整を行うことが指摘されている。事

前調整が行われるということは図2のように事前調整に至る段階においても一定の言語管理プロセスが働いている可能性を示唆しており、本章ではこのような管理を「生成」における事前管理[2]と呼ぶことにする。これらの管理を含めて、以下のように超上級日本語話者の言語管理プロセスを想定した。

　超上級日本語話者の言語プロセスとしてまず考えられるのは、インターアクションが生成される前にも言語管理があるということである。つまり、超上級日本語話者は、ある一定の規範（「日本語規範」「母語規範」「独自規範」）に基づき、あるインターアクションの生成を計画する。しかし、そのインターアクションの生成計画において何らかの問題になることが留意される（または予測される（事前留意）[3]）。そして、その予想される逸脱に何らかの評価が加えられ、最終的には表層化において逸脱が起きることを避けるための事前調整が行われる。その事前調整されたものがプロダクトとして生成され、この段階で逸脱があった場合はさらに以後の言語管理に繋がっていく。

　一方、事前調整は、最初に考えていたインターアクションを一部調整

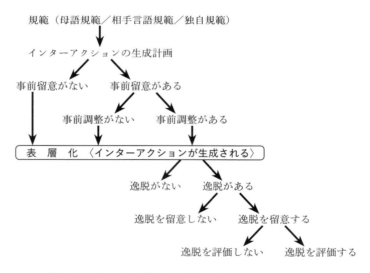

図2　超上級日本語話者の言語管理プロセス（事前管理を含む）

する形で現れた場合もあれば、回避という形を取る場合もある。また、非母語話者が接触場面の相手の言語規範をまったく習得していない場合や、不完全な習得により中間言語的な状態である場合は、逸脱を予想できず、超上級日本語話者自身の独自の規範に基づき、インターアクションを生成している場合もあり、その生成過程において何らかの事前調整が行われると考えられる。本研究では、超上級日本語話者が表層化にともなう逸脱を予想して行う調整だけではなく、インターアクションを生成する過程において規範を選択したりストラテジーを選択する行動も事前調整として捉えることとする。しかし、事前調整の場合、これらはすべて思考の中で起こることであるため、それをプロセスとして捉えたり、記述したりすることは非常に難しい。そのためこれまでの研究においては、主に表層化に一番近い事前調整だけが注目され、事前調整の前の他の要素やプロセスについてはあまり取り上げられていない。本章では、談話の表層化に見られる何らかの調整の現れや、KとJのFUIでの報告を基に、事前調整が行われるまでのプロセスを分析する。また、Kの事前調整がどのような効果をもたらしていたかを明らかにするために、日本人参加者Jの管理についても分析する。

3.4 Kにおける事前調整の概要

まずKが調整をどの時点で行ったかという観点から、その回数を分析した結果を表3に示す。

表3　Kの調整回数

	事前調整		事中調整		事後調整		調整の合計	
	件	％	件	％	件	％	件	％
K1	10	58.8%	6	35.3%	1	5.9%	17	100.0%
K2	8	61.5%	5	38.5%	0	0.0%	13	100.0%
K3	9	75.0%	2	16.7%	1	8.3%	12	100.0%
K4	8	47.1%	7	41.2%	2	11.8%	17	100.0%
K5	6	85.7%	1	14.3%	0	0.0%	7	100.0%
K6	14	77.8%	3	16.7%	1	5.6%	18	100.0%
K7	5	41.7%	7	58.3%	0	0.0%	12	100.0%
K8	16	69.6%	7	30.4%	0	0.0%	23	100.0%
K9	2	25.0%	5	62.5%	1	12.5%	8	100.0%
合計	78	61.4%	43	33.9%	6	4.7%	127	100.0%

今回Kによる調整は全部で127件あった。その内、調査協力者別に差はあるが、事前調整が最も多く78件であった。さらに事前調整78件について、使用された調整ストラテジーをまとめたのが以下の表4である。

表4　事前調整の調整ストラテジー

内容	回数（件）	％
同調的な応答	20	25.6%
時間稼ぎ	17	21.8%
上昇イントネーション	12	15.4%
推測	9	11.5%
あいづち	5	6.4%
文末表現	4	5.1%
その他	11	14.1%
合計	78	100.0%

　事前調整のために使用された調整ストラテジーは、「その他」を除いて、6つに分類された。一番多く行われた事前調整は意見の不一致に関する「同調的な応答」で、全体の25.6％を占めていることが分かる。次が「時間稼ぎ」、「上昇イントネーション」でこの3つの項目が全体の半分以上の割合を占めている。

　以下では個々の項目がどのような規範から来たのか、どのような部分に留意し、どのような調整が行われたのかを見ていく。

4　Kの事前調整

4.1　規範の選択やストラテジーの選択を行うための事前調整

　ここでの事前調整は母語話者にも見られるものであるが、母語話者はその過程がほとんど自動的であるのに対し、Kにはこの段階でもまだ何らかの調整を行うなど、事前管理が見られる。またその生成過程においては母語規範でもなく、相手言語規範でもない、独自の規範に基づく生成を行うことも多い。

4.1.1　「同調的な応答」ストラテジーの使用

　「同調的な応答」とは、相手の発話に対して、食い違う思考を抱いている時の反応である。この意見の不一致に関する同調的な応答はすべてのKによって事前調整として行われており、表層化の段階では逸脱がなかったためJの留意は見られない。

例1　日本語学習経歴
35　J4　そういう感じ＊＊こっちで日本語専門学校いったりしたんですか↑
36　K4　うんと、普通に日本語学校だったんですよ
37　J4　そう＃と＃＃その時、向こうではちょっと日本語勉強しながら
38　K4　勉強、しましたね＃え

　例1は日本語学習の経歴についてK4が説明する場面である。発話35番で、J4はK4が最初日本に来た時、日本語専門学校へ通っていたのかを質問している。ここでK4は、日本語学校と日本語専門学校は取得ビザが違うのでJ4の質問に対して否定したかったと報告している。しかし、K4はここで、意見の不一致に対して同調的な応答を用いている。なぜK4はこのような応答をしていたのだろうか。K4はFUIで「日本人との会話では、相手の話に強く否定をすると相手はびっくりするのでできるだけ否定する表現は避けようとしている」と説明しており、同調的な応答の多くは、Kの相手言語規範に基づく事前調整であった可能性が考えられる。

例2　日本に来た経緯
54　J3　1年半↑えー＃で、その、えーと、日本語学校卒業した後は
55　K3　後は、そうですね＜
56　J3　＜ここに就職ですか↑
57　K3　え、あの＃日本語学校が終って
58　J3　え
59　K3　韓国に帰って

　例2は日本に来た経緯をK3が説明する場面である。J3は発話56番で

「日本語学校を卒業してから今の会社に就職したのか」という質問をしている。その質問に対し、K3は発話57番のように答えている。K3はFUIで「強い否定はしなくなった。そういった態度がだんだん身についている」と報告している。そして、強い否定は日本語規範ではないと述べている。このFUIで、K3が意見の不一致に関する応答として非同調的な応答をしなかったのは相手言語規範を意識し、その規範から逸脱しないために調整を行っていたことが分かる。その結果、表層化では発話57番のような発話が現れている。

実際、今回調査協力者となったK（全員）に、もし同じような状況が母語場面（韓国語の場面）で起きた場合はどうなるのかという質問をしてみたが、ほとんどの調査対象者が直接否定すると答えていた。また、K3が同調的な応答を用いているのに対し、Jはそれほど意識していなかったという報告が多かった。つまり、Jには日本語規範であるとそれほど考えられていないものが、韓国人調査対象者には相手言語規範として強く認識されていたと考えられる。

このように意見の不一致に対してK3の本来の意図とは違う発話が見られている。ただし、表層化した後の段階ではK3が言語管理を行っている様子は見られない。

4.1.2 「時間稼ぎ」ストラテジーの使用

本研究の事前調整の中で2番目に多かった調整ストラテジーは時間稼ぎのために行ったものである。「時間稼ぎ」とは予想しなかった質問を受けた時に、自分の考えをまとめるために行った調整の一種である。

例3　日本での大変な経験

205　J4　うん＃＃日本＃今多分、大学生活が大変だと感じる、感じてると思うんですけど、日本来て大変だったこととか＃今まで一番大変だったこととかは、なんか、ありますか↑

206　K4　寂しさ↑

207　J4　寂しい、ホームシック↑

208　K4　＃あの＃あの、10年前は、の、例をあげると＃行ってきますみたいな

例3は日本での大変な経験をK4が話す場面である。それまでにJ4は卒業論文について話をしていたが、発話205番で急に話題を変え、日本での大変な経験について質問している。K4はJ4が急な話題転換をしたため、すぐに答えられず、発話208番のようにフィラーを用いて時間稼ぎをしていた。ここでK4は時間稼ぎをしていることがあまり目立たないように「＃あの＃あの」のようなフィラーを使い事前調整をしている。実際K4はFUIで「急な質問で考える時間が必要だった。「＃あの＃あの」は時間稼ぎとして使った」と報告している。

　時間稼ぎには、どのような規範によるものかが不明瞭なものが多い。本研究の調査ではK1のみ時間稼ぎという事前調整を行った際の規範について述べていた。以下はその事例である。

例4　日本での大変な経験
1　J1　留学生活での大変な経験↑
2　K1　大変な経験＜
3　J1　＜でもさ、留学してるって感じないんじゃない↑
4　K1　<u>＃そうだね、まー生活＃＃＃</u>、うん、だ、もう、日本語＃ベイス（J1を見ないでテーブルをみる）だし
5　J1　うん
6　K1　<u>だし、＃うん、なんでだろうな、＃＃　　テレビも普通に見てるし、＃＃なんだろう、その、あんまり違和感とか、感じてないから</u>

　例4は留学生活で大変な経験があるかという質問に対してK1が答える場面である。発話4番と発話6番にはK1のポーズが多く見られ、長いものは3秒以上のものもあった。K1はFUIで「フィラーを入れることが好きではない。それは同じ外国人の会話を聞いてすごく気になったから、例えば韓国人がよく使う「なんか」などは本当に使わないといけない場面だけに限定して使おうとしている」とし、フィラーとしての「なんか」の使用に否定的な評価を持っていた。つまり、ここでは「なんか」を使ってはいけないというK1の独自規範が働いたと思われる。フィラーに関する独自規範により、フィラーの使用が事前留意され、「なんかは使わない」とする事前調整に繋がり、それが表層化の段階ではポーズと

第11章　韓国人超上級日本語話者の言語管理

いう形で現れたと考えられる。
　このように表層化の段階に現れたポーズを従来の言語管理プロセスから考えると、Jの留意がないため、逸脱にはならないし、調査対象者側に留意があったとしても表層化されないため、その言語管理プロセスもなかなか説明できない。

4.1.3　「上昇イントネーション」ストラテジーの使用

　本研究での上昇イントネーションは事前調整として12件あった。調査対象者が使用した上昇イントネーションは彼らの様々な規範に基づくものであり、時にはJにその意図が伝わない場合もある。

例5　韓国と日本の差
175　J3　けっこう、似てます↑
176　K3　似てますね
177　J3　似てます
178　K3　似て、るけど、ちょっと、違うなって思うときは＜＜けっこう
179　J3　＜＜ですよね
180　K3　あります、あん、ちょっと、ただ、あの、文化というか、この#家作り↑

　例5は、韓国と日本の差についてK3が説明する場面である。K3は韓国と日本は様々な面で似ている部分が多いが、韓国の方が冬が寒いため家作りが日本と異なっていることを説明している。発話180番に「#家作り↑」と上昇イントネーションが出てくるが、この上昇イントネーションは調整リクエストマーカー[4]ではない。K3はここで上昇イントネーションを用いた理由について「これからこういう話をしますよということを相手に知らせる」意味として用いたと報告している。つまり、K3は上昇イントネーションを調整リクエストマーカーの代わりに話題転換を知らせるための調整ストラテジーとして使用するという独自の規範を持っており、K3は話題が変わることを知らせるために、上昇イントネーションというストラテジーを選択し、事前調整を行ったと考えられる。その結果として談話の表層では「#家作り↑」という発話の形が現れたわけである。

第4部　接触場面とプロセス

例6　人口問題
14　J8　都市に人口が集中してることを聞いたんですけど
15　K8　そうですね＃うん＃確かにそうなんですよ、確かに、韓国では首都圏↑ソウル当たりの地域では非常に人口が、多くて、あ、韓国の、いわゆる<u>4分の1から3分の1</u>↑その間、その、その間の人がそこに住んでるという
16　J8　多いですね

　例6は韓国の人口の4分の1から3分の1が首都圏に住んでいるとK8が説明する場面である。K8の報告によるとここでの上昇イントネーションは「強調の意味」で用いられている。つまり、K8は上昇イントネーションが「強調の意味を持っている」という規範を持っていて、特に強調したいと思った部分に事前調整が働いた結果、「4分の1から3分の1↑」のように上昇イントネーションが現れたと考えられる。J8にはその意図は伝わっていないが、逸脱とも認識されていないため留意も見当たらない。
　このように、超上級日本語話者の事前管理プロセスは、談話の表層においてはまったく見えてこない。彼らの管理プロセスを見るためには、やはり表層化以前の段階でどのような管理があったのかを見ることが重要であるということが、ここでも裏付けられている。

4.2　発話開始前に問題(不適切さ)を予測し、それを防ぐために行った事前調整

　ここでは、表層化の段階で逸脱が現れることを予期し、調整を行ったものを取り上げる。語彙の選択や未習得の語彙などの例が多い。未習得の語彙での事前調整は他の学習者にも見られる特徴であるが、超上級日本語話者の方がより速やかに事前調整を行っている。以下はその事例である。

例7　翻訳の仕事
120　K4　＜ですよね＃だから、最初がすごい大変ですよね
121　J4　うん
122　K4　紹介され、るとか、雇われるとか、が＃＃ドア開けるのが、大変だっ、最初ドア開けるのが

123　J4　あ、はいはいはい
124　K4　うん
125　J4　##それでしょ、コネというか#関りを持つのが大変でしょ
126　K4　ずっとやってる人、うん、だけ、仕事続けられるみたいな
127　J4　うん

　　例7は翻訳の仕事についてK4が説明する場面である。発話122番でK4は翻訳の仕事は、紹介がなくては雇われるのは難しいと説明している。その後、開拓者として仕事を始めるという意味で「最初ドアを開けるのは大変だ」という説明も付け加えている。その内容を聞いたJ4が発話125番のようにK4の今までの話を整理する意味で「翻訳の仕事のコネを持つのが大変って意味でしょう」と話している。この時、K4は、FUIで「コネの意味は分からなかったけれど、話の流れで推測できた」と報告している。そのため、会話126番のようにJ4に言葉の意味を質問することなく会話を続けられている。このようにKの場合、未習得の語彙が出現した時、調整リクエストマーカーを出さずに、「未習得の表現を推測する」というストラテジーを働かせ、理解への調整を行っている。

例8　日本人の性格
83　K2　もの1つ1つとかでも細かい、で私はその細かさけっこう好きなんですけれども、最近ちょっと、私もそっちに慣れてきちゃったのか、て、たまたま韓国に行くときとか、海外に出る時には、この細かい性格が最近、ストレスになっちゃうんだな、と思うんですよ
84　J2　あ、なるほどなるほど、気にし過ぎちゃうのかな↑
85　K2　過ぎちゃって、えと、他の人は私のこと、どうやってみてるんだろうとか、あ、これをしちゃったら失礼かなとか、その、気をし過ぎちゃって
86　J2　あ、気をつかちゃってちょっとく

　　例8は、日本人は他人のことを常に気にしているとK2が説明している場面である。K2はFUIで「間違いだと思わなかった。あまり使わない表現なので…」と話しており、「気にし過ぎちゃう」という表現が未習得の表現にもかかわらず、J2の会話から表現の意味を推測して発話85番の

第4部　接触場面とプロセス

254

ように自ら同じ表現を使用している。ここでの言語管理プロセスを見てみると、発話84番のJ2の「気にし過ぎちゃう」という表現が未習得の表現であったが、K2はJ2に調整リクエストを出すより自分で相手の発話の意味を推測し、自分の理解が正しかったかを確認するために事前調整を行った。そのため、K2は表層化では「過ぎちゃって」「気をし過ぎちゃって」とJ2の発話を繰り返す調整が現れている。未習得の語彙を相手に質問することなく意味を推測し、自ら相手が話した発話を使用することで未習得の語彙による問題を解決しようとする事前調整は、他のレベルの学習者にはあまり見られない超上級日本語話者の特徴であると考えられる。

例9　小泉総理について

248　K1　それが教材だった、こういうふうに、こういうふうにやりまーすって、当時小泉ってちょっとね、こういう男だなと思ったんだけど
249　J1　ちょっと政治家ぽくない、ところもあるかなと思ったけどね
250　K1　それ以来はもう、彼の顔見るだけでも、もう
251　J1　うん
252　K1　あの、<u>のらりくらり</u>とね

　例9では、K1が小泉総理に関して否定的に評価している場面である。この事例では小泉総理が当選当初は誠実に見えたが、今は好きではないと話していた。K1はFUIで「昔、慣用句の勉強をしたことがあって、今もできるだけ使おうと心掛けている」と報告しており、独自規範となっていた。この会話の部分では適切な慣用句が使えそうなので「のらりくらり」を使用しようとする語彙に関する事前管理がうかがえる。
　このように語彙に関しては未習得の事前留意があり調整したものもあれば、日本語能力を上達させるため、あるいは自分の言語学習を実際の言語使用の場で確認するための事前留意と調整が観察された。

5 ｜ Kの事前調整に対するJの言語管理

　本研究は3.3でも触れたように言語管理プロセスを韓国人超上級日本

語話者と日本人母語話者の両者の視点から捉えることを試みる。ここでは、Kへの他者管理を含めてJの自己管理も視野に入れて検討する。分析においてはKの事前調整について、Jが留意し調整した場合と、Jが留意したが調整しなかった場合に分けて分析を行う。

5.1 Kの事前調整に対してJが留意して調整した場合

例10は、昔住んでいたところではインターネットを使っていたが今は更新していないため使えないとK1が話している場面である。

例10 インターネットの話

24 K1 うん、で、今まではね、津田沼に住んでた時は、部屋ネットが、インターネットが繋がってて、
25 J1 え↑今は↑
26 K1 今は繋がってない、一応引っ越すと、そっちを解約して
27 J1 うん
28 K1 <u>また、うん、と、なんていうの↑</u>
29 J1 <u>そうだね、契約し直さないといけないよね</u>
30 K1 ＊＊そうだね、金もないし、そんなにね、使ってもみても、うん、そんなにね、ネットとか使ってないから、ニュースとかね、

発話26番と28番でK1は一回引っ越すとインターネットを解約してもう一度契約し直さないといけないという話をしようとしている。しかし「契約し直す」という言葉が思い出せなくて「なんていうの↑」という他者調整リクエストマーカーを出している。これに対し、J1は発話29番のようにすぐに調整を行っている。J1はFUIで「彼が言葉をさがしているような感じがした。その時、もし契約するとかいう単語だったら絶対出てくると思った。ここでは日本語がわからないというよりは適切な言い方が思い浮かばなかったかなと思った」と調整を行った理由について説明していた。

このようなJが留意し調整する事例は非常に少なく3件のみ見られた。また、例10において、J1はK1の言語能力を高く評価しており、K1が調整リクエストマーカーを出し、ポーズが長く続いても、言語能力に問題

があると思っていない。超上級日本語話者に対する日本人母語話者の言語管理の1つの特徴であると考えられる。

5.2 Kの事前調整に対してJが留意しても調整しない場合

例11におけるK1の慣用句の使用について、J1はFUIで「あまりにも上手でびっくりした。こういう表現を知っていることで会話がより円滑に進むと思う」と報告していた。

例11　小泉総理について（再掲）
248　K1　それが教材だった、こういうふうに、こういうふうにやりまーすって、当時小泉ってちょっとね、こういう男だなと思ったんだけど
249　J1　ちょっと政治家ぽくない、ところもあるかなと思ったけどね
250　K1　それ以来はもう、彼の顔見るだけでも、もう
251　J1　うん
252　K1　あの、<u>のらりくらり</u>とね

このようにKの言語能力に関して留意があり肯定的な評価があったものはその後Jによる調整には進まない。

例12　日本語を始めたきっかけ
57　J6　あー
58　K6　その、イントネーションにすごい、なんか引かれたっていうか
59　J6　あー＜＜日本語のイントネーションにですか↑
60　K6　＜＜それを
61　K6　あ、はい、なんか真似してい、ってたんですけど
62　J6　あー
63　K6　<u>うん、そしたら#なんていうんですか↑</u>すごくなんか、自分が勝手になんか、似てきてるなと（笑）思い始めて
64　J6　はい

例12は、K6が日本語のイントネーションが好きで日本語を始めたと話している場面である。発話59番でJ6は日本語のイントネーションが

好きだという発話に留意して確認を行っている。それについてK6は詳しい説明をしようとするが、なかなか整理ができないことに留意し時間稼ぎとして「うん、そしたら#なんていうんですか↑」と事前調整を行っている。J6はFUIで「K6が「なんていうんですか↑」を言った時、すごいうまいと思った」と報告していた。これも例11と同様にJの肯定的な評価のため調整が行われなかった事例である。

　本研究でKの事前調整に対してJの留意があっても調整がない場合は12件見られた。これはJの留意があり調整があった事例に比べて多いと言える。このようなJの留意があり調整がない場合は、表層化された部分だけ見ると問題点は見られない。また、Jの留意があり調整があった場合が少なかったことまで考慮すると、表層化で見られる超上級日本語話者の言語問題はそれほど見当たらないことになる。

　しかし、このように留意があり調整がない場合は明らかに存在している。なかには例11や例12のように肯定的な評価で調整に到らなかったものもあったが、否定的な評価をしたにもかかわらず調整を行わなかった例も多く見られ、依然として超上級日本語話者に言語問題が残っていることを示唆している。

6 まとめ

　本章では韓国人超上級日本語話者の言語管理の特徴を明らかにするために事前調整を中心に分析し、表層化の段階で逸脱が起きないように事前調整を多く行っていることが分かった。この事前調整は従来の言語管理プロセスでは説明できない部分であったが、独自に修正した管理プロセスモデルを使い、韓国人超上級日本語話者の事前調整を考察した。

　また、韓国人超上級日本語話者の事前調整に対する日本人母語話者の言語管理を分析し、韓国人超上級日本語話者が行った事前調整に対する留意が少ないことが分かった。さらに韓国人超上級日本語話者に言語問題があってポーズが長かったり調整リクエストマーカーが出されたりしても、それが言語問題のためであるとは気づかない場合が少なくなかった。

　最後に本研究の限界と課題について述べておきたい。本研究で取り上

げた超上級日本語話者に見られた言語管理は、母語場面でも現れると考えられるものが少なくなかった。今後は他のレベルの学習者との比較、日本人母語話者同士の会話の比較も必要であると考える。また、本研究はあくまでも韓国人の例を対象にしたもので、これらが超上級日本語話者の特徴として一般化できるとは言えないであろう。また、研究の範囲も事前調整に限られており、超上級日本語話者の言語管理の全体像が見えにくい。ただ、本研究で観察された事前管理の現象は超上級日本語話者の言語使用や言語問題、また言語管理の特徴を考える上で示唆を与えるものと思われる。

文字化規則

ー	長音
↑	上昇音調
↓	下降音調
、	短いポーズ
#	発話内の時間間隔（#）1秒とする
<<	同時発話
<	間がない話題交代
＊	聞き取れない発話
(笑)	笑い
XX	固有名詞（地名・人名）

注　[1]　「超上級日本語話者」とは、ACTFLのOPIテスト（牧野2001）における超上級日本語話者の条件を満たし、さらに本章3.1の選定基準を満たす者と定義する。OPIテストでは超上級日本語話者を具体的、抽象的な話題について話すことができ、詳述・仮説・裏付けある意見が言える者としている。
　　[2]　本章における事前管理とは、従来の言語管理プロセスの前の段階にも言語管理プロセスが存在するという仮説を基にできたものである。
　　[3]　ここでの「事前留意」とは従来の管理プロセスでの「逸脱からの留意」とは違い、表層化の前の段階で現れる留意を指し示す。
　　[4]　調整リクエストマーカーは宮崎（1999）を参考にしている。調整リ

クエストマーカーとは相手の発話者に直接説明を要求するという意味を表す。

参考文献

ファン，サウクエン（1998）「接触場面と言語管理」『特別研究日本語総合シラバスの構築と教材開発指針の作成　会議要録』pp.1–16.

高民定（2006）「文法能力の規範についての一考察——接触場面の受身の生成を中心に」村岡英裕（編）『多文化共生社会における言語管理——接触場面の言語管理研究 vol.4』（千葉大学大学院社会文化科学研究科研究プロジェクト報告書 129）pp.91–102.　千葉大学大学院社会文化科学研究科

牧野成一他（2001）『ACTFL-OPI 入門——日本語学習者の「話す力」を客観的に測る』アルク

宮崎里司（1999）「第二言語習得とコミュニケーション調整モデル」森田良行教授古稀記念論文集刊行会（編）『日本語研究と日本語教育』pp.368–380.　明治書院

村岡英裕（2002）「在日外国人の異文化インターアクションにおける調整行動とその規範に関する事例研究」村岡英裕（編）『接触場面における言語管理プロセスについて——接触場面の言語管理研究 vol.2』（千葉大学大学院社会文化科学研究科研究プロジェクト報告書 38）pp.1–12.　千葉大学大学院社会文化科学研究科

村岡英裕（2006）「接触場面における問題の類型」村岡英裕（編）『多文化共生社会における言語管理——接触場面の言語管理研究 vol.4』（千葉大学大学院社会文化科学研究科研究プロジェクト報告書 129）pp.103–116.　千葉大学大学院社会文化科学研究科

Neustupný, J. V. (1994). Problems of English contact discourse and language planning. In Kandiah, T. & Kwan-Terry, J. (Eds.), *English and language planning: A Southeast Asian contribution* (pp.50–69). Singapore: Times Academic Press.

ネウストプニー，J. V.（1995）「日本語教育と言語管理」『阪大日本語研究』7, pp.67–82.

奥野由紀子（2003）「上級日本語学習者における言語転移の可能性」『日本語教育』116, pp.79–88.

第5部 | 接触場面の変容

アメリカまでの航空運賃が数十万円し、ビザ取得に1カ月かかり、1ドルが260円だった時代を想像できるだろうか。もちろん、インターネットも携帯電話も未来世界の話だ。常時利用できる衛星放送もないし、SkypeもYouTubeもない。これはほんの30数年前のことであり、ちょうどネウストプニーが『外国人とのコミュニケーション』（岩波新書、1982年）を出版した頃になる。その頃から人々の移動は加速度的に増えてきた。現在では外国に住みながら自国のニュースを見聞きし、故郷の家族や知人とやりとりをすることも難しくない。接触場面に対する人々の意識や行動も変わっていくことは明らかなように思われる。

　第5部では「接触場面の変容」というタイトルをつけたが、正確には「接触場面に対する人々の言語行動や言語管理の変容」を意味している。ここに掲載した4論文は、こうした変容を扱おうとした新たな試みである。

　石田論文は多言語社会マレーシアの言語選択の多層的な要因をマクロな言語政策から個人に内在化された管理まで取り上げることで、現実の多言語使用者が行う言語選択を明らかにしようとしている。舛見蘇論文では、日常的に接触場面を経験しているオーストラリア在住の日本人を調査し、そこで留意される接触性の度合いとその要因を探っている。高論文では日本在住の韓国人の事例から通時的な言語管理の変化を明らかにするとともに、接触場面に対する彼らの現在地点を浮き彫りにしている。また、村岡論文では、多言語使用者の会話に見られる逸脱の一部が、接触場面の経験の中で形成されてきた言語管理から理解できることを示している。

　いずれも、その時その場のインターアクションにおける管理の記述を越えて、接触場面の日常性、通時性、接触性に注目した論文であり、そこに人々の「変容」の課題があることを示唆している。　　　　（村岡）

第12章 多言語使用者の言語管理を考える
多言語社会であるマレーシアでの言語選択の例から

石田由美子

1 はじめに

　接触場面の研究では、「母語話者」と「非母語話者」が参加する場面が研究対象とされてきたが、異文化接触が広がるにつれバイリンガルや定住外国人、多言語使用者など「母語話者」「非母語話者」と明確に分けられない人々が接触場面の参加者となり、従来の接触場面の枠組みを超えた新たな接触場面に注目する必要が生じている。言語選択[1]についてもそのような新たな接触場面を考える際に考慮すべき点の1つと言えよう。

　従来の接触場面研究における言語は、予め「母語話者」の「母語」が接触場面の使用言語として選択（設定）された状態を出発点とすることが多く、たとえ多言語使用者が参加者であってもどの言語でインターアクションを行うのかについて、すなわち言語選択および選択に伴う言語管理については、あまり研究されてこなかった。しかし事前の設定がない状態で複数の言語を使用する多言語使用者がインターアクションを行う場合、談話の開始にあたってどの言語を使用するかという問題が生じ、言語管理がなされる可能性があることは当然予測できると言える。

　本章では、多言語使用者が接触場面において言語選択を行う際には、従来の接触場面の管理とともに個人言語管理（石田 2006）が働いているとの前提のもと、多言語使用者が接触場面で言語を選択する際にどのような規範を持ち、どのような管理を行っているかに関して行ったインタビュー・データを分析し、新たな接触場面を考える上での1つの試みとしたい。

2 接触場面と個人言語管理

　接触場面における言語選択に注目した場合、接触場面の参加者がそれまでに行ってきた言語管理にも注目する必要があろう。なぜならば接触場面における言語選択とは、参加者がそれまでに行ってきた言語管理とその結果、すなわち多くの言語の中から何らかの理由もしくは基準をもって選択し習得した言語からの選択を意味するからである。そのような個人の管理を石田（2006）では、個人言語管理としている。個人言語管理とは、言語の役割や重要度に対する個人の認識（席次管理）や、どの言語を習得もしくは習得の対象とするか（習得管理）など、言語意識から具体的な行動を伴うものに至るまで、言語に関して個人が行う管理の総称である。もちろん個人言語管理は参加者の言語意識や習得言語に表れるだけでなく、接触場面においても見られるものである。
　第2節では接触場面と個人言語管理のそれぞれの観点から、多言語使用者の言語選択に関わる管理について述べる。なお、言語選択に関わる管理は単言語使用者も行っているが、言語選択の過程をより明確にするために本章ではマレーシアの多言語使用者のインタビュー・データを使用した。データの概要は後述する。

2.1 接触場面における言語選択

　本章における接触場面の意味はFan（1994）、ファン（2006）で挙げられた接触場面における参加者の条件を参考にした。特にファン（2006）では接触場面にいる参加者を異なる「言葉の共同体」の成員として定義し、同一の言葉の共同体のメンバーであることの条件としては以下の3つをすべて満たした場合であるとしている。

（1）言語コードの共有
（2）コミュニケーション規範の共有
（3）社会文化規範の共有

　本章で使用したデータでは多言語社会であるマレーシア国内での多言

語使用者の個別のコミュニケーション場面を前提としている。マレーシアという国レベルでの社会文化規範の共有は考えられるが、言語コードとコミュニケーション規範については、受けた教育や居住する地区によって差異が大きく、同じ民族さらに言えば同じ家庭内であっても言語背景や習得言語はさまざまであるため、共有されているかどうかの判断はつきにくい。そこで本章では、多言語社会においては基本的にすべてを接触場面ととらえ、接触性の程度に強弱があるという立場をとる。

次に接触場面のタイポロジーであるが、使用言語が参加者にとってどのような位置づけであるかに注目し、ファン（2006）でまとめられた、接触場面で実際に使われる言語と参加者の使用言語との関係による以下の3つの分類を使用する。

（1）相手言語接触場面（参加者のどちらかが相手の言語を用いてインターアクションを取る場面）
（2）第三者言語接触場面（参加者の双方が自分の言語ではなく第三者の言語でインターアクションを取る場面）
（3）共通言語接触場面（接触場面でありながら参加者はそれぞれ自分の言語でインターアクションを取る場面）

多言語使用者の接触場面における言語選択やコード・スイッチングについての言語管理の研究は、多言語使用者による会話内での立ち位置を示すfootingに注目した村岡（2008）、日本に住む中国朝鮮族のコード・スイッチングと参加した場面の関係について注目した高・村岡（2009）などがあるが、本章では、特に参加者の言語選択時の規範に注目したい。高（2007）では日本での接触場面に参加している非母語話者を多言語使用者として捉え、英語以外の言語を第1言語とする多言語使用者にどのような多言語使用のタイプが見られるかについて以下の4つのタイプを挙げている。

（1）コミュニケーション機能重視：参加する場面やコミュニケーション機能を重視
（2）接触場面の言語規範重視：日本での言語使用においてなるべく相

手言語規範に合わせるといった言語場面への規範の重視
(3) 習得言語順や能力を優先：習得言語の能力を優先。相手の言語能力によっては、多言語使用のコード・スイッチングを行う
(4) 言語習得を優先：能力の有無に関係なく、習得中の言語を優先

今回使用するデータは多言語社会の中での多言語使用者の言語選択であるため高の条件とは背景は異なるが、接触場面において多言語使用者がどのタイプを取るのかは、接触場面での個人言語管理の規範を考える上でも考慮しなくてはならないと思われる。なお、その際(2)については「日本」を「マレーシア」に置き換えて判断することとする。

2.2 個人言語管理における言語選択

個人言語管理の視点に立った場合、接触場面における多言語使用者の言語選択は、接触場面の参加者としてすでに持っている属性（たとえばそれまでの個人言語管理の結果として習得された言語や言語に対する意識など場面によって左右されないものなど）と、個別の接触場面で相手や状況によって働く言語意識など、少なくとも2つの視点が必要である。

まず参加者の属性として言語に対してどのような意識を持ち、どのような言語を習得してきたかという点に注目した場合、本章の例ではマレーシア政府の言語管理を考える必要があろう。言語管理理論では、複数のレベルで言語管理が行われている（ネウストプニー 1995）としており、石田（2006）では個人のレベルにおける言語管理を従来の言語政策と同様の枠組み[2]を使用して考察したため、言語選択については政府レベル、個人レベルともに席次計画として捉えている。一方で、各レベル間の言語管理は相互に影響しあっている（ネウストプニー 1995, 1997; Kaplan & Baldauf 1997; 石田 2003）ことから、マレーシア人である調査協力者の言語観や言語の習得過程、習得言語には、マレーシアという国の言語政策（特に席次管理）が影響を与えていると考えられるからである。

他方、接触場面における個人言語管理については、多言語社会としてのマレーシアで、ある程度共有されていると思われる意識を前提として、個々の具体的な例でその意識が言語選択にどのように影響しているのか考察する必要がある。

そこで2.2.1では個人の習得言語の選択や習得に影響を与えるマレーシアの言語政策と社会の特徴について、2.2.2ではマレーシアにおける個人の言語意識の特徴について述べる。

2.2.1　マレーシアの言語政策

マレーシアは、2,831万人の総人口（2009年統計局）に対して、ブミプトラ（マレー系、先住民族、その他）（66%）、中国系（26%）、インド系（8%）で構成される多民族国家[3]である。言語もまた多様であり、中国系は公的な場面では標準中国語を話すが、地域によっては福建語、客家語、広東語、潮州語、海南語などが共通語として話されている場合が多い。インド系はタミル語を話す人々が中心であるが、その他にマラヤラン、テレング、シークなどの言語も存在する。さらにボルネオ島のサバ・サラワク州では30以上の種族と同じくらいの言語があると言われ、サバ州では主にカダザン語、バジャウ語、サラワク州では主にエバン語、ビダユ語などが話されている。これら現地の言語に加えて移民の言語や英国統治時代に普及した英語も加わり、多種多様な言語が混在している国であると言える。

このように多民族・多言語という特徴を持つマレーシアであるが、国家の統一は1つの言語によってなされるという方針のもと、「マレー語が唯一の国語であり公用語である」ことを言語政策の基本としている。1957年の独立時、政府は国語の選択、教育言語計画、公用語計画（Asmah 1979, 1987）を行い、独立時に発布された憲法には「国語をマレー語とする」と明記された。この方針は現在も同様であり、公立学校はマレー語が教育言語と定められている。初等教育では民族の言語として標準中国語、タミル語を教育言語とすることが認められているが、その場合もマレー語は必修である。この言語政策および教育システムは当初は形式的であったが、1970年[4]を境にマレー語は形式的にも実質的にも国語・公用語となり、マレー語の優勢は制度的に保障されている（杉村2000）。一方で英語は国レベルの席次管理としては国語でも公用語でも民族語でもないことから、国語、公用語、教育言語といったカテゴリーからは外れているが、実際は世界での共通語としてマレーシアの私立の学校、多くの民間企業等で重要視されている言語（野村1990, Asmah 2000など）である。

以上の背景から、マレーシアの国による席次管理の特徴は、マレー語の重視と言えるだろう。この席次管理はたとえば1970年以降に教育を受けた30代以下は民族を問わずマレー語を習得するといった個人の習得言語の選択に影響を与えていると考えられる。一方で、実際には民族や年代による教育システムの違いから習得言語に差があることから、日常的に接触場面が生じ、その際には民族を問わない共通語として英語が重視されていることも大きな特徴であろう。

2.2.2　マレーシアにおける個人言語管理の特徴

　上述の言語政策の特徴を踏まえて石田（2006）において考察された個人の言語管理のうち、マレーシアの調査協力者に共通しかつ接触場面における言語選択に関わると思われる言語に対する意識は以下に挙げる5つである。

（1）マレー語と英語がマレーシアにおける共通語である。
（2）英語はマレーシアにおける共通語であり習得すべき言語である。
（3）非マレー系はマレー語と英語の他に民族の言語を持っている。
（4）相手が持つ言語の席次に注意を払い、言語選択について管理を行っている。
（5）他の民族の言語などで直接自分に関わらない言語については、管理の対象にしない。

　接触場面において使用される言語は、これらの意識が規範となって習得されたものであり、同時に接触場面での言語選択にも影響を与えていると予測できる。

3　データの概要と分析の枠組み

　個人言語管理の考察にあたってはマレーシア人18名（マレー系、中国系、インド系各20代3名、50代3名）を対象に半構造化インタビューを行ったが、本章での使用データは、そのうち多言語使用者6名が接触場面でどのように言語を選択しているかについて述べている部分を、抜き出したものである。

表1 マレーシアにおける調査協力者

調査協力者	性別／民族	年齢	職業など
Mc1	女性／中国系	20代	学部学生
Mc2	女性／中国系	20代	学部学生
Mc3	女性／中国系	50代	教師
Mi1	男性／インド系	50代	教師
Mm1	男性／マレー系	20代	修士課程学生
Mm2	男性／マレー系	50代	学校職員

調査協力者の最初のMはマレーシアを、次のcは中国系、iはインド系、mはマレー系民族を示す。最後の数字は民族別の通し番号である。なお、各調査協力者の習得言語や言語的背景などは、データとともに提示する。

調査協力者は英語を含む多言語使用者で、前述したようにマレーシアの教育政策が1970年を境として大きく変わったことから、それ以前（50代）と以後（20代）に教育を受けた2つの世代を選んだ。質問内容はすべて言語に関するもので、調査協力者の家庭言語や学校での使用言語などの言語的背景についての質問は事前に用意したが、インタビューの流れで他の質問も加えている。調査場所はマレーシア、時期は2002年9月～10月である。インタビューは英語で行われ、時間は約40分から60分であった。またインタビューの内容は調査協力者の許可を得てICレコーダーで録音している。本章で使用するデータは、個々のコミュニケーションの領域でどの言語を使用しているかを明らかにする目的で、レストラン、買い物時、映画、テレビなどの具体的場面についてどの言語を使うかを質問した際の答えである。このデータは、実際の接触場面そのものではないが、接触場面における多言語使用者の言語に対する意識や言語選択を考察するためには、1つの有効なデータであると思われる。

以上調査協力者の背景、第2節で述べた接触場面および個人言語管理の特徴を踏まえた上で、分析の枠組みをまとめたものを以下に述べる。

（i）個人言語管理（接触場面の参加者としての属性として、また言語一般や特定の言語に対する言語意識として表れるもの）

（ii）接触場面の言語管理（言語選択の理由、接触場面のタイポロジー、多言語
　　　　　使用のタイプ、個人言語管理での規範、言語選択のプロセス）

　データの分析の際には上記管理について記述し、言語選択が行われる
際にどのような管理が行われているかを明らかにしていく。

4 ｜ 多言語使用者に見られる言語選択の例

　インタビューで言語選択について述べられた例の中には、場面や場
所、相手によってすでに言語が決まっていて、管理プロセスが単純化（自
動化）されていると考えられるものがあった。これらは使用頻度が多か
ったり、決まりきった場面であったりした場合の言語選択であり、接触
性が弱いと考えられる例である。一方、談話での言語が選択されるまで
のプロセスが述べられた例は、接触場面の中で言語が選択しなおされる
過程が見られる例である。
　データの分析にあたっては、前者を単純管理、後者を複雑管理[5]として
分け、それぞれの場面と内容を記述した。その上で第3節で述べた分
析の枠組みを用い、個人言語管理の観点からは、まず参加者の属性とし
て調査協力者の言語的背景や使用言語、言語意識の特徴などを述べ、そ
のような状況に至る過程で個人言語管理の中でも特に働いたと思われる
規範を記述した。次にインタビュー・データで述べられた具体的な接触
場面において、言語選択の理由、個人言語管理の規範、接触場面のタイ
ポロジー、多言語使用のタイプを記述した。複雑管理については言語選
択のプロセスについても記述している。条件と背景の違いや判断するた
めの情報量の不足などのため、必ずしも両者の定義と一致していない場
合や拡大解釈をした場合が含まれるが、接触場面の分析における1つの
試みとしての価値はあると思われる。なお、調査協力者の使用可能な言
語については、インタビュー全体からの内容をもとに、能力が高いと思
われる順に記述した。中は標準中国語、英は英語、マはマレー語、タは
タミル語、エはエバン語、広は広東語、福は福建語を表している。また
ゴシック体の記述は調査者の発言である。

4.1 単純管理

ここでは管理プロセスが単純化（自動化）していると考えられるものを分析する。決まりきった場面が多く日常生活でも使用頻度が高いため、参加者は接触性が弱いと認識していると思われる例である。

4.1.1　Mc1（中国系20代：中、英、マ、広）
場面1[6]：友人、知人との会話
英語は2番目ですか？
> 場面で標準中国語にも広東語にもなります。でも英語はフレンドリーに話しかけられる。誰が相手かによって、<u>もしその人たちを標準中国語で知っていれば標準中国語になるし、英語を話すことを知っていれば英語になります</u>。

　Mc1は4言語を習得しているが、本人は第1言語を標準中国語であると述べている。また英語については学校以外でもプライベートで習得機会を持つなどかなり重視していることがうかがえた。一方マレー語についてはセカンダリーからの教育言語であり習得はしていると思われるが、マレー語についての積極的な発言はインタビューを通して見られず、上記の発言でもマレー語には言及していないなど、意識は低い。したがってMc1の個人言語管理では「英語はマレーシアにおける共通語であり習得すべき言語である」と「非マレー系はマレー語と英語の他に民族の言語を持っている」との規範が特に強いと言えよう。

　ここでMc1は言語選択の理由をどの言語でその人と知り合ったかであると述べている。友人、知人との会話という具体的な接触場面においては「相手が持つ言語の席次に注意を払い、言語選択を行う」といった個人言語管理の規範を適用していると言えよう。接触場面のタイポロジーとしては標準中国語、英語の場合はどちらも接触性の弱い「相手言語接触場面」であろう。多言語使用のタイプとしては「コミュニケーション機能重視」であると思われる。

4.1.2　Mi1（インド系50代：タ、英、マ）

場面2：友人、知人との会話

　友達？　大抵タミル語で。タミル人の友達とはタミル語を話します。ときどき英語を使ったり、マレー語も使ったりします。でも大抵は英語かな。タミル語と英語と半々くらい。<u>友人によって、もしその人がタミル語が得意ならタミル語で話します。もしタミル語が得意じゃなかったら英語で話します。</u>###さんのように、向こうにいる講師の人ですけど、<u>彼はマラヤランで、タミル語を理解するんですが、話すことはできないんです。それで彼とは英語で話します</u>。マレー語でも話せるけど、おもに英語で話しています。同じような例がたくさんありますよ。タミル系の講師とか。彼らはタミル語を理解しますけど話せないので、英語で話すことを好むわけです。ここのマレー系の友達とは英語で話して、時々マレー語でも話します。場合によりますね。たとえば、アラビア系の講師がいますが、彼らは英語はあまり流暢ではないけどマレー語は上手なので、マレー語で話します。

　Mi1は3言語を習得しているが、本人はタミル語を第1言語だと述べている。しかしMi1がインド系であるマラヤランの友人とは英語で話していると述べているように、インド系の言語は数が多く共通言語として英語を使うことが多いことから英語に対する意識は高く、使用頻度もタミル語と同等、もしくはそれ以上である。1970年以前に教育を受けているため、マレー語は幼稚園の教育言語であっただけだが、ある程度の習得をしている。ここではマレー語について言及しているが、全体を通してマレー語に対する関心は低く、使用頻度も少ない。したがってMi1の個人言語管理では、「英語はマレーシアにおける共通語であり習得すべき言語である」との規範が特に強いと言えよう。

　ここでMi1は言語選択の理由を相手の得意な言語であると述べている。友人、知人との会話という接触場面においては「相手が持つ言語の席次に注意を払い、言語選択を行う」といった規範を適用していると考えられる。接触場面のタイポロジーについてはMi1の使用言語から考えると、どれも「相手言語接触場面」か「第三者接触場面」と言えるが、

英語、タミル語使用の場合は接触性がかなり弱くマレー語使用の場合は接触性が強いと判断できるだろう。またMi1はタミル語を理解するが話せないインド系友人との会話という接触場面に言及しているが、この場合は英語を選択していることから「コミュニケーション機能重視」もしくは、「習得言語順や能力を優先」するといった接触場面での言語使用のタイプがうかがわれる。

4.1.3　Mm2（マレー系50代：マ、英）
場面3：レストラン、商店
レストランではどの言語を使いますか？
　　レストランは<u>マレー語</u>です。レストランでは、バングラデシュ人のような外国人が働いていて、彼らはマレー語の話し方を知っているので、何も問題がないんです。
買い物ではどうですか？
　　買い物も、<u>中国系、インド系の人もマレー語を理解できるので、英</u>語を話す必要はないんです。<u>英語は話す必要はないですね</u>。

　Mm2は2言語を習得しているが、第1言語はマレー語であり、最近ではほとんどマレー語のみを使用している。教育もすべてマレー語で受けている。当然マレー語に対する意識は高いが、かつては英語に対しても共通語という意識が高かったようである。しかし15年ほど前から英語の使用頻度が減り、同時に意識も低くなったように思われる。全体を通してその他の言語に対する関心は全く見られなかった。したがってMm2は個人言語管理において「マレー語と英語がマレーシアにおける共通語である」と「他の民族の言語などで直接自分に関わらない言語については、管理の対象にしない」という規範を重視していると言えよう。
　ここでMm2は言語選択の理由を皆がマレー語を理解でき他の言葉を話す必要がないからと述べている。レストラン、商店における接触場面においては「マレー語と英語がマレーシアにおける共通語である」という規範を適用しており、さらに言えばマレー語に大きな比重が置かれている。この場合、英語が話せるにもかかわらず「相手が持つ言語の席次に注意を払い、言語選択を行う」という意識は表面的には現れない。し

たがってMm2が参加する接触場面のタイポロジーとしては、ほとんどの場合Mm2が母語を使用する「相手言語接触場面」であり、接触性は極めて弱いと考えられる。多言語使用のタイプとしては「コミュニケーション機能重視」ではあるが、マレーシアでの言語使用においてなるべく（マレー系である）自分の言語規範に合わせるといった「接触場面の言語規範重視」という規範を相手に求めるような管理をしている可能性も考えられる。

4.1.4　Mc2（中国系20代：英、マ、福、エ、広）
場面4：レストラン

レストランではどの言語を使いますか？
　　レストランですか？　レストランによります。<u>中国レストラン</u>なら<u>福建語</u>か、もし<u>広東語</u>のレストランなら<u>マレー語</u>で話しかけます。<u>マレーシアやインドレストラン</u>なら、<u>マレー語</u>で話すし、<u>喫茶店</u>などのような普通英語のところでは<u>英語</u>を話します。

　Mc2は5言語を習得しているが、本人は第1言語を英語であると述べている。中国系であるが近くに民族語の学校がなかったため教育言語はすべてマレー語である。福建語とエバン語は親戚やコミュニティー内での交流手段として習得意欲が高く、広東語はコミュニティーでの交流手段としての習得であるが習得度は低い。標準中国語は全くできない。マレー語の習得程度は高いが、現在は英語の使用頻度が高く意識も高い。マレー語に対しては特に意識の高さも低さも感じさせる発言はしていない。したがってMc2の言語管理では、「英語はマレーシアにおける共通語であり習得すべき言語である」と「非マレー系はマレー語と英語の他に民族の言語を持っている」という規範が特に強いと言えよう。

　ここでMc2は明確な言語選択の理由を述べてはいないが、相手に合わせて言語を選択している姿勢は明らかである。したがってレストランという接触場面における個人言語管理としては「相手が持つ言語の席次に注意を払い、言語選択を行う」という規範を適用していると考えられる。タイポロジーとしてはすべて「相手言語接触場面」と言えるが、福建語、広東語使用の場合は接触性が強く、マレー語、英語使用の場合は接触性

が弱いと言えるだろう。レストランではメニューや料理法など他の言語に変えられない用語も多く、多言語使用のタイプについては「コミュニケーション機能重視」であると思われる。

4.1.5　Mc2（中国系20代：英、マ、福、エ、広）
場面5：商店
買い物時は？
　買い物はふつう英語です。ふつう、店員を見る必要がありますね。店員の女性が英語を話すことができるか、マレー語を話すことができるかを見て、彼女のできる言語に従うだけです……ええ……

　Mc2の習得言語や言語背景、言語意識、個人言語管理の規範は、4.1.4と同様である。
　ここでMc2は言語選択の理由を相手が話せる言語であると述べている。商店という接触場面においては「相手が持つ言語の席次に注意を払い、言語選択を行う」といった規範が働き、従業員を見て自分の使用可能な言語を使い分けていると思われる。選択肢としては英語とマレー語を挙げており、「相手言語接触場面」であるがMcの習得度を考慮すると接触性はかなり弱いと思われる。多言語使用のタイプであるが、「コミュニケーション機能重視」であると同時に相手を見て言語能力を予測していることから「習得言語順や能力を優先」であると考えられる。

4.1.6　Mc2（中国系20代：英、マ、福、エ、広）
場面6：中国人コミュニティーの地域
どうしてエボン語と福建語を学びたいと思ったのですか？
　その言語で話すのが祖父母に話しかけるにはいいし、容易だからです。だから、私が住んでいる###では、みな中国人で中国コミュニティーなんですよ。もしそこに行って福建語を話さないと、とても難しいことになります、ええ。
とても難しいことっていうと？
　福建語を話さないと難しくなりますよ。だって全部福建語ばかりなんですから。

Mc2の習得言語や言語背景、言語意識、個人言語管理の規範は、4.1.4と同様である。

　ここでMc2は言語選択の理由を場所と民族であると述べている。中国人コミュニティーという中国人が住む場所における個人言語管理としては「相手が持つ言語の席次に注意を払い、言語選択を行う」「非マレー系はマレー語と英語の他に民族の言語を持っている」といった規範が働き、マレーシアでは一般的ではない福建語を使おうとしている。逆にこのような特別な場所では、マレーシアでは一般的である「英語はマレーシアの共通語であり習得すべき言語である」「マレー語と英語がマレーシアにおける共通語である」という規範は適用できないであろう。選択肢は福建語のみでありMc2の福建語能力を考えるとタイポロジーとしては接触性の強い「相手言語接触場面」であると考えられるが、同民族であり親戚であることを考えると接触性は弱いという可能性も考慮する必要がある。多言語使用のタイプとしては「コミュニケーション機能重視」であるが、「接触場面の言語規範重視」である可能性も高い。

4.1.7　Mm1（マレー系20代：マ、英）

場面7：特になし
でも、英語は一番楽に話せる言語ですよね。
　感情的にはそうです。
感情の点で、マレー語では一番表現できることはどんなことですか？
　そうですね、政治のことをマレー語で話すなら、私もできます。政治や教育や仕事のことなどはマレー語で話します。
マレー語を使って
　つまり、マレー語でできるということです、楽に。
英語でもできますよね。
　そうそう。<u>感情ということなら、英語を使うほうがもっと楽です。</u>

　Mm1は2言語を習得しているが、第1言語はマレー語である。教育はすべてマレー語で受けており、他の民族の友人ともマレー語を使用していたため、英語を日常的には使用していなかったが、大学入学後に英語の日常使用が始まったと述べている。マレー語に対する意識は当然高い

が、英語に対しては学ぶ機会が限られているためか、逆にかなり高い意識がうかがわれた。一方、その他の言語に対する関心はほとんど見られなかった。したがってMm1の個人言語管理では「マレー語と英語がマレーシアにおける共通語である」と「英語はマレーシアにおける共通語であり習得すべき言語である」との規範が働いていると思われる。

　ここでMm1は言語選択の理由について話す内容であると述べている。内容によって言語を変えるがその選択肢は英語かマレー語であることから「マレー語と英語がマレーシアにおける共通語である」という個人言語管理の規範が働いていると言えよう。タイポロジーとしては内容が政治、教育、仕事の場合は、マレー語では接触性が弱く、英語では接触性が比較的強い「相手言語接触場面」であると言えるが、内容が感情に関わる場合は逆にマレー語では接触性が強く、英語では接触性が弱くなると思われる。多言語使用のタイプとしては「コミュニケーション機能重視」であると言えよう。

4.2　複雑管理

　ここではデータの中で、言語を選択するにあたって管理プロセスが明らかに働いたと思われるものを複雑管理として挙げた。場所はタクシーの中や商店である。どちらも最初に選択した言語でのコミュニケーションに問題が生じ、言語選択をやりなおした例である。

4.2.1　Mc3（中国系50代：英、広、マ）

場面8：タクシー内

では、授業以外で、いつマレー語を使いますか？

　ほとんど使いません。ふつうは使いません。旅行の時とか、<u>タクシーの運転手がマレー人のとき、コミュニケーションをするためにマレー語が必要だと感じるでしょうね</u>。その人が英語がよく理解できたとしても、<u>マレー人だからマレー語で話しかけるべきだと思うん</u>です。時々、<u>途中で私がマレー語で苦労しているのを見て運転手は英語で話しかけます</u>。でも、それはマレーシア人として私たちがいつも他の人の言語で話そうとして、コミュニケーションを容易にしようとするやり方の1つなんですよ。

これは「Mc3がタクシーに乗った際、運転手がマレー人であるため、Mc3がマレー語を選択。しかし会話をするうち運転手はMc3がマレー語で苦労していると感じ、英語に切り替えるという調整行動を取り、コミュニケーション言語が英語となる」という言語選択のプロセスが取られた場面である。

　Mc3は3言語を習得しているが、本人は英語で教育を受け、英語が第1言語だと述べている。広東語は母親との言語であり、他の家族、友人とはすべて英語である。マレー語の習得程度はかなり低い。中国系であるが、標準中国語は習得していない。英語に対する意識は高く、ほとんどの場合英語を使用している。ここではマレー語について言及しているが、全体を通してマレー語に対する意識は低く、日常ほとんど使用していない。したがってMc3の個人言語管理では「英語はマレーシアにおける共通語であり習得すべき言語である」という規範が強いと言えるだろう。

　ここでMc3が最初にマレー語を選択した理由は、「マレー人だからマレー語で」と述べているように相手の民族である。この際に働いたのは個人言語管理における「相手が持つ言語の席次に注意を払い、言語選択を行う」という規範であろう。実際にMc3は上記の場面に続けて「コミュニケーションをして、相手に自分を分からせたいと思う……だからどんなに自分の言語が足りないと知っていても、相手に何か言おうとするんです」「何かを試みてコミュニケーションをもっとよくすると、地に足が着くんです」と述べている。この時点におけるタイポロジーはMc3にとって接触性の強い「相手言語接触場面」であり、多言語使用のタイプとしては「接触場面の言語規範重視」であると言えよう。

　しかし次にMc3のマレー語を聞いて運転手が英語に切り替えた際の言語選択の理由は言語能力である。この際運転手にこのような調整行動を取らせたのは「英語はマレーシアにおける共通語であり習得すべき言語である」という規範であろう。この時点のタイポロジーは両者にとって接触性の弱い「相手言語接触場面」となったと思われ、多言語使用のタイプとしては「コミュニケーション機能重視」と言える。

　この場面からは、タクシーという一過性の接触場面ではMc3の個人言語管理の規範には適用の順番があり、その理由は必ずしも言語能力では

ないことが分かる。なぜならMc3は運転手に対して英語を選択しても問題ないと予測しながらあえてマレー語を選択し、「相手が持つ言語の席次に注意を払い、言語選択を行う」という規範を最優先にしているからである。この場合、内容を伝えるためのコミュニケーションという意味では最初の言語選択は失敗したと言えるが、実際Mc3がコミュニケーションを容易にするためと述べているように、相手を尊重するという考えを伝え、その後の英語でのコミュニケーションを円滑に行うことができるかどうかという意味では成功したと言えるであろう。

4.2.2　Mc3（中国系50代：英、広、マ）

場面9：商店

買い物時はどうですか？

　買い物は、英語を使います。大抵の店員も英語です。ある変わった理由以外ではね。たぶん、私は今は<u>年寄り</u>とみなされているので。ひどいことですよ。若い人たちは若ければ若いほど、標準中国語で話しかけてくるんですよ。<u>私が標準中国語で教育をうけた世代だと考えて</u>。中国人は、自分より年齢の上の人にはおばさんと話しかける文化でしょう。だから今は私が外に出かけると、みんな私をお姉さんとかおばさんとか呼ぶんです。

どうして標準中国語で話しかけられるんですか？

　<u>中国人だからです。</u>民族のせい。私の教育背景なんてだれも知らないわけですしね。だから肌の色から中国人だと仮定するんです。

　これは「Mc3がその年齢と外見から標準中国語の教育を受けた世代であると認識され、販売員によって標準中国語が選択される。しかし実際Mc3は英語教育を受け標準中国語は話せないため、コミュニケーションができず言語選択がやりなおされることになる（Mc3が英語で返答したと思われる）」という言語選択のプロセスが取られた場面である。

　Mc3の習得言語や言語背景、言語意識、個人言語管理の規範は、4.2.1と同様である。

　ここで最初に店員がMc3を見て標準中国語を選択した理由はMc3の年齢と民族である。この際に働いたのは個人言語管理における「相手が

持つ言語の席次に注意を払い、言語選択を行う」と「非マレー系はマレー語と英語の他に民族の言語を持っている」という規範であろう。この時点におけるタイポロジーは店員にとっては接触性の弱い「相手言語接触場面」であると思われる。なぜならマレーシアで標準中国語を話すのは一般的に中国系であるためこの場合の店員も中国系であると予想できるからである。多言語使用のタイプとしては「コミュニケーション機能重視」または「習得言語順や能力を優先」であると言えよう。

しかしこの店員の言語選択はMc3にとっては極めて接触性の強い「相手言語接触場面」（もしくは接触場面としてなりたたない状態）であるためMc3は英語で返答したと思われ、その際の言語選択の理由はMc3の習得言語に標準中国語が含まれないことと言語能力である。この際英語を選択したのは「英語はマレーシアにおける共通語であり習得すべき言語である」という規範からであろう。この時点でMc3にとっては母語場面に近く、店員にとっても接触性の弱い「相手言語接触場面」となっている。多言語使用のタイプとしては「コミュニケーション機能重視」と言える。

この場面からは、マレーシアという多言語社会において言語によるコミュニケーションの開始前の言語選択において年齢と外見が判断基準になっていることが分かる。今までの教育システムの歴史からマレーシアでは年齢や民族と言語との関連性があるとみなされているのであろう。しかしこのような関連性を考慮して言語を選択するのもやはり「相手が持つ言語の席次に注意を払い、言語選択を行う」という規範を重視しているからであると思われる。

5 考察とまとめ

本章では個人言語管理と接触場面の言語管理の2つの管理の視点に立ち、接触場面においてどのような規範によって言語が選択されるのか、またその際の接触場面のタイポロジーや多言語使用のタイプについて分析を行ってきた。

個人言語管理は、常に個人が行っている言語に関する管理であり、それは言語一般および特定の言語に対する言語意識や言語の習得といった行動となって表れる。接触場面においては参加者の属性という形でその

一部が表れると同時に、言語選択についても個人言語管理の規範が働いていることが今回の分析から明らかになったと言えよう。さらに接触場面において率先して適用されているのは、場面8で特に顕著であった「相手が持つ言語の席次に注意を払い、言語選択を行う」という規範であろう。一方で参加者自身の習得言語や言語意識を見た場合、「英語はマレーシアにおける共通語であり習得すべき言語である」という規範が広く適用されていると思われた。それは逆に英語を習得すれば「他の民族の言語などで直接自分に関わらない言語については、管理の対象にしない」という規範に通じるものである。マレーシアのような多言語社会に住む人々はその言語問題を軽減するために、一方では自分に関わる度合いが強い言語についてはより多くの言語を習得の対象にしようとし、他方では英語をもって関わりの薄いその他の言語習得にかかる負担を軽減しようとしているのではないかと思われた。またレストランや商店など、一過性ではあるが日常的な場面で単純管理が多く行われていることも言語問題の軽減であると思われた。
　個人言語管理と接触場面の言語の管理の関係についてであるが、参加者の属性という個人言語管理の規範や結果が接触場面の前提となるため、接触場面における個人言語管理の規範やタイポロジー、多言語使用のタイプはある程度の制約を受けざるを得ない。たとえば、相手が持つ言語の席次に注意を払いたくても相手言語が自分の習得言語にない場合などである。しかし今回のデータでは「相手が持つ言語の席次に注意を払い、言語選択を行う」規範を適用して接触性の弱い「相手言語接触場面」を作り、そこで使用される言語は「コミュニケーション機能重視」であるというパターンが多く見られたと言える。このパターンを可能にしている一因は、先に述べたように関係する言語をなるべく多く習得しようとする参加者の言語意識と実際の習得言語の多さにあるだろう。
　もっともマレーシアという多言語社会においては、今回見られた「相手言語接触場面」「第三者言語接触場面」はもちろん、データにはなかったが場面2でMi1が他のインド系の言語が理解できる場合、Mi1がタミル語、相手が自分のインド系言語を話す可能性や、場面6のMc2の中国人コミュニティーでは相手が福建語でMc2が英語を話す可能性があり、その場合は「共通言語接触場面」であると考えられるため、接触場面の

3つのタイポロジーすべてが存在する可能性がある。しかし全体的になるべく参加者にとって"接触性の弱い"「相手言語接触場面」にしようと管理する姿勢が見られたと言えよう。

　多言語使用のタイプとしても同様に4つすべてのタイプが存在する可能性がある。今回のデータにはなかった「言語習得を優先」についても石田（2006）ではシンガポールおいて見られたタイプである。今回のデータでは「コミュニケーション機能重視」タイプが多いと判断したが、内容的には「接触場面の言語規範重視」も同様に多いと思われる。しかし「マレーシアの言語使用においてなるべく相手言語規範に合わせるといった言語場面への規範の重視」という意味において相手言語規範やマレーシアの言語使用という点で判断が困難であった。

　多言語化が進んでいる社会での多言語使用者の言語管理については、まず接触場面の捉え方としてファン（2006）で示唆されているように、参加者の視点を加えることで、接触場面であるかどうかという次元から、接触性の強弱という新たな観点で接触場面の本質を探ることが必要であると思われる。2.1で述べたように、特にマレーシアのような多言語社会は、言語と民族のつながり方が多様であり、日常的に接触場面が生じているのが常だからである。

　しかし、接触性が強いかどうかを判断するのは参加者の視点が必要となるため、参加者の属性をできるかぎり多く明らかにすることが必要である。そのため今後の課題としては、まず調査方法の改善や併用が考えられる。たとえばインタビュー時にはそれぞれの言語に対する認識や習得度などをより詳しく聞き取る必要があろう。またインターアクション・インタビューなど言語意識を探るために他の調査方法との併用も効果的と言えよう。その結果、今回分析に使用した個人言語管理の規範や接触場面のタイポロジー、多言語使用のタイプに新たな項目が加わる可能性が期待できると同時に、個人言語管理と接触場面の管理を関連づける意味が生まれ、言語選択に関わる言語管理もより明確になると思われる。調査方法や分析の手法など、多くの限界があるが、今後データの収集を進め、さらに多方面から多言語使用者の言語管理について考えていきたい。

〈巻末資料〉

場面1
And English comes second?
It depends on the situation like it could be Mandarin, Cantonese, but English talks friendly to people. It depends to what people, <u>if you know them by Mandarin or if you know them speak English then speak English</u>.

場面2
Friends? Mostly sometimes in Tamil. With Tamil friends we speak Tamil. And sometimes we use English, and sometimes we use Malay also. But mostly English. In between Tamil and English. <u>Depends on the friend. If he's good at Tamil then we will converse in Tamil. If he is not good in Tamil then we talk in English</u>. Like Mr. ### the one lecturer over there, <u>he's a Malayalam, he can understand Tamil but he cannot speak Tamil language, so we converse with him in English</u>. We do this Malay also but mainly converse with him in English. There are also many like this you can see, they are Tamil lecturers. They can understand but cannot talking Tamil so we prefer to talk in English. Chinese friends we of course talk in English, Malay friends here we talk in English and sometimes in Malay. It depends. Like here we have some Arabic lecturers so they are not very fluent in English but are more fluent in Malay so we talk to them in Malay.

場面3
Which language do you use when you are at restaurant?
To the restaurant, <u>in Bahasa Malaysia</u>, you see the foreigners working in the restaurant, for example Bangladesh people, they know how to speak Bahasa Malaysia, so we don't have any problem with them.
How about shopping?
Shopping also, <u>the Chinese, Indian also can understand Bahasa Malaysia</u>. You don't have to speak English. <u>We don't have to speak English</u>.

場面4
Which language do you use when you are at restaurant?
Restaurant? It depends on the restaurant. If it is a <u>Chinese Restaurant</u>, then we speak Hokkien or if the restaurant speaks in <u>Cantonese</u>, I will speak <u>Malay</u> to them, if it is a <u>Malay or Indian</u> restaurant, I will speak <u>Malay</u>, if it normal English, like <u>coffee house</u> or whatever, I will speak <u>English</u>.

場面5
When you are shopping?
Shopping usually I speak English. Usually, <u>I have to see the sales person</u>. You see the sales girl, if she can speak English or she can speak Malay—<u>we just follow whatever language she can speak</u>…ya…

第12章 多言語使用者の言語管理を考える

283

場面 6
Why did you want to learn Ebon and Hokkien?
Because it is better, easier to speak to my grandparent, it is better to speak that way. So, <u>in ###, the place where I live is all Chinese, Chinese community</u>, and if I go and don't speak Hokkien, it will be very difficult, ya.
You find something difficult if...?
It is difficult if I don't speak Hokkien, because everything there is in Hokkien.

場面 7
But... English is the most comfortable language for you.
In terms of feelings yes.
In terms of feelings, so what, what kinds of things do you, can you express best in Malay?
Yes, let's say you're going to talk about politics in Malay then I will be able to. Politics or talked about education or talk about my work in Malay.
Using Malay
I mean I, I, can do that in Malay, comfortable to.
You can do it in English too.
Yah, yah. <u>When it comes to feeling, I'm more comfortable using English</u>.

場面 8
Then when do you use Malay, except in your class?
Hardly. Unless I make use of, usually, let's say I travel, let's say <u>the taxi driver is Malay</u>, and then <u>I will feel I need to Malay to communicate with him</u>, he could very well understand English, but I assume that <u>because he is Malay person I should speak Malay to him</u>. Sometimes <u>half way through he can see that I am struggling with my Malay, he will speak to me in English</u>. But I think it's a part of how as Malaysians we always try to speak in other person's language or so to try and make the communication easier.

場面 9
And when you go shopping?
Shopping, I use English. Most of the salespeople also they do, unless for some strange reason, probably because now, now I am considered as a <u>senior citizen</u>, it is so terrible. I find that more and more of the young people, <u>they talk to me in Chinese thinking that I am Chinese educated</u>. I belong to that generation, you know... because among the Chinese, the culture is always to address somebody older than you as Aunty you know... so now, I go out, so people will call me sister or Aunty.
Why many people talk to you in Chinese?
Because <u>I am Chinese, because of race</u>, they have no idea of my educational background, so it is just an assumption that as a Chinese because of your skin color...

注　[1]　言語選択そのものは多言語使用者だけの管理ではなく、主に1つの言語の使用者も行っているが、多言語使用者の席次管理の方が言語選択の管理プロセスを見る上でより明らかになりやすいと言える。
　　[2]　言語政策の枠組みは、席次計画、実体計画、普及計画、習得計画を使用したが、言語選択に関わる計画として本章では席次計画と習得計画を取り上げる。なお、それぞれの計画は以下のとおりである。
　　　　（1）席次計画：複数の言語に対してある特定の社会的機能を与えること
　　　　（2）実体計画：与えられた機能向けに言語の体系に組織的な変更を加えること
　　　　（3）普及計画：席次計画、実体計画の内容を、誰を対象にどのように普及させるか
　　　　（4）習得計画：どのような言語をどのように習得するか
　　　　（1）～（3）は渋谷（1992）、（4）はCooper（1989）。
　　[3]　URL：http://www.mofa.go.jp/mofaj/area/malaysia/data.html（2011年2月28日）
　　[4]　マレー語が形式的な国語、公用語にとどまっていたことでマレー系と非マレー系の対立が激化し、1969年に大規模な種族暴動「5.13事件」が発生した。この事件をきっかけにしてマレー語が実質的にも唯一の国語・公用語となり、1970年からはすべての公立学校でマレー語が教育言語とされた。マレー語の地位は微妙な話題とされ、公開の場での議論は禁止されている。
　　[5]　Neustupný（1994）では、従来のlanguage correction（言語修正）を言語管理理論の枠組みを用いて捉えなおす際に、多くの人間がかかわり組織的に行われるものをorganized management、個人が言い間違いをなおすような、会話でのみ表れる場合をsimple management（simple managementはorganized managementの程度の1つであり、個人のlanguage managementがすべてsimple managementであるとしているわけではない）としている。Nekvapil（2009）で使用されているsimple and organized managementも同様である。両者が述べているのは、様々なレベルで行われている言語管理、たとえばcommunity-based（organized management）とdiscourse-based（simple management）間の関係を探ることが重要であるということで、組織的であるかどうかの観点から区別していると思われる。他方、本章で述べている個人言語管理（石田 2006）は、個人のレベルについて取り上げているものであり、階層的に言えば両者の下部に位置するものである。本章の単純管理および複雑管理が、結果的に会話の中で表れるものであり重なっている部分があるにしろ、習慣化しているかどうかの観点からの区別であり同じ意味ではない。

一方、村岡（2010）では、ディスコースには「接触場面における言語管理」と「接触場面に向かう管理」の２つの管理が見られると述べている。さらに、それらの管理は類型論的アプローチによって（1）一般ルールと個別ルール、（2）ストラテジー、（3）マキシムまたは原則、（4）決定要因、に分けられ、そのうちの（2）、（3）が「接触場面に向かう管理」の領域と重なるとしている。筆者としては、個人言語管理は（2）、（3）、（4）を含むものであり、（2）のストラテジーが習慣化された事前管理であるならば、本章の単純管理は（2）を、複雑管理は（3）のマキシムと重なるのではないかと考える。さらに言えば、今回の複雑管理の例は矛盾をはらんだ相互依存関係の例であると思われるが、個人言語管理と、接触場面に向かう管理および類型論的アプローチとの関係については、さらに検証を進める必要があると言える。

[6] インタビューは主に英語で行われた。英語原文は巻末資料として掲載した。

参考文献

Asmah Haji Omar (1979). *Language planning for unity and efficiency*. Kuala Lumpur: University of Malaysia.

Asmah Haji Omar (1987). Patterns of Language Communication in Malaysia. In Asmah Haji Omar (Ed.), *National Language and Communication in Multilingual Societies* (pp.13–25). Kuala Lumpur: Dewan Bahasa dan Pustaka.

Asmah Haji Omar (2000). Managing languages in conflict situation: A special reference to the implementation of the policy on Malay and English in Malaysia. In Jernudd, B. H. (Ed.), *Journal of Asian Pacific communication: Special issue language management and language problems part I* (pp.239–254). John Benjamins.

Cooper, R. L. (1989). *Language planning and social change*. Cambridge: Cambridge University Press.

Fan, S. K. (1994). Contact situations and language management. *Multilingua*, 13(3), pp.237–252.

ファン，サウクエン（2006）「接触場面のタイポロジーと接触場面研究の課題」国立国語研究所（編）『日本語教育の新たな文脈――学習環境、接触場面、コミュニケーションの多様性』pp.120–142．アルク

石田由美子（2003）「「ディスコース」から見た政府の役割に対するシンガポール人の個人言語管理」宮崎里司・マリオット，H

（編）『接触場面と日本語教育——ネウストプニーのインパクト』pp.197-219. 明治書院

石田由美子（2006）『多言語状況下における個人言語管理——シンガポール、マレーシア、フィリピンの場合』桜美林大学大学院博士論文

Kaplan, R. B. & Baldauf, R. B. Jr. (1997). *Language planning from practice to theory*. Clavedon: Multilingual Matters.

高民定（2007）「多言語使用者のバラエティと言語管理」『2007年度日本語教育学会春季大会予稿集』pp.318-320.

高民定・村岡英裕（2009）「日本に住む中国朝鮮族の多言語使用の管理——コードスイッチングにおける留意された逸脱の分析」『言語政策』5, pp.43-60.

村岡英裕（2008）「接触場面における多言語使用者のfootingについて」村岡英裕（編）『言語生成と言語管理の学際的研究——接触場面の言語管理研究 vol.6』（千葉大学大学院人文社会科学研究科研究プロジェクト報告書 198）pp.113-129. 千葉大学大学院人文社会科学研究科

村岡英裕（2010）「接触場面における習慣化された言語管理はどのように記述されるべきか——類型論的アプローチについて」村岡英裕（編）『接触場面の変容と言語管理——接触場面の言語管理研究 vol.8』（千葉大学大学院人文社会科学研究科研究プロジェクト報告書 228）pp.47-59. 千葉大学大学院人文社会科学研究科

Nekvapil, J. (2009). The integrative potential of Language Management Theory. In Nekvapil, J. & Sherman, T. (Eds.), *Language Management in Contact Situations: Perspectives from Three Continents* (pp.1-11). Frankfurt am Main: Peter Lang GmbH.

Neustupný, J. V. (1994). Problems of English contact discourse and language planning. In Kandiah, T. & Kwan-Terry, J. (Eds.), *English and language planning: A Southeast Asian contribution* (pp.50-69). Singapore: Times Academic Press.

ネウストプニー, J. V.（1995）「日本語教育と言語管理」『阪大日本語研究』7, pp.67-82.

ネウストプニー, J. V.（1997）「言語管理とコミュニティ言語の諸問題」『多言語・多文化コミュニティのための言語管理——差異を生きる個人とコミュニティ』pp.21-37. 国立国語研究所

野村亨（1990）「マレーシアの教育と英語」本名信行（編著）『アジアの英語』pp.119-156. くろしお出版

渋谷勝己（1992）「第9章 言語政策」真田信治・渋谷勝己・陣内正敬・杉戸清樹（編著）『社会言語学』pp.159-183. おうふう

杉村美紀（2000）『マレーシアの教育政策とマイノリティ——国民統合の中の華人学校』東京大学出版会

第13章 接触場面の接触性（contactedness）
海外在住日本人参加者の意識する接触性

舛見蘇弘美

1 はじめに

　自宅（豪州在住）での社交的な集まりの際、日本人も含む幾人かの互いに見知らぬ知人友人を招くことが多い。長年懇意にしている仲間は別として、このような時は誰でも、ホスト（招待者側）として集まりの参加者間にできるだけスムーズな会話、楽しげなインターアクションが成立するように、集まりの各段階で色々と心を砕く。例えば、招待の段階では、日時や集まりの目的のみならず、他の参加者の背景のあらましなども伝えることがある。準備段階では、参加者の背景を考慮して着座位置を決めたり、饗するメニューにも宗教や健康面等から配慮をし、幼児連れの客には昼寝用の部屋の支度もあるだろう。集まりが始まると、インターアクションが弾んでいるかどうかに注意し、参加者間に共通点があればさりげなくそれらを提供する。後日、届くお礼メールや葉書への対応もある。ホストとして留意するべき点は、実に全行程（事前、事中、事後訂正、Neustupný 1978）で、言語、コミュニケーション、社会文化面にまで亘る。このような集まりが成功裏に終わったと感じられる時は喜びもひとしお。しかしながら、沈黙が気になる接触場面もあるし、また会話にあまり参加できずにいたゲストを見送った後は、ホストとしての自分の事後調整活動が起こる。

　インターアクションのための日本語教育（ネウストプニー 1995）では、このような社交の集まりも含めて、学習者が現実の種々の日本語使用場面に参加し、日本人母語話者とのインターアクションを成立させることができるようになることをコースの目的としている。中でも、「接触場面」[1]と

「言語管理」という2つの重要な概念を元に開発されたコースでは、言語管理理論[2]を枠組みとし、「解釈」、「練習」、「実際使用（Performance Activity）」の場面をコースに取り組み、言語・社会言語・社会文化能力を総合したインターアクション能力の習得を目指す（例：ファン2009, 舛見蘇2009）。実際使用の場面は、家庭訪問（例：舛見蘇2007a, 鈴木2004）、ビジター・セッション（例：ファン2005）、先輩の観察（舛見蘇2009）、メール交換（例：吉田2009）など近年種類が増加している。

　社交的な集まりのためにホストが準備をするように、実際使用場面の計画・実行にも、コース担当教員等が尽力する。しかし、社交的な集まりに較べると、実際使用場面の計画・実行では、教員は計画段階から、ごく限られた要因しか管理できない。また、一度場面が開始されると、観察者・記録者に徹して、場面で起こるインターアクション問題の管理・調整・解決には介入しない（例：家庭訪問には、教員は同行しない）。教室内での練習不足を自覚しつつも「後は運を天に任せて」、実際使用場面へと「見切り発車」する感を持つこともあるのではないだろうか。

　長年、実際使用場面を取り込んだコースにたずさわっている現場教育者であれば知っていることであろうが、学習者と母語話者の接触場面を録画ビデオで観察すると、「隠れ蓑」でも着けてその場にいるかのような息を呑む臨場感でそれぞれの場面によって異なる接触性を追体験することができる。参加者たちは「それぞれの認識で外来性を受け止め、場面ごとの接触性を測っている」（ファン2006: 132）のである。特に両者が緊張してインターアクションがギクシャクしているような場面を見ると、家庭訪問の活動であれば訪問先家庭の日本人と学習者との組み合わせ、ビジター・セッションであれば会話相手の日本人と学習者との組み合わせを事前に考慮できていればよかったかと内省することがある。

　本探求は、このような内省と、実際使用場面後の学習者フィードバックで学習者から相手日本人の緊張度を留意、または強く否定評価していたこと、それによって自らの行動も影響されてしまったことが報告された（例：「相手日本人が極端に緊張していたから、その緊張のため自分たちも緊張した」）ことに端を発している（舛見蘇2007b）。事前に日本人の背景を知ることによって学習者との組み合わせを考慮し、場面の接触性が極度に強くならないように管理することはできるか、という教授者としての課題か

ら始まったのである。

　本章では、(1)実際使用場面である家庭訪問で収集した接触場面の資料の分析を基に、日本人参加者の視点から接触場面の接触性の要因を具体的に表現しようとした試みを紹介し、(2)その作業過程で得られた知見を通して接触場面の本質を探る一方法とし、(3)日本語教育への有用性、留意点を導き出したい。

　以下、接触性についての先行研究、分析データの紹介、接触性と場面参加者の背景との関係、接触性の流動性、考察の順で進める。

2　接触場面の接触性

　激しくなる世界的な人口移動、多言語社会化する国々、コミュニケーション媒体の増加・複雑化に伴い、言語・コミュニケーション行動の研究のために"Speech community"（ことばの共同体）（Hymes 1972）という概念を使用することが難しくなり、同様に「母語話者」の定義も「母語場面」という概念を使用することも困難になってきた。「母語話者」と「非母語話者」が参加する場面を研究対象として来た接触場面研究は、この両語の体系的・理念的な定義付けからして「接触場面は存在するのか」という自問（Neustupný 1994, 2004; ファン 2006; 武田 2000）に直面している。これを受けて近年の接触場面研究の一方向では、ある場面が接触場面であるかどうかという捉え方から離れて、研究の本来の姿勢である「参加者の視点」を重視することによって、場面がどのくらい接触的か、つまり「場面の接触性」がどれ程強いかという新たな視点を持って接触場面の本質を探る展開を見せている（ファン 2006）。

　参加者の視点で見たインターアクション問題の探求には、場面性の概念が汎用される。ファン（2006: 132-134）は、「場面の接触性」の探求の手がかりとして、接触性が弱くなる接触場面の変種として、参加者の言語知識と言語能力を要因とするもの（例：参加者間に不均一な4技能の言語能力がある変種、コミュニケーションの媒体による変種、コミュニケーションの目的による変種）を挙げる。また接触性を左右する社会要因として、(1)参加が繰り返される接触場面、(2)場面中の一部の決まり文句だけで接触が済む場面、(3)相手との距離の捉え方（例：相互に理解不能な中国方言話者の間で

は「大中華」の成員同士として接触性は低い)、(4) 参加者により異なる接触場面への参加意識（接触性の中身＝何を管理の対象とするか）を挙げる。このように、接触性の研究の対象は、参加者の言語能力・社会言語的要素・社会文化的要素と実に多岐に亘り、また種々のアプローチが可能であることを示している。

「場面の接触性」を考察するのに有用なもう1つの概念は、従来の「接触場面における言語管理」に対する、新しい「接触場面に向かう言語管理」で、「習慣化された言語に対する行動（behavior towards language, Fishman 1972)」と説明される（村岡2010)。一般的に「言語意識」という名の下ですでに探索が行われ始めているが（例：ファン2003, 高2007, ファン2007, 石田2009)、村岡（2010）はその言語意識が言語管理と具体的にどのように関係するかについての試論である。「言語バイオグラフィー」（Nekvapil 2003）に有用な先行研究を見出し、「ディスコースの中で生じた管理と、より長期的、永続的な言語意識とがどのように関連しているのかについて」を、類型論的アプローチ（Neustupný 1978, ネウストプニー 1989）を使って、参加者によって語られた言語知識の間に階層性を見出そうという展開である。言語バイオグラフィーの手法を使って、村岡が「接触場面に向かう言語管理」の語りとして挙げたものには、「習慣的な言語行動と言語事象・それらについての理由付けや推測・習慣化されている言語管理・言語行動や言語管理についての本人の一般的な態度・言語行動や言語管理についての社会の一般的な態度」がある。

本探求は、プラグマティックな課題を持って始まったので、始発点は、現場教師／研究者の視点（どの場面が接触性が強く、または弱く見えるか）にあり、次に参加者の視点へと進んだ。また、参加者が場面全体に対して留意した接触性は、参加者の緊張度に現れているという前提で始めた。つまり、外来性を意識する対象が多ければ多いほど（慣れないことばかりなので内的場面から遠くなり）緊張し、その緊張度は本人が意識した接触性の強さであろうと前提した。

3 資料と分析

3.1 資料

本章の資料は、オーストラリアの大学における日本語プログラムの日本語コミュニケーション科目（中級後半〜上級前半）で実際使用場面として実施された、学習者による現地在住日本人の自宅訪問インタビューの記録である。訪問の目的は「既習の日本事情について、生の日本人の経験、意見、感想を聞くことによって、日本人観、日本社会観をより現実に近づける」ことにあった。参加者は42名にのぼり、二人一組のオーストラリア人参加者（以下AP）（28名：女性19名、男性9名、18〜35歳）による現地在住の日本人駐在員家族（14名：すべて女性、33〜54歳）（以下JP）への約1時間の訪問（14件）が実施された。収集した資料は以下の通りである（cf. 舛見蘇2007a）。

(1) 訪問前の電話会話の録音
(2) 訪問のビデオ録画
(3) 音声録音
(4) 参加者とのフォローアップ・インタビュー（以下FUI）[3]の録画記録とその精密な文字化資料
(5) APによる事後ジャーナル記録
(6) 訪問後のAPからJPへの感謝状
(7) 対JP訪問後アンケート調査[4]

本章では（2）の録画資料に現れる、身体行動を含む視覚資料と、場面全行程（問題の発生したシーンのみではなく）のインターアクションを中心に、（4）、（7）を含め、それらのうちJPに関する資料のみを使用する。

3.2 分析の方法

接触場面の「接触性」という概念は、以下の3段階の分析過程を通して留意され、可視化され、具体化された。

1) 14接触場面の録画の初回視聴
   留意点①　14接触場面を比較するとJPの緊張度・リラックス度によって3つのグループに分かれた。
   留意点②　研究者が事前に予想していたのとは異なる緊張度・リラックス度を見せるJPがいた。
   留意点③　あるJPは、明らかに緊張から事務的態度へと、またあるJPはさらにリラックス状態へと、1時間の内に変化することが観察された。一方、APは全員、教室場面で見慣れていたリラックス度・緊張度でそれぞれ臨んでいることが観察された。このため、緊張度の高いJPは、APの一般的によくリハーサルされた様子との比較でさらにその緊張度の強さが際立ったと言える。
2) ①と②から、参加者（JPとAP）の組合わせが「接触性」に影響すると予測された。そのため、JPとAPの言語行為者としての詳細な背景が必要になり、JPに対するFUI資料と背景アンケートの収集結果に基づいて、JPの参加者プロフィールを作成した。APの参加者プロフィールも同様に作成した。
3) ③は、場面の「接触性」が静的なものではなく、時に躍動的な、流動的なものであることを示し、JPに対するFUIのディスコースからJPの意識する接触性が変化するシーンでは何が起こっているのかを、「場面における言語管理（その場でどのような管理が起こっていたか）」と「場面に向かう言語管理（その管理には過去のどのような長期的な、永続的な言語意識が関係しているか）」という視点を利用して描き出した。

4　JPの緊張度に現れた接触性の強弱

4.1　緊張度の違いによるJPの分類

　JPが各々どのような緊張度・リラックス度を見せるかについて、研究者は、ビデオ視聴前の段階では入手済みのJPの簡単な背景に基づいて「JPは海外在住期間が長ければ長いほど、現地語／日本語にかかわらず外国人との接触場面への参加量が多いだろう、故に、日本語接触場面で

も外国人日本語話者に対してリラックスした態度を見せるだろう」とおおよその予想をしていた。

14名のJPは観察された緊張度によって3つのグループに分かれ、次の特徴を呈した。

緊張グループ（3名）：
表情は不安げ、姿勢、動作は硬い。APの質問には可能な限り丁寧に回答しようと努めるが、自らAPに有意味な質問をしない。目前の新しい経験のため、全集中力を使い切っているかのように見受けられる。

落ち着いた事務的態度グループ（3名）：
表情も態度も落ち着いている。聞かれた質問には可能な限り丁寧に回答しようとし、そうすることに努力を要しない様子。自ら興味を持つ話題にはAPに質問を繰り返しその返答に興味を示す。JPは類似の場面を幾度も経験済みのため、本場面には目新しさはないかのように見える。

リラックス・グループ（5名）：
表情はにこやか、終始落ち着いた態度で、APを訪問客としてもてなし、そのニーズを熟慮し、あらゆる点で（例：スリッパの使用、ビデオカメラの設置、上着の着脱、着座位置、茶菓の勧め方）接待側としての役割を果たしている。質問に回答するに留まらず、APの個人的な背景や生活について質問する。

その他（3名）：
緊張した様子で始まるが、その内表情や姿勢に要領を得たような様子がうかがわれ、事務的態度へと変化。準言語や笑顔に嬉しそうな様子が出てきて、ついにリラックス状態にまで変化するJPがいる。

4.2　緊張度とJPの背景の関係：予想と実際の一致の程度

14名のJP中、10名には予想していたとおりの緊張・リラックス度が観察された。しかし、残りの4名には、予想に反して落ち着いた態度が、また予想に反して緊張した様子が特にボディ・ランゲージ（例：声質―発声が滑らかなのに対して、つばを何度も飲み込む、うわずった声等、表情、手や体の

動き）に観察された。予想に反したJPの存在は、視聴前に入手していたJP背景資料が適切な予想をするには不十分であったことを示している。そこで他にどのような背景がJPの緊張度に影響していたのかを探るため、FUI前に回収したアンケート結果を使いながらFUIを行い、JPの参

表1 日本人参加者（JP） 背景（年齢順）

場面	JP名	ビデオ視聴前の資料			アンケート調査とFUI後の資料			緊張度
		(1)	(2)	(3)	(4)	(5)	(6)	
1	Abe	32	12	Nil	NA	N	N	緊張
14	Renda	32	5	Nil	NA	N	N	緊張
2	Ban	33	2	Nil	Y	N	N	リラックス
10	Kato	33	6	Nil	NA	N	F	緊張
4	Egi	34	36	Nil	NA	F-E	F	緊→事
3	Doi	35	36	U.S. (72)	NA	E-I	F	事務的
6	Goto	36	42	U.K. (48) Hong Kong (72)	NA	F	F	事務的
13	Ono	37	13	Singapore (72)	NA	N	F	緊→事→リ
7	Hosoi	39	24	U.S. (66) Philippines (36)	NA	F	N	緊→事
12	Nishi	40	13	U.K. (48)	NA	E-I	F	事務的
9	Jinbo	48	36	Philippines (72) Australia (48)	NA	F	F	リラックス
8	Iida	49	12	U.S. (84)	NA	F	E	リラックス
11	Maki	49	12	Nil	NA	N	I	リラックス
5	Fukui	54	12	Italy (6) Australia (2)	Y	N	I	リラックス

注：(1) 年齢　(2) 在豪期間、在住月数　(3) 来豪前の海外在住期間、カッコ内は在住月数
　　(4) 職業（NA＝結婚前はOL, 結婚後主婦；Y＝常時キャリア保持）　(5) 現地での英語話し言葉場面での英語能力*　(6) 現在までの日本語使用の接触場面への参加量（FUIで収集された個人背景より概算された**）
　* 英語能力は下記の尺度により導き出した。
　　N (Novice)＝買い物等の日常の活動に困難を覚える。
　　F (Functional)＝日常の活動に困難はないが、非日常の活動（例：配管工等家屋の修理のための業者とのコミュニケーション）はできない。
　　E (Experienced)＝非日常の活動ができる、未経験の活動も試してみることができる。
　　I (Involved)＝複雑な内容（例：自分の価値観、信条）についてもコミュニケーションできる。
　** 日本語使用の接触場面への参加量は下記の尺度により導き出した。
　　N (Novice)＝日本語接触場面には参加したことがない。
　　F (Functional)＝参加したことが過去にある、が、その内容は挨拶とその延長の会話程度に留まる。
　　E (Experienced)＝定期的に参加したことが過去にある。内容は挨拶の延長以上。
　　I (Involved)＝定期的に参加したことがあり、その参加者と複雑な内容（例：自分の価値観、信条）についてもコミュニケーションしたことがある。

加者背景をFUI文字化資料と共に分析、詳細にプロファイルした（表1）。その結果、観察されたJPの緊張度とその参加者背景には、明らかに相関関係があることが分かった。表中、（1）から（3）欄はビデオ視聴前の資料、（4）から（6）欄はアンケート調査とFUI後に入手できた資料である。年齢と緊張度の関係が観察しやすいように場面をJPの年齢順に提示した[5]。

表1から、緊張度と背景の関係は、JPの年齢と大きく関係のあることが分かる。つまり、接触場面で緊張（接触性を強く意識）するのは、一般的に30代前半であり、海外在住経験に乏しく、英語力にも乏しく、日本語接触場面にもほとんど参加したことがないことが要因であると解釈できる。逆に、リラックスしていられる（接触性をあまり意識していない）のは、40代後半であり、過去に英語圏在住経験が多く、英語力があり、接触場面にもある程度の参加経験があることに由来していると推測できる[6]。表2にこの関係を明示的にまとめた。

表2　観察された日本人参加者の背景と緊張度

観察された緊張・リラックス度	年代	JPコード	JP背景
緊張グループ	30代前半	(Abe, Renda, Kato) (Banは予想外)	海外在住経験に乏しく、英語力にも乏しく、日本語接触場面にもほとんど参加したことがない。
落ち着いた事務的態度グループ	30代半ば―後半	(Egi, Doi, Goto, Hosoi, Nishi) (Onoは予想外)	数年の英語圏在住経験があり、英語力が少しはあり、接触場面にも限られた参加経験がある。
リラックスグループ	40代後半以降	(Jinbo, Iida) (Fukui, Makiは予想外)	英語圏在住経験が多く、英語力があり、接触場面にも限られた参加経験がある。

4.3　接触性とJP背景の関係：予想外の場合

予想外だった4名のJP（Ban, Ono, Fukui, Maki）の詳細な背景は、FUI文字化資料から入手できた。その結果、4名には接触場面に臨んで緊張度の強くなるような要因（4.3.1最終段落）、また緊張度が強くならない要因（4.3.2、4.3.3）が存在することが分かった。これらは、FUI時の参加者と観察者の適切な質問・応答を通して、参加者の「言語生活の社会的・通時

的な文脈を考慮［し］現在の言語使用の来歴を探る」（村岡2010: 50）という「接触場面に向かう言語管理」の視点を利用することによって得られる有意義な資料である。

4.3.1　接触性はJPの海外在住期間とは無関係

表1中、Ono（37歳）は、海外在住期間が長く（豪州13ヵ月、シンガポール72ヵ月）、他の30代半ば—後半グループのように数年の英語圏在住経験があり、落ち着いて事務的な態度で接触場面に臨むであろうと期待されたが、場面開始からある時点まで、予想外に非常に緊張した様子が本人によっても表出されていた（例：「（胸を軽く叩きながら）ああ、緊張しちゃいます（2：20）[7]」）。FUIでは、6年（72ヵ月）のシンガポール駐在員家族としての生活を「（恥じるように小声で）まるで日本の生活、子供は日本人学校に通い、コンドミニアムの80％は駐在の日本人家族、（中国語も）英語もできなくても全く不便がなかった」、そのため「自分も子供もすごく英語力が低い」、日本語接触場面に限らず過去に外国人との接触場面の参加量が少なかったという。その結果、今回の訪問場面でも最初は緊張していたことが分かった。この例は、海外在住期間の長短は、現地の人々との接触場面の参加量とは関係がないこと（その地に生活に必要な発達した母語集団があれば、現地コミュニティーと接触する必要がない）、さらにJPが接触場面で意識する接触性とも直接関係がないことを示している。

上例はまた、オーストラリアのような英語圏内で起こる日本語接触場面では、JP本人の英語力が低いことが、その場面への緊張度を強くし、JPの意識する接触性が強くなることを示唆している（後述5.1.1）。

4.3.2　過去の日本語接触場面へのJPの参加量

JPの日本語接触場面への参加の経験が豊富な場合、英語圏の在住経験によって培われる英語力が伴わなくても、接触性は弱くなる。

Maki（49歳）は、海外在住経験は皆無で、在豪1年であり、緊張した様子で参加するだろうと予想された。しかしFUIで、夫の仕事関係からの紹介で、過去に日本国内で流暢な日本語を話すスウェーデン人家族との交際が続いていたことが明らかになり、今回の接触場面にもリラックスして臨んだことが分かった。同様にFukui（54歳）も、海外在住経験は独

身時代にイタリア（6ヵ月）、豪州（2ヵ月）、今回の在豪1年で、緊張した様子で参加するだろうと予想された。しかしFUIで、結婚生活のほとんどを日本のT大学の研究員である夫の教員用の社宅で過ごす中、同社宅に入れ替わり引っ越してくる海外からの外国人研究員家族との日々の交流を通して、日本国内で日本語使用の接触場面に日常的に参加していことが明らかになり、学習者による家庭訪問にもリラックスして臨んだことが分かった。

4.3.3　日本国内における内的接触場面への参加量と接触性

　JPに日本語接触場面経験がなくても、日本国内の内的場面で多くの接触場面のような状況（武田2000）を常時経験していることも、英語圏在住経験の結果培われる英語力に取って代わることができ、（JPの意識する）接触性は弱くなる。

　Ban（33歳）は、英語圏を含む海外在住経験は皆無で、在豪期間は最短の2ヵ月であることから、他の30代前半グループのJPと同様に緊張した様子で参加するだろうと予想された。しかし、予想に反してリラックスした様子が場面を通して観察された。14名中2名のキャリア保持者（Ban, Fukui）の一人であるBanは、FUIで、「大学卒業から渡豪前までは仕事（TVアナウンサー）を持ち」、「種々の日本人をインタビューするのが日常の職務のひとつ」であったとして、日本国内ですでに（外国人との接触場面ではないが）種々の日本人との内的接触場面に参加していたことが分かった。日本語学習者APたちとの接触場面に参加することに強い興味を持っていたと述べ、初体験の外国人との日本語接触場面に参加することについても、同年代の他のJPのように臆することなく、リラックスしていたことが分かった。

　別のキャリア保持者、Fukuiも、音楽大学時代の半年のイタリア留学の後、結婚生活を通して30年間自宅でピアノ教師を続けていた。「仕事を通して、ああいう（APのような）若い世代と付き合ってた年月が長かったので、（中略）ここに来てから若者との接触がなくなってしまったので、自分自身が発狂しそうという感じで、、（後略）」と、訪問を受けるまでの過去1年の自分の望ましからぬ状態を述べ、訪問時の嬉々とした（接触性の弱い）態度を理由付けた。Ban同様、日本国内ですでに常時内的接触場

面に参加していたことが分かる。Fukuiの場合は、多くの日本語接触場面経験（4.3.2）と内的接触場面の経験を積み上げてきた結果、生まれたリラックスした態度であったことが分かる。

　以上、4名のJPの参加態度に表れた緊張度を通して接触場面の接触性がJPのどんな背景と関係があるのかを探ってみた。

　まとめると、JPに英語力があり、同時に日本語接触場面への参加の経験がある場合、またはその代わりにある種の内的場面を常時経験している場合、日本語接触場面に対して接触性を強く意識しないことが明らかになった。逆に、JPの英語力が低く、日本語接触場面への参加の経験がないか少ない場合、または代替的な内的場面の経験もない場合は、日本語接触場面に対する接触性が強くなることが考えられる。

5 躍動・流動する接触性

　すでに触れたように、訪問のビデオを視聴した結果、参加者の意識する接触性は場面の最初から最後まで一定しているものではなく、場面を通して変化するということが観察された（4.1）。では、場面に関してJPが意識する接触性は、それが変化する時には、どのような個別の事象に付着した外来性のために変化するのか、換言すれば、どのような個々の外来性の留意を機に場面全体の接触性が変化するのかを、次にJPのFUI資料の分析から探る。

5.1　基底となる接触性[8]を創り出す要因

　躍動・流動する接触性との対比で、場面を通して変化しない強い接触性、また、弱い接触性に影響すると考えられる要因を整理すると、JPの英語力、過去の日本語接触場面への参加経験、内的接触場面への参加経験が挙げられた。以下では、さらに新しく接触場面中の管理として留意された2つの要因も含めて、JPのディスコースから具体的な例を用いて意識された接触性を紹介する。基底となる接触性を創り出す要因は、JP側に存在するもの（5.1.1、5.1.2、5.1.3）と、AP側に存在するもの（5.1.4）と、両者の関係性（5.1.5）に存在するものとに区別することができる。

5.1.1　JP自身の英語力

　JPが持つ「自分の英語力はAPとの日本語接触場面で起こるコミュニケーション危機に対応するのに不十分である」という「言語ホスト」意識（Fan 1994）は、場面に対する不安感に繋がり、接触性の意識の強さに結びついていると言えよう（例1）。逆に比較的に高い英語力を持つJPは、場面開始当初（玄関および入室直後）から英語語彙を原語発音で使用し（例2）、さらに自分が参加した接触場面に対して接触性の意識が低い（例3）。つまり接触性をあまり意識していないと言えるだろう（cf. Neustupný 1985a; Fan 1994; ファン 2006, 2009）。

例1　「私自身が英語の話せる、英語であんまり苦労せず、(オーストラリアで)生活を送っていたならば、(中略)「例えば、こういうこと？」って聞いて、それで分からなかったら英語で説明すればいいやって、そういう気持ちになると思います。でも、日本語でしか、私は聞けない。そう思うと、ちょっと躊躇してしまうことがありますね。」(Abe)

例2　「(APに椅子を勧めながら)こちらの方がcomfortableかな。」(Nishi)；「(吼える子犬を抱いてAPの玄関チャイムに応えてドアを開けながら)まだ、puppyなものですから、、。」(Iida)；「(APの玄関チャイムに応えてドアを開けながら) Hello」(Jinbo)；「(日本語のできない同行カメラマンに笑顔で流暢に) Would you like some coffee?」(Doi)

例3　「ええ、もう、ごくごく、普通のお客様のような感じでお相手できましたけど、はい。」(Iida)；「なあああんにも考えずに、、」(Nishi)；「(電話中のためAPのノックもベルも聞こえずAPを不安の内に玄関で1分以上も待たせて)ノックなんて聞こえなかったんです、えへへ、奥で電話してたのでね。」(Jinbo)[9]

5.1.2　過去の日本語接触場面で習慣化された言語管理

　日本のT大学宿舎で研究員の夫と生活していたFukuiは、ニュージーランドから来日し、夫とは長年懇意だった海外研究員Bの日本語学習や、種々の日本社会文化能力の学習にも任期期間を通して協力していた経験を詳細に語った（例4）。数年に亘る日本語接触場面への参加によっ

て日本語学習者との接触場面の言語管理がFukuiの中で習慣化されていたと考えることができる。

> 例4　「最初に、私は、(Bに) 私の子供たちが読んだ、(中略) ひらがなの中に小学校一年生程度の漢字が混ざって来る、(中略) 位の本を、あの、次までにこれ、読んで来たらといって渡したり、最初の内は、ほんとに英語でしか通じませんけれども、次第に、(中略) もう、あの、3年目位からは、本当に、私たちと普通のテンポでお話するようになられてて (後略)」(Fukui)

5.1.3　内的場面で習慣化された言語管理

Banは、APが訪問目的の本題に移る前に、APの日本語理解力を掴むため積極的に彼らの背景を質問するという場面全体の計画を訪問開始後5分の間に実行している（例5）。また、会話進行中も、APの会話理解度をその顔の表情から正しく読み取り（例6）、APにとって難易度が高いと予測される語彙は意図的にゆっくり発音するという方法も使用している（例7）。内的場面で大勢の異なる背景を持つ日本人と接した経験（インタビュアーとしての職務）で培われたであろう習慣化された言語管理は、接触場面でも利用され、JPの意識する接触性を弱くしたと言えるだろう[10]。

> 例5　「まず、あのお、先に、日本に来たことがおありになるか、ってことは、まず先に、聞こうと思っていたことです。で、(中略)（日本に) どんな印象を持たれてるかな、という事を聞きたかった。後、自己紹介を聴いた後だったので、まだ、どの程度日本語を理解なさってるのかなってことは、まだ、掴みきれてなかったので、この段階では、もっともっと、しゃべってもらいたかったんですね。」(Ban)
>
> 例6　「ワカラナイって、(APの) 目が [に] 書いてありました。」(Ban)
>
> 例7　「ここでも、(APは) 挑戦という言葉が分かってないですね。(中略) で、分からない言葉があったら、聞き返すかなあと思ってポツ、ポツって言ってるんですけれどもお、うううん、聞き返しては来なかったんですねええ。」(Ban)

5.1.4　APの外見

　APの外見的特徴と、彼らに期待していなかった高い日本語能力・身体動作（例：玄関での日本的な履物の着脱）の組み合わせは、JPの意識する接触性に強い影響を与えたようである（例8）。また、アングロサクソン系APのみならず、アジア系APもその容貌が日本人に酷似していて、かつ挨拶と短い世間話段階で音声面の逸脱が留意されない時は、その外見的特徴と、場面の進行に従って留意され始める外来性との不一致が接触性に強く影響するようである。例9は、アングロサクソン系の男性APと組んで訪問したアジア系女性AP 2人が、それぞれのJPによって繰り返しその「積極性の欠如」を留意、否定評価されたことを表す。JPたちは、アジア系女性APたちもまた学習者であり、あまり発言しなかったのは日本語能力が不足しているからかも知れないという解釈（内的調整）は全くしていない。つまり「（日本人のような顔をしているので）日本語は（少なくともパートナーのアングロサクソン系男性APと同等に）できるのが当たり前」という規範があるので、積極的に会話に参加しなかったことを否定評価していると考えられる。日本人に類似した外見的特徴は、日本語能力の高さへの潜在化した期待と組み合わさって、接触性を意識させる要因の1つとなっていると考えられるのではないだろうか。

例8　「（Kさんは）日本人以外の方の立ち居振る舞いとは思えないという、お顔だけが違ってまるで日本人に、イヒヒ、半分になっているようなそういう印象が、ちょっと、終始、すごく不思議な感じでしたね。（中略）終始一貫、変な、へへへ、変かなと思いながら、ですね。」(Kato)；「ええ、ふっと（Nさんの）お顔を見た時、ウッと来ることがあるんですね（中略）おそらく英語の話せない日本人ってゆうのは、みんなあると思います。お顔を見ただけであがってしまうという、、」(Abe)；「白人の方で（中略）、お会いした時はね、やっぱりね、圧倒されたんですよ（中略）。背もおっきいし、、。」(Ono)

例9　「Rさんが入って来られてお顔を合わせて、ご挨拶も（中略）イントネーションが（日本人と）変わらなかったので、あれえ、日本人じゃない？、と思いました。（中略）控えめな感じの方ですねえ

え。(中略)影が薄くなってしまって、、、。(中略)もっと積極的にしてもいいのに、、、。」(Renda);「Jさんがねえぇ、もっと積極性が欲しい。(中略)日本人よりももっと躊躇が多いかなという気がしました。(中略)遠慮しすぎ！。もっとはっきり言って欲しかった。(後略)」(Jinbo)

5.1.5　生得的上下関係　(南1987: 100)

　APへの接し方の基底となる接触性は、相手との距離の捉え方（「社会的要因」ファン2006）にも左右されている。APとの単なる年齢の大きな隔たりだけはなく、APと同年齢の自分の家族成員との比較によって、自分の上位性を意識する場合には、下位者APに対する接触性は弱まると言える。また自分より下位の社会集団との比較（例：「社会人としてのJP」（上位）に対する「学生としてのAP」（下位））にも左右されていると言えるだろう（例10）。接触場面終了後に肯定的な「調整活動」（例：Makiの紹介でMakiの息子とAPたちの交際が開始した；Fukuiは訪問終了直後に研究者に丁寧な肯定的な報告と感謝のファクスを送った）が起こったことも、訪問時インターアクションがJPにとっては成功裏に成立していたことの現れで、JPの意識した接触性が低かったことを示すものと解釈できる。FUIでAPの最初の印象を聞かれて、40代後半以上の4人中、3人のJP（Maki, Fukui, Iida）が下記のように、自分の上位性を示す答えを提供した。先の例9のJinbo（48歳）が示したPに対する高圧的な評価も同類であろう。

例10　「あの、随分お若い方たちだなと思いました。(中略)息子と同い年だった、、、。」(Maki);「あ、第一印象はあ、可愛いなと、(中略)私の息子より、まだ、5つ位若い方たちですから、(中略)若い人ってステキだなって、(中略)ああ、来て下すってありがとう、っていう風な感じでございました。はい。」(Fukui);「あ、学生さんだな、というぐらい、でした。」(Iida)

5.2　接触性が弱くなる要因

　強い接触性が弛緩する時は、APの日本語インターアクション能力に対して、JPがより現実的な評価を行っている場合であった。

5.2.1　APの高い日本文化能力への気付き

　JP（Ono）は、訪問開始直後の自己紹介（2：20）でAPが自分たちには日本在住経験があると伝えていたにもかかわらず、緊張のため注意を払わなかった。後にシドニーと日本の交通状況の違いが話題になった時（13：10）、APが「日本には公共の駐車場が不足している」と述べたことから、JPはAPの日本文化能力に初めて気付いている。APが実は2人とも日本短期留学経験者であり、同行のビデオ係の友人もワーキングホリデーで1年の日本在住経験があることを知って、JPの緊張度が突然に緩んだ。この接触性の弛緩はFUIで、訪問中の該当シーンで自分自身の様子を描写するJPの次の言葉に端的に現れている。

例11　「この時点で、もう（2人が日本に）行ったことが分かった途端に、あの、、、（私は）声が違う、笑顔で、もう、肩の荷がぬけて、少し、もちょと気楽にしゃべってもいいかなって、思いました（笑）。（中略）そして、あの、カメラマンの方がC市に1年いたって言われたら、もう、あのお、（これまでは）オーストラリア人と日本人だったんですけど、（ここからは）同じ土俵でしゃべってられるなって気はしました。」（Ono）

5.2.2　APの日本嗜好への気付き

　同様にAPの強い日本嗜好への気付きも接触性の弛緩に繋がる。上の例の後でAPが「刺身、握り鮨は何でも好き」、しかし「現地では日本食は高い」と言ったのに対して、JPは台所から寿司飯を簡単に作れる食品を持ち出し、自宅での安価な鮨の作り方を紹介した（36：30）。この時点ではJPの意識する接触性は非常に弱くなっていたが、本人はさらに場面開始時の強い接触性と訪問終了時の弱い接触性との比較に言及している（例12）。

例12　「この時点では、、、（中略）やっぱり、日本が好きな人は、嬉しいなってゆう気持ちが（中略）、、、聞きたいことあったら、何でも教えてあげるよって、ゆう気持ちになったのは、やっぱり、そうですね、にじみ出てくる、日本に対しての興味があるのよっ

てゆう、、（中略）最初に会った時と、最後に別れた時の印象が全然違うんですよ。（中略）それで、（APが）玄関を出る時には、全然違和感がなかったですねえ。」（Ono）

5.2.3　APの現実の日本語能力への気付き

接触性はまた、上の例とは逆に、APに期待していた非現実的に高度な日本語能力が、実際のインターアクションを通して現実的なものとして認知されることによっても弱化する。

教育の話題で自分の質問にAPから満足な答えを得られないシーンが2度続いた後、JPは次の話題では、満足のいく答えを求めてAPを追求することをやめてしまう（31:08）。そして、APの日本語能力は、実は日本人の英語力と大した差がないのだと安堵し、以降、リラックスしたと述懐した。下の例13は同時に、JP自らの英語力についての自信の欠如と表裏一体の表現であり、5.1.1の要因の存在の強さをさらに裏付けているとも言えよう。

例13　「この方々、かなり長いことお勉強してらっしゃるみたいですよね。（中略）日本にも、住んでらしたことがあると2人ともおっしゃっててえ、で、あの、よく、日本人は外国語の習得が下手だとゆう風に言われますよね。（中略）英語圏の方なんかは、（中略）日本人に比べて、早く習得ができるみたいな言い方がされることが多くて、「日本人は、なんでこんなに外国語が下手なんでしょう」って（中略）でも、彼女たちの、（笑い）日本語を聞いて、（笑い）私たちもそんなに、（大笑い）普通なんだ、ってゆう、（APたちも）あまり込み入ったことは、うまく説明できないような、、（中略）彼女たち（の日本語）もま、そんなに、あの、（日本人の英語と）差がないじゃないんじゃないかな、と思いました。（中略）ただ、初めの方は、何か、やっぱり、ぎこちなくなっちゃいましたけれども、だんだん私もリラックスして、（後略）」（Egi）

5.3　接触性が強くなる要因：APの母語の社会文化への留意

場面の進行と共に接触性が緩んでいたJPが、APの持つ母語（英語）社

会文化への気付きのため、唐突に接触性を強く意識することがある。例14では、訪問終了に近い暇乞いのシーン（45：00）で、自らのオーストラリア社会文化（自分は現在、日本人の「彼氏」と同棲中であること）を臆せずに初対面のJPに告げたAPに対し、JPは強い外来性を意識し「気持ちが離れた」と形容する。それまで弱化していた場面の接触性が強く復活したと言えるだろう。

例14 （FUIで本シーンが来るとJPは、左手を右胸に当て、研究者がビデオを停止すると初めて手を放して）「驚きましたよ、私は。あれだけ緊張して、見たことないぐらいまじめな子だったのに、日本人と暮らしているって、どういう意味だろうと、（大笑い）思いました。で、やっぱり違うなと、そこで、思ったんですね。あああ、やっぱり日本の子じゃないんだって、いう感じ。（中略）それをスッと（中略）日本人のお友達がいるとかって言わないで、彼氏ィー（？）、（笑い）まだ20歳ですよねえ。（中略）日本人のような感じのする子供たちだなと思ったのに、ああ、ぜんぜん、やっぱり、違うなと、（両手を打ち鳴らしながら）思ったんです（大笑い）、その時。（中略）（真剣な表情、合わせた両手を大きく離すジェスチャーで）もっと、やっぱり気持ちが離れます、よね、距離を置きますよね。」（Hosoi）

以上、基底となる接触性の要因として、以下の5つを実例とともに提示した。

（1）JPの英語力
（2）JPの習慣化された接触場面の言語管理力
（3）JPの習慣化された内的場面の言語管理力
（4）APの外見的特徴
（5）社会的要因としての生得的上下関係

場面中に接触性が弱化する要因は、APの持つ高い日本社会文化能力や強い日本嗜好に留意をすること、また逆に、APの実際の（JPの期待以下の）

第13章　接触場面の接触性（contactedness）

日本語の能力への留意も、その時点まで強かった接触性を弱化させることが分かった。場面中に接触性が強化する要因としては、APの母文化に留意した例が観察された。

6 考察

上述の観察から以下6点の考察ができる。

(1) 接触性の探求方法としての「接触場面に向かう言語管理」
　日本人参加者の意識する接触性の要因は、研究者のビデオ録画視聴による詳細な観察と、アンケート方式で入手できる言語生活の資料、および「接触場面における言語管理」のような、共時的な観察、ディスコース分析だけでは把握することはできない、ということが分かった。それは、FUI時に「接触場面に向かう言語管理」に焦点を絞った、本人の言語使用についての通時的な意識、習慣化されている言語行動についての語りを求める質問をすることによって入手できるということが分かった。

(2) 内的場面で習慣化された言語管理
　本探求では、「接触場面における言語管理」から離れて「接触場面に向かう言語管理」の語りを求める過程で、過去に内的場面で習慣化された言語管理が、JPの低い英語力と、日本語接触場面への参加経験の欠如の代替要因となって、JPの意識する接触場面の接触性を低く維持する要因として働くことが分かった。本章の例以外にも接触場面の接触性を低く維持するJP側の要因があるだろう。例えば、ある種の職業的資質（例：教員やTVインタビュアーの職種に要求される資質）を持ったJPと持たないJPの「接触場面に向けての言語管理」の語りを収集・比較することによって、日本人の意識する接触場面の接触性の本質に一条の光を当てることは可能であろう。

(3) 場面の接触性に影響する要因間の関係
　本章では証例の不足のため、種々の要因がどのような階層で位置する

のかは、探求できなかった。例えば、Makiの資料では、AP両人に接触性を意識させるアングロサクソン系男性の外見的特徴という要因があったにもかかわらず、場面全体の接触性はほとんど意識されていなかった。これは意識しないでいられる要因（生得的上下関係、過去の日本語接触場面での管理能力）が、意識させる要因（APの外見的特徴、JPの低い英語力）よりも上位に位置するからであると考えるべきであろうか。意識しないでいられる諸要因の中に、また、意識させる諸要因の中にも階層関係が存在するのだろうか。例えば、社会的要因は、過去の日本語接触場面への参加の経験による管理能力よりも上層に位置するのだろうか。

同様に、BanのようにJPの意識する接触性が非常に弱い時、習慣化された言語管理力が、意識させる要因（例：APの外見的特徴、JPの低い英語力、生得的上下関係、過去の日本語接触場面の参加量の完全なる欠如）よりも上層に存在すると考えられるのだろうか。そうであるとすれば、JP側の意識する場面の接触性が低く維持されるためには、内的場面で習慣化された言語管理力という要因は非常に強力であると言うことができよう。上記（2）で示した接触性の探求の展開方向が有意味であることが再度示唆されていると言えよう。

(4) 日本語教育への有用性

接触場面研究の中でも、「接触性の強弱」という概念は特に言語教育に非常に有用かつ重要である。特に、海外の日本語教育の実際使用場面では、学習者の参加する接触場面で起こる問題は、決して彼らの日本語の言語・コミュニケーション・社会文化能力の不足ばかりが原因ではない。実は日本人参加者は、学習者の在住するホスト国においては（地域）ゲストであるのにもかかわらず、実際使用場面では言語ホストとして参加する。場面参加中はゲスト言語（英語）に留まらず、そのコミュニケーション、社会文化規範をも意識しながら参加している（舛見蘇2007a）。しかしながら、学習者は一般的に、相手日本人も接触場面では色々な管理をしているのだということに無頓着（「自分が外国語でインターアクションをするというハンディーを抱えているのであって、相手日本人は母語でインターアクションをするのであるから苦労しているはずがない」）である。「実は母語話者もまた苦労しているのだ」と、「解釈段階」で強調するだけでは学習者は日本人参

加者の意識する場面の接触性を理解できない。母語話者が接触場面のどのような具体的事象に、どのような接触性を意識するのか、その接触性が場面中でも変化する時には、どのような個別の外来性に留意が起こっているのかを探求することによって、学習者が学ぶべき言語・コミュニケーション・社会文化知識の一部、また、避けるべき部分も浮き彫りにされてくる。つまり、インターアクション管理アプローチを取る日本語コースの最初の2段階（「解釈」と「練習」）の準備に還元されていくと考えられるわけである[11]。

(5) 日本人の意識する接触性を探求する意義

オーストラリアのように、場面の参加相手とは言語が異なる、また文化が異なることが「外来性」を示さないポストモダン社会では、相手（非日本人）自身は日本人との接触性を強く意識しない。このような場面では、インターアクション問題はむしろ日本人側にこそ強く意識されると言えるだろう。接触場面の日本人側の「接触場面に向かう言語管理」の語りの研究を通じて、日本という国の言語教育や言語政策が日本人の言語意識に及ぼしている影響の諸相を探ることができ、その知識は言語・インターアクション研究者にとっては必須であろう。

(6) 参加者全員の意識した接触性

接触場面の接触性の探求は、相手側の言語使用や言語管理を無視して行うことはできない。APの意識した接触性への探求、JPの意識する接触性とのすり合わせに向けての研究は別稿に譲りたい。

7 終わりに

本章は、筆者の生活の中の2つの場面（職場場面—work domainと社交場面—social domain）が交錯するところから生まれた。社交場面のホストとしては、残念ながら、万年学習者のままであろう。しかし、学習者であり続けることによって、招待客に心を砕く経験、また自分がゲストとして参加した場面でのホストや他のゲストたちとのインターアクションの経験と、インターアクション管理アプローチの日本語コースの実際使用場

面の計画・実施・調整との間の相乗効果を期待できよう。

謝辞
本草稿の改善に御尽力頂いたサウクエン・ファン先生、村岡英裕先生、高民定先生に心より感謝いたします。本接触場面の実践のために協力して下さった日本人の方々、学びを共有してくれた学習者たちにも感謝いたします。

注 [1] 接触場面（Contact Situation）の概念（Neustupný 1985a, 1985b）が言語／インターアクション教育の分野で論じられるようになって久しい。接触場面アプローチによるインターアクション教育パラダイムでは、実際の場面参加者（学習者と母語話者）によるその場の問題の認知と、問題化のプロセスの解明を言語教育の出発点かつ到達点としている（ネウストプニー 1995: 30）。問題を分析するための枠組みには言語管理理論（Neustupný 1994, cf. フェアブラザー 2000）が適用される。詳細は村岡（2000, 2002, 2004, 2006, 2007, 2008, 2009, 2010）、Fan（1994）、ファン（2006）、Neustupný（2004, 2005）、舛見蘇（2007b）を参照。
[2] 上記脚注1を参照。
[3] 「フォローアップ・インタビュー」の有効性、使用方法については、村岡（2004）とその稿末参考文献が詳しい。
[4] アンケート例は紙幅制約のため割愛。
[5] APの同様の背景プロフィールは紙幅制約のため割愛。
[6] 同資料をJPの自己管理（Self-noting）の側面から分析したMasumi-So（2008）では、JPの人生経験（life experiences）が多ければ多いほど、接触場面全体の管理頻度が低い傾向が観察された。人生経験というものがありとあらゆる「外来性」との接触であると解釈すると、人生経験が多いほど、接触場面でも種々の現象を意識しないでいられる（逐一管理しなくてもよい）という解釈ができる。
[7] 以降、カッコ内は訪問開始時点からの経過時間。
[8] Neustupný（1985b）中の"base norm"の概念を借用。
[9] Jinbo以外のJPは皆、APの到着に意識を高めていた（例：ドアベルに耳をそばだてる、分かりにくい住所の場合、道路まで出てAPの到着を待つ）。
[10] 他にもJPの過去の内的場面の言語管理が、接触場面で意識する接触性の弱化に影響する例が、本章の資料に存在した。A（30代前半、初

	めての海外駐在で在豪歴 6 カ月、英語会話力が低く、結婚前の職歴は OL）は、Y 県の田舎町で 15 人の大家族（曽祖父母、祖父母、父母、兄弟、父側の独身の兄弟）に生まれ育った。初めての日本語接触場面に落ち着いて参加した、その理由を、A は「小さい頃から家の中に色々な人がいたからかもしれない」と述べた。
[11]	当該コースの「還元」の一例。場面開始時の自己紹介で、AP が自分の日本リテラシー（日本滞在歴、日本語・日本学の学習歴、日本語使用のアルバイト、日本語母語話者との交際等）を JP に語ることを JP は好評価し、その結果、JP の意識する場面の接触性が比較的低く維持できることが分かっている（例：JP「あれ（AP の日本リテラシーの披露）は助かりましたね」）。
参考文献	フェアブラザー，リサ（2000）「言語管理モデルからインターアクション管理モデルへ」村岡英裕（編）『接触場面の言語管理研究 vol.1』（千葉大学大学院社会文化科学研究科研究プロジェクト報告書）pp.55–66．千葉大学大学院社会文化科学研究科
	フェアブラザー，リサ（2003）『接触場面と外来性——日本語母語話者のインターアクション管理の観点から』千葉大学大学院博士学位論文
	Fan, S. K. (1994). Contact situations and language management. *Multilingua*, 13(3), pp.237–252.
	ファン，サウクエン（2003）「日本語の外来性（foreignness）——第三者言語接触場面における参加者の日本語規範および規範の管理から」宮崎里司・マリオット，H.（編）『接触場面と日本語教育——ネウストプニーのインパクト』pp.3–21．明治書院
	ファン，サウクエン（2005）『「実践日本語」におけるビジターセッションの実施報告』pp.107–111．異文化コミュニケーション研究所共同プロジェクト 外語大における多文化共生——留学生支援の実践研究——研究成果報告書 神田外語大学異文化コミュニケーション研究所
	ファン，サウクエン（2006）「接触場面のタイポロジーと接触場面研究の課題」国立国語研究所（編）『日本語教育の新たな文脈——学習環境、接触場面、コミュニケーションの多様性』pp.120–141．アルク
	ファン，サウクエン（2007）「日本社会における多言語使用者の言語意識——ジャパン・リテラシーを中心に」『2007 年度日本語教育学会春季大会予稿集』pp.326–328.

ファン，サウクエン（編）(2009)「〈特集〉インターアクションのための日本語教育——実践日本語の理論と実際」『異文化コミュニケーション研究』21, pp.1–184. 神田外語大学異文化コミュニケーション研究所

Fishman, J. (1972). *The sociology of language: An interdisciplinary social science approach to language in society*. Rowley, Mass.: Newbury House.

Hymes, D. (1972). Models of the interaction of language and social life. In Gumperz, J. & Hymes, D. (Eds.), *Directions in sociolinguistics* (pp.35–71). New York: Holt, Rinehart & Winston.

石田由美子（2009）「多言語使用者の言語管理を考える——多言語社会の言語選択の例から」村岡英裕（編）『多文化接触場面の言語行動と言語管理——接触場面の言語管理研究 vol.7』（千葉大学大学院人文社会科学研究科研究プロジェクト報告書 218）pp.19–32. 千葉大学大学院人文社会科学研究科

高民定（2007）「多言語話者のバラエティと言語管理」『2007年度日本語教育学会春季大会予稿集』pp.318–320.

舛見蘇弘美（2007a）「海外の日本語相手言語接触場面におけるインターアクション管理——日本人参加者（JP）の管理プロセスの特徴と日本語教育への有用性」『2007年度日本語教育学会春季大会予稿集』pp.195–200. および『日本語教育』135, 137.

舛見蘇弘美（2007b）「海外の日本語使用の異文化接触場面における相互行為分析——日本人参加者とオーストラリア人参加者の場面の接触度」『第28回異文化間教育学会紀要』pp.174–175.

Masumi-So, H. (2008). Noting by JPs directed towards themselves in Japanese-speaking Australian-Japanese contact situations. Language Management Workshop: Probing the Concept of Noting, Monash University. http://www.arts.monash.edu.au/lcl/conferences/noting/noting-abstracts.pdf (February 1, 2009).

舛見蘇弘美（2009）「傍目八目——先輩は日本語接触場面でどのようにインターアクション管理をしているか」トムソン木下千尋（編）『学習者主体の日本語教育——オーストラリアの実践研究』pp.103–123. ココ出版

南不二男（1987）『敬語』岩波書店

村岡英裕（編）(2000)『接触場面の言語管理研究 vol.1』（千葉大学大学院社会文化科学研究科研究プロジェクト報告書）千葉大学大学院社会文化科学研究科

村岡英裕（編）(2002)『接触場面における言語管理プロセスについて——接触場面の言語管理研究 vol.2』（千葉大学大学院社会文化科学研究科研究プロジェクト報告書 38）千葉大学大学院社会文

化科学研究科
村岡英裕（2004）「フォローアップ・インタビューにおける質問と応答」村岡英裕（編）『接触場面の言語管理研究 vol.3』（千葉大学大学院社会文化科学研究科研究プロジェクト報告書 104）pp.209–226. 千葉大学大学院社会文化科学研究科
村岡英裕（編）（2004）『接触場面の言語管理研究 vol.3』（千葉大学大学院社会文化科学研究科研究プロジェクト報告書 104）千葉大学大学院社会文化科学研究科
村岡英裕（編）（2006）『多文化共生社会における言語管理——接触場面の言語管理研究 vol.4』（千葉大学大学院社会文化科学研究科研究プロジェクト報告書 129）千葉大学大学院社会文化科学研究科
村岡英裕（編）（2007）『接触場面と言語管理の学際的研究——接触場面の言語管理研究 vol.5』（千葉大学大学院人文社会科学研究科研究プロジェクト報告書 154）千葉大学大学院人文社会科学研究科
村岡英裕（編）（2008）『言語生成と言語管理の学際的研究——接触場面の言語管理研究 vol.6』（千葉大学大学院人文社会科学研究科研究プロジェクト報告書 198）千葉大学大学院人文社会科学研究科
村岡英裕（編）（2009）『多文化接触場面の言語行動と言語管理——接触場面の言語管理研究 vol.7』（千葉大学大学院人文社会科学研究科研究プロジェクト報告書 218）千葉大学大学院人文社会科学研究科
村岡英裕（2010）「接触場面における習慣化された言語管理はどのように記述されるべきか——類型論的アプローチについて」村岡英裕（編）『接触場面の変容と言語管理——接触場面の言語管理研究 vol.8』（千葉大学大学院人文社会科学研究科研究プロジェクト報告書 228）pp.47–59. 千葉大学大学院人文社会科学研究科
村岡英裕（編）（2010）『接触場面の変容と言語管理——接触場面の言語管理研究 vol.8』（千葉大学大学院人文社会科学研究科研究プロジェクト報告書 228）千葉大学大学院人文社会科学研究科
Nekvapil, J. (2003). Language bibliographies and the analysis of language situations: On the life of the German community in the Czech Republic. *International Journal of the Sociology of Language*, 162, pp.63–83.
Neustupný, J. V. (1978). *Post-structural approach to languages: Language theory in a Japanese context*. Tokyo: University of Tokyo Press.
Neustupný, J. V. (1985a). Problems in Australian-Japanese contact situations.

In Pride, J. B. (Ed.), *Cross-cultural encounters: Communication and mis-communication* (pp.44–64). Melbourne: River Seine.

Neustupný, J. V. (1985b). Language norms in Australian-Japanese contact situations. In Clyne, G. M. (Ed.), *Australia, meeting place of languages* (pp.161–170). Canberra: Pacific Linguistics.

Neustupný, J. V. (1989). *Strategies for Asia and Japan literacy*. Melbourne: Japanese Studies Centre.

ネウストプニー，J. V.（1989）『日本研究のパラダイム──その多様性を理解するために』『世界の中の日本』1, pp.79–96.

Neustupný, J. V. (1994). Problems of English contact discourse and language planning. In Kandiah, T. & Kwan-Terry, J. (Eds.), *English and language planning: A Southeast Asian contribution* (pp.50–69). Singapore: Times Academic Press.

ネウストプニー，J. V.（1995）『新しい日本語教育のために』大修館書店

Neustupný, J. V. (2004). A theory of contact situations and the study of academic interaction. *Journal of Asia Pacific Communication*, 14(1), pp.3–31.

Neustupný, J. V. (2005). Foreigners and the Japanese in contact situations: Evaluation of norm deviations. *International Journal of the Sociology of Language*, 175–176, pp.307–323.

鈴木伸子（2004）「日本事情クラスにおける家庭訪問プログラムの試み」『世界の日本語教育』7, pp.209–225.

武田加奈子（2000）「内的場面分析の可能性についての一考察」村岡英裕（編）『接触場面の言語管理研究 vol.1』（千葉大学大学院社会文化科学研究科研究プロジェクト報告書）pp.67–79．千葉大学大学院社会文化科学研究科

吉田千春（2009）「メール交換による継続的な異文化接触場面──日本人参加者の評価を中心に」ファン，サウクエン（編）「〈特集〉インターアクションのための日本語教育──実践日本語の理論と実際」『異文化コミュニケーション研究』21, pp.79–94．神田外語大学異文化コミュニケーション研究所

第14章 「参加者」の視点から考える「接触場面の変容」と言語管理
日本の韓国人居住者の接触場面の参加に関するケーススタディー

高 民定

1 はじめに

　グローバリゼーションによる人々の移動や社会の変容が接触場面の参加にも様々な変化をもたらしていることはよく知られている。こうした変化は「接触場面の変容」とされ、それを捉えるための議論や研究方法の模索が様々な角度から行われている。本章ではケーススタディーとして韓国人居住者の事例を中心に、彼らの言語意識の変化や接触場面におけるインターアクション管理（Neustupný 1985）を考察することにより、「接触場面の変容」の実態やその調査方法の可能性について考えていきたい。

2 日本における韓国人居住者[1]と言語環境

　2015年12月現在において日本で登録されている外国人登録者数は212万1831人を数え、日本の人口の約1.7％を占める[2]。日本に居住する外国人のうちおよそ3割を占めているとされる韓国出身者もその中に含まれ、日本の「外国人居住者」として、または「生活者としての外国人」[3]として日本での様々な接触場面に参加しながら暮らしている。また彼らは韓国語・韓国社会文化という言語的、社会文化的規範を共有するスピーチ・コミュニティーでありながら、来日時期や来日目的、居住地域、居住スタイル、言語環境などの背景においては異なることが多い。韓国人居住者の言語環境や言語使用については、来日前は主に韓国語の単言語使用の環境にあり、来日後は日本語を中心とする単言語使用また

は韓国語と日本語の2言語を併用する環境にある人が多いとされる。しかし、近年、海外への移動や国際結婚、社会のグローバル化などに伴い、多様な言語背景や異文化接触の経験を持つ韓国人が増えている[4]。当然ながら、日本における韓国人居住者の言語生活も変わってきており、彼らが参加する接触場面の種類やそこでの言語使用は益々多様化の傾向にあると言える。中には日本に長期滞在するケースも少なくなく、准母語話者や超上級日本語話者、またはバイリンガルや多言語話者などと呼ばれながら、多様化する日本社会のコミュニティーのメンバーとして、日本の接触場面の変容や言語問題の当事者となっている。本章では韓国人居住者を対象に、彼らの来日前後の言語環境や言語意識の変化に注目しながら、彼らがどのような言語規範の下で、どのように接触場面の参加を捉え、またそこでの言語使用やインターアクションを管理しているかを調査・分析する。

3 韓国人居住者の社会言語学研究と接触場面研究

　韓国人コミュニティー研究は主にオールドカマーを対象としたものが多く、中でも社会言語学の観点から彼らの言語生活や言語使用を調べたものが多い（マーハ1997b; 植田2001; 前田2003; 金徳龍1991; 金美善2003; 生越1991, 2005; 任1993など）。1980年代以降に来日した韓国人、いわゆるニューカマーを対象とした研究はまだ少ないのが現状である。生越（2005）は、ニューカマーに属する在日コリアン[5]を対象に彼らの言語使用意識を調べているが、それによると、ニューカマーとしての在日コリアンの言語選択と言語使用には、本人の出身地や、来日20年後の現在の居住地、親の出身地という要素が密接に関係しているという。またニューカマーは韓国語の使用意識においてオールドカマーと違いが見られるという。具体的には、ニューカマーが韓国語を生活語として使用しているのに対し、オールドカマーは同胞としてのアイデンティティを確認する道具として、いわゆる社交語として韓国語を使用しているという。このような調査からは言語規範や社会言語規範を共有するスピーチ・コミュニティーであっても実際の生活に関わる言語的、社会的背景と環境が異なれば、コミュニティー言語の使用や意識に差が出てくることを示唆して

いる。

　韓国人居住者を対象にした接触場面研究については、主に日本語教育の視点から韓国人非母語話者の言語問題や調整行動を取り上げているものが多い（金銀美2005; キム2008など）。キム（2008）[6]では韓国人超上級日本語話者を対象とした接触場面の調査・分析を行っており、韓国人超上級日本語話者の接触場面の参加における言語管理の特徴を明らかにしている。具体的には韓国人超上級日本語話者は接触場面の円滑なコミュニケーションのために「同調的な応答」や「時間稼ぎ」、「上昇イントネーション」などといった調整ストラテジーを使い、接触場面の管理を行っているという。しかし、韓国人超上級日本語話者の事前調整の多くは相手の日本語母語話者には気付かれず、接触場面の言語問題として取り上げられないことが多いと指摘している。またこうした韓国人超上級日本語話者の事前調整は、その内容と使用頻度からして母語話者にはあまり見られない調整行動であり、他の日本語非母語話者の接触場面の調整行動とも異なる管理であるという。その点では、接触場面の変容の一面がうかがえると言えよう。一方、今（2010）は、韓国人居住者の言語バイオグラフィーやネットワークに関するインタビュー調査を基に、韓国人居住者が日本人との接触場面において、どのように自己の役割を位置づけ、表出しているかを「footing」の概念を使い、分析している。それによると、韓国人居住者は他人の言葉を代用することによって他人との関係や他人に対する自己の態度を示したり、共感を求めたりするfootingの管理を行っていることを明らかにしている。こうした研究からは、韓国人居住者の接触場面の参加における言語管理の一面をうかがうことができるとともに、韓国人居住者の社会言語学的プロフィールと、接触場面研究をつなぐ新たな研究方法の可能性についても考えることができる。また、今（2012）では通時的観点から日本に長期滞在する韓国人居住者の言語管理について考察している。言語バイオグラフィーから韓国人居住者の言語環境や言語意識の変化を探るとともに、彼らの現在の言語使用に至るまでの過程を通時的に探ることにより、日本語使用や接触場面の参加に対して持っている方針を明らかにしようとしている。

　言語バイオグラフィーを使った通時的視点からの考察は、接触場面の参加者の背景を理解し、接触場面の変容を捉える上でも重要な手掛かり

になると言えよう。

　一方、接触場面の調査において参加者の社会的・言語的背景は単に補助的な情報として扱われることが多かった。接触場面の参加者はどのようなコミュニティー（e.g. スピーチ・コミュニティー、移民コミュニティーなど）に属し、現在はどのような接触ネットワークを持ち、どのような接触場面に参加しているかといった、参加者の言語的、社会的背景についてもより多様なアプローチにもとづく調査が必要であろう。以下では、接触場面の参加者の背景を捉える際のいくかの視点について取り上げてみたい。

4　接触場面の参加者の背景を考える際のいくつかの視点

（1）どのような「スピーチ・コミュニティー」と「社会的コミュニティー」に属しているか

　ファン（2006）は接触場面を考える際には、接触場面の場面性や参加者、接触場面のタイポロジーなどの考慮が必要であると指摘している。またファン（2006）は、接触場面では参加者を異なるスピーチ・コミュニティー（言葉の共同体）の成員として定義することが必要であると述べている。スピーチ・コミュニティーは、発話に関する行動と解釈の規則に対する知識を共有する地域社会として定義される（Hymes1972;ファン2006）。すなわち、インターアクション能力の共有がその基準となるが、そのときのインターアクション能力の共有は、言語規範や、コミュニケーション規範、社会文化規範の共有からなるとされる。この基準からすると、例えば、日本に居住する韓国人（ニューカマー）と中国朝鮮族、また在日韓国・朝鮮人（オールドカマー）とのコミュニケーション場面は、常に同じスピーチ・コミュニティーによる場面としてより、インターアクション能力が異なる参加者による接触場面として捉えることができる。実際、在日中国朝鮮族と韓国人居住者との接触場面の調査では、在日中国朝鮮族の参加者は朝鮮語の社会言語規範の使用に自信がないため、当該の場面を共通言語が使える接触場面としてではなく、日本語の第3の共通言語を使用する接触場面として位置づけ、自身の言語選択を調整していたことが報告されている（高・村岡2009）。つまり、在日中国朝鮮族に見られる朝鮮語使用の回避や日本語へのコード・スイッチングのような

調整行動は、スピーチ・コミュニティーと接触場面の参加の態度をめぐる管理の一つの例と考えられる。

一方、接触場面の外国人参加者は来日の目的によって移民コミュニティーやゲスト労働者コミュニティー、国際結婚、留学生、観光客など様々な社会的コミュニティーにも属している（ネウストプニー1997）。特定のスピーチ・コミュニティーに属していない参加者でも上記の社会的コミュニティーには属していることが多い。日本における接触場面の参加者の背景をより理解するには、彼らがどのような社会的コミュニティーに属し、また、それぞれのコミュニティーに対し、他のコミュニティーの参加者はどのようなことを期待しているかについて考えることも必要であろう。言うまでもなく、コミュニティー間の移動があり得ることや、コミュニティー・タイプが常に流動的であることも忘れてはならない（ネウストプニー1997）。

(2) どのような接触ネットワークと言語使用グループに関わっているか

参加者の持つ個人ネットワークは、ファン（2006）の接触場面の3つの分類に従って、①共通言語ネットワーク、②相手言語ネットワーク、③第三者言語ネットワークに分けて考えることができる。それぞれの接触ネットワークからはどのような言語意識・態度が予想され、またそれはどのような言語管理の傾向と結びついているかを考察する必要がある（村岡2003）。また、高（2014）では、接触場面の参加者の言語使用を、出身地での言語習得と現在の言語習慣（言語使用パターン）を基に次の4つのグループに分けている。

①出身地で単言語使用者で、日本でも主として母語または日本語のどちらかの言語を中心として使うモノリンガルグループ
②出身地で単言語使用者で、日本では主として母語と日本語を使用するバイリンガルグループ
③出身地で多言語使用者で、日本でも主として多言語を使用するグループ
④出身地で単言語使用者で、日本では主として多言語を使用するグループ

単一言語社会という出身地の言語環境の影響を受けていると考えられる韓国出身者の場合、①②の言語使用グループが多いと予想されるが、それは、これまでの韓国人居住者の接触場面研究が主に①と②のグループを対象にしたものが多かったことからも裏付けられる。しかし、③と④のグループに属する参加者が増えてきている今日、参加者の言語背景や使用をより多様なものとして捉えていく必要がある。さらに、これらの異なるグループ間で言語使用や言語管理がどのように異なり、類似しているかについても比較・分析し、接触場面の変容を捉える一つの手がかりにしていくことも必要であろう。

5 | 韓国人居住者の接触場面研究（ケーススタディー）

　本節では、ケーススタディーとして、韓国人居住者2人（KR1とKR2）の言語意識の変化と接触場面の参加における態度やインターアクション管理を取り上げる。その際、接触場面の変容を捉えるための調査方法の試みとして、これまで社会言語学研究や接触場面研究において使用されてきた2種類のインタビューを併用する。1つは参加者の言語環境や言語意識を通時的に探るための言語バイオグラフィー調査（Nekvapil 2004）、もう1つは参加者の接触場面におけるインターアクション管理を見るためのインターアクション・インタビューの調査（ネウストプニー 1994; 村岡 2002）である。ただし、インターアクション・インタビューに関しては、KR1の場合は時間の都合上行うことができず、KR2のみの調査となっている。それぞれの具体的な調査方法については次のとおりである。

5.1　調査方法

　言語バイオグラフィーは、非構造化インタビューにより、調査協力者の生い立ちから言語環境、言語習得、言語意識などについてのあらましを記述する方法である（Nekvapil 2004; 村岡 2008）。本章でも参加者により語られる事実レベルのデータと主観的なレベルのデータを基に、特に言語環境が報告された部分を中心に、参加者の言語使用と意識が来日前と後においてどのように変わってきたか、また接触場面の参加の態度においてはどのような変化が見られるかを見ていく。一方、インターアクシ

ョン・インタビュー（interaction interview）は、調査協力者に半構造化インタビュー形式で1週間の出来事や行動について報告してもらい、それを基に参加者の日常生活における言語行動やインターアクションの管理の実際を把握するものである。本調査では特に接触場面のインターアクションへの参加の具体的な事例について、その時の意識や規範の適用を中心にインタビューを行った。

5.2 調査協力者

今回調査協力者となった韓国人居住者は、国際結婚で来日した主婦と、留学の目的で来日した留学生1名ずつである。2人の調査協力者は同じスピーチ・コミュニティーに属しているが、社会的コミュニティーはそれぞれ「日本人配偶者」と「留学生」となっている。当然、両者は育った時代や社会的・言語環境も異なる。1人（以下KR1）は当時まだ海外への移動や交流が少なかった80年代の初めに来日しており、今日のような多言語環境になっていない時代に日本語の習得と接触場面への参加を経験している。もう1人の調査協力者（以下KR2）は2000年代の後半に来日した人で、いわゆるグローバル化や多言語・多文化社会の環境が進んだ中での外国語習得と接触場面への参加を経験している人である。このように異なる背景を持った2人の韓国人居住者を見ていくことは、時代や社会の変化とともに接触場面の参加がどのように変わってきているかを捉える手掛かりになると思われる。KR1とKR2の詳しいプロフィールは以下のとおりである。

表1　調査協力者のプロフィール

	KR1	KR2
出身	韓国・ソウル 韓国語	韓国・ソウル 韓国語
性別・年齢	女性・50代後半	女性・20代後半
日本滞在歴	26年	3年
家族構成	3人（子供1、日本人夫）	一人暮らし
職業・身分	日本人配偶者 （週2回ボランティア教室で韓国語を教える）	大学生（韓国で社会人経験も持つ）

使用言語（言語使用グループ）	来日前は単言語、来日後も主として日本語を使用する単言語、最近においては日本語と韓国語の2言語使用に変わる	来日前は韓国語と日本語の2言語、来日後は主として日本語、最近においては、韓国語、日本語、英語の多言語使用に変わる
インタビュー時間・言語	180分、韓国語（言語バイオグラフィー）	200分、韓国語（言語バイオグラフィー、インターアクション・インタビュー）

5.3 KRI のケーススタディー

(1) 参加者の背景

KRIは韓国の単言語社会と言われる環境で言語を形成した。高校卒業まで母語である韓国語で生活をしていた。周りに外国人の友人もいないし、学校でも勉強以外は外国語に触れる機会もほとんどなかった。高校卒業後の1972年に当時の政府が派遣するコンピューター研修生に応募し働く。1973年には同会社から研修生として日本に派遣される。1年間の海外での研修生活を終えた後は、韓国に戻り、日系の会社や韓国系の会社で6年間働く。その後、仕事の関係で知り合った日本人男性と結婚し、1983年（初来日10年後）に再来日（東京）する。現在は子供と夫、3人で首都圏内に居住している。

(2) 来日前と直後の日本に対する印象

KRIは国際結婚にともない再来日する前に仕事で日本に1年間滞在したことがあったが、その時の日本の印象について次のように語っており、来日前から日本に対し好印象を持っていたことがうかがえる。

KRI：「日本に対する印象はまるでパラダイスのような強い印象をうけた。それ以来、日本人や日本社会について常に憧れを持っていたので、再来日した時はとても感激した。」[7]

(3) 再来日前後の日本語の習得に対する意識

KRIは、研修生として来日した時の1年間と、韓国に帰った後は会社の仕事などで日本語を覚えたという。再来日後も、学校に通ったり誰かに教えてもらうこともなく、自らも日本語を意識的に学習するという意

識もなく、夫との会話や近所との付き合いなどで自然に習得したという。KRlは日本語の習得について次のように語っている。

> KR1：「韓国で漢字を習っていたので、日本語は習得しやすかった。特に学校とかで正式に日本語を習おうとする意識はなかった。簡単な会話や仕事で使う言葉くらいできればいいと思った。」

(4) 再来日以降の言語使用状況と意識

　KRlの日本での生活は、23年間、ほぼ日本語が中心だった。周りに韓国人ネットークがなかったこともあり、また、生活のためには家庭でも外でも日本語中心の生活だった。子供に対しても母語の韓国語はほとんど使うことがなく、子供とのやりとりは子供が大学で韓国語を習うまでほとんど日本語であった。しかし、3年前のある日、転機がやってきた。ボランティア活動でたまたま知り合った韓国人と韓国語で話した時、母語の韓国語が普通に話せないことに気付いたという。KRlはその時からNHKの韓国語講座などを見ながら、母語である韓国語の勉強を始めた。韓国放送を聞き、韓国語の本を読み、韓国語の授業にも生徒として参加するなど、韓国語を取り戻すために積極的に自身の言語使用を管理した。KRlはその時の自身の言語意識の変化について次のように語っている。

> KRl：「母語は使わなくても常に自分の中にインプットされていると思っていた。使わないうちに母語が使えなくなっていたことに気付き、とてもショックだった。同時に、日本語での生活にとても疲れていたことに気づいた。」
>
> KRl：「日本語がそれほど上達しなかったのも母語が上手く話せなかったことに原因があると思った。今のように話すようになるまで3年もかかった。いまも自分の韓国語能力は60％しかないと思っている。」

(5) 現在の接触ネットワークと言語使用に対する意識

　KRlは2005年ごろから地域のボランティア活動にも積極的に参加し、

多様な接触ネットワークを持つようになった。またこうしたボランティアの活動から韓国語を使用する機会が増え、現在は日本語と韓国語を併用しながらも韓国語を中心とする生活をしているという。KR1は現在の自身の言語使用について次のように報告している。

KR1：「日本人との交流を通じて、日本の社会や日本語のこと、また韓国の社会や言葉について関心を持つようになり、日々新しい情報や知識を得るための勉強と常に自分の言葉づかいを振り返りながら言語使用を意識している。」

KR1：「3年前までは日本語が中心だったし、何でも日本式で考えようとした。現在は、相手や場面によって言葉を選んでいるし、日本語で話す時でも自分の考えや気分で判断したり、行動したりしている。日本のことも韓国のことも両方理解でき、両方の言葉が話せることが今はとても誇りに思う。」

5.4　KR2 のケーススタディー

（1）参加者の背景

KR2は1980年代の生まれで韓国育ちである。韓国では短大を卒業し、1年間会社に勤めた後、2007年に1年間ワーキングホリデービザで来日する。韓国の大学では日本語を専攻しており、来日前にすでに日本語はある程度話せたという。ワーキングホリデーの時期は特に日本語学校などには行っておらず、働きながら日本語を習得する。1年間のワーキングホリデーを終え、2008年1月に帰国し、その年の4月に再来日する。その後は大学の進学のため、日本語の学校に通い、2009年には首都圏にある大学に入学する。調査当時は大学1年生で一人暮らしをしていた。

（2）来日前後の日本に対する印象

高校や大学の先生から日本についていろいろ教えてもらっていたが、実際に日本に来てみると言われたことといろいろ違いがあり、最初は戸惑うことが多かったという。また来日してからの日本の印象についてKR2は次のように語っている。

KR2：「仕事において公私の区別がはっきりしている。いつもマニュアル通りにやろうとしていて、融通がきかない時もある。それは悪くないが、時にはあまりにも徹底しすぎている感じがする。」

（3）来日前後の日本語の習得に対する意識
　KR2は高校生の時から日本語や日本文化に接しており、以来日本の歌手が好きで日本のポップカルチャーによく触れていた。しかしその時は日本語の学習までには至らず、本格的に日本語を学ぶようになったのは短大に入ってからだという。日本語以外に英語にも興味があったが、短大で日本語を専攻するようになってからは英語より日本語の学習に集中した。卒業と同時に日本語能力試験旧1級の資格も取得しており、韓国にいた時から日本語を学ぶ仲間と日本語で話をするなど、日本語については来日する前からある程度自信があったと話している。KR2は来日後も日本語の習得意識が高く、さらに自分の日本語を上達させたいという意識が強かった。そのため言葉だけではなく、何でも日本式に合わせようとしていたという。KR2はこれについて次のように語っている。

KR2：「アルバイト先で新しく入ってくる外国人にも日本の規範を強要した。同じ韓国人にも"日本人はそういうふうにしないので、そのやり方はやめて"とか"それは韓国だけに通じる話だよ"とかよく言っていた。今はその時ほどではないが、学科の日本人の学生たちと話す時は、会話のスタイルを日本式に合わせる。例えば、あいづちや日本人がよく使うフレーズを自分もよく使っている。」

（4）来日以降の接触ネットワークと日本語の使用意識
　ワーキングホリデーで来た時は、在日韓国人やアルバイト先の日本人と仲が良く、交友関係においては日本人とのネットワークが中心だった。そのため、言語はいつも日本語が中心で、韓国語はできるだけ使わないようにし、韓国人コミュニティーへの参加も意識的に避けていたと話している。また、日本人との会話で話題づくりのために、日本のドラ

マやテレビなどをよく視聴し、わざわざ商品名やタレントの名前を覚えるなど、日本語の使用や日本人とのネットワーク作りを積極的にやっていた。次のKR2の発話からはKR2の日本語の使用に対する意識の一面がうかがえる。

> KR2:「周りから日本人みたいとよく言われた。今でも自分を日本人だと思う人がいるが、そういう人にはずっとそう思ってもらいたいからずっと日本語で話している。」

大学に入ってからは韓国人のネットワークが増え、韓国人留学生とは普通に韓国語で話すようにしているが、ただ、教室のような日本人が多いところで韓国人留学生と話す時はできるだけ声を小さくして話すようにしているという。これについてKR2は次のような説明をしている。

> KR2:「韓国語で話すと周りの日本人に見られる。彼ら（日本人の同級生）は、最初は珍しいので興味を持ってくれるが、すぐに興味がなくなり、そのうち無視され、彼らの視野から自分たちがいなくなる。ずっと興味を持ってくれると、そこから話がいろいろできるのにそこまでなかなかいかない。そういうふうにされたりするのが嫌なので、最初から日本語を使おうとしている。」

また、韓国語の使用については、KR2は韓国人同士では日本語を使うと、韓国語訛りや韓国人の癖のある発音に影響されるので、韓国人とは韓国語を使用するようにしているとも報告している。しかし、話題によっては韓国語から日本語にどうしても切り替わってしまう時があるという。

（5）接触場面の参加をめぐる意識と態度

KR2によると、来日直後は、日本人との接触場面では常に日本語や日本人の規範に合わせようとしていた。しかし自分は日本式で考えて接していると思っても相手からやっぱりあなたの考え方は違うと言われる時があるという。自分より日本に長くいる周りの韓国人と交流するように

なり、彼らの影響もあり、今は最初の頃よりは自分を出すようにしている。これについてKR2はさらに次のようなエピソードも付け加えた。

> KR2:「最初は大体みんな日本に近付こうとするが、その過程を通過すると再び韓国人の意識が戻るようで、日本に長くいる友達の中にはそういう人が結構いる。ある日、来日5年ぐらいになる友達と電車に乗ろうとして他の日本人のように並ぼうとしたら、友達は並ばなくてもいいという。自分は"ここは日本だから"というと、友達は"大丈夫、我々は韓国人だから"という。また、別の友達も日本のお店を出るとき、店員さんに"ありがとうございます"をあまり言わないので、なぜ言わないのかと聞くと、必ず言う必要がないからという。そう言っている友達も最初は日本の規範に合わせてやっていたようだが、今はそうする必要はないと思うようになり、しなくなったという。」

以上のようにKR2の接触場面に対する意識は、日本の生活への慣れと周りの人や環境の影響により少しずつ変化していくことが分かる。つまり、最初の頃は接触場面に参加しているということだけで意識的に相手の規範に合わせたり、一方的に相手の規範を受け入れようとし、いわゆる外来性（foreignfactors, Neustupný 1985）をできるだけ出さないようにしていたと考えられる。しかし、現在は状況や場面によっては逆に自分の外来性をアピールしたり、そうすることで自分を出すという態度に変わってきているのである。このような意識や態度の変化の裏付けとして、KR2は次のように話している。

> KR2:「日本人との会話の時に最初は分からないことがあってもあまり聞かなかったが、今は分からないことはちゃんと聞く。また自分の性格について日本人に指摘されると、昔は黙って聞いていたが、今は、それは文化の違いですと反論する。また韓国人が起こしたトラブルについて周りの日本人に韓国人だからそうだという誤解をされなくないので、同じ韓国人という立場ではなく、第三者の立場で状況を説明したりする。」

KR2のインターアクション管理

　ここでは、さらに、KR2の実際の接触場面におけるインターアクションを取りあげ、どのように自身やまたは相手のインターアクションを管理しているかを言語管理（ネウストプニー 1995）の視点から見ていく。KR2はインタビューで自分の発話や行った行動をよく振り返ると話しているが、接触場面でのインターアクションについても強い意識があり、管理していることが以下のKR2のインターアクション・インタビューの報告からうかがえた。

（1）接触場面のインターアクションへの参加の仕方を管理する
　KR2の報告からは、日本語によるインターアクションへの参加の仕方を日常的に留意し、また評価している様子が見られる。
　KR2は指導教員に推薦状を依頼するために研究室を訪ねた際の指導教員とのやり取りで自身の発話を強く留意したことを報告している。KR2は「指導教員が、自分が同じ学年の人より年上であることを知った時、"でも、若く見えるよね"と言ったことに対し、すぐに"ありがとうございます"と返事をしたという。KR2は後で自分の発話を振り返って「ありがとうございます」は、先生に対しては軽くて失礼な言い方で、一般の人と話している時と同じ言い方になってしまったことを後からすごく気になって反省したという。この報告から考えられるのは、KR2は普段会話の相手から誉められる時は、「謙遜」ではなく、「受入れ」の応答にしていることである。しかし、日本語の社会言語規範では、一般的に目上からの「誉め」には「謙遜」の発話で応答するのが多い。KR2は自身の応答がこうした日本語の社会言語規範から逸脱していることに後から留意し、否定的に評価する管理を行ったと考えられる。

（2）接触場面での参加の役割を管理する
　KR2は日本人のクラスメイトに今度韓国に旅行に行くので、韓国のいいスポットを教えてくれと言われ、積極的に情報提供をしたことを報告している。KR2によれば、以前は日本人に韓国について聞かれるのがあまり好きではなかったというが、大学に入ってからは日本人の友達といろいろな話題を作りたいために、また関心を持ってもらいたいことか

ら、今は自分から積極的に情報提供するようにしていると話している。この例からはKR2が接触場面の参加において自身の役割を管理することにより、最終的に自身の接触ネットワークを管理しようとしていることがうかがえる。

（3）接触場面のインターアクションを事前管理する

KR2は引っ越ししてきた先の市役所で所得証明書の申請のために訪ねた際のインターアクションについて報告している。所得証明書の場合、原則は以前居住していた地域で申請することになっているが、旧居住地まで行くのは大変と思い、新居住地の市役所の職員に証明書の申請の代行を頼むため、市役所に行ったが、窓口で聞くのをやめて帰って来たという。その時の状況についてKR2は「日本は原則を守るという意識が強いので、職員に頼むのは無理かなと思い、あきらめて帰って来た」と話している。ここでのKR2は相手の規範を強く意識したあまり、必要なインターアクションの開始を回避しており、事前管理していることがうかがえる。またKR2は銀行の業務や公的な場所でもいろいろと聞きたいことや頼みたいことがあるが、いつも諦めていることも報告しているが、その理由の一つとして説明が難しいことや、専門用語に自信がないなどの言語問題を挙げている。結局、KR2は当場面でのインターアクションを回避する代わりに、他の人に聞くか、自分で調べるといった調整ストラテジーを使い、インターアクション問題を解決しているという。

（4）日本語母語話者の調整行動を管理する

KR2は郵便局で定額小為替を買おうとした時、郵便局の人に言葉を訂正されたことを報告している。KR2は、「小為替」を「小切手」だと勘違いし、郵便局の人に「小切手ください」と言ったら、「小為替です」と訂正されたという。またKR2は速達で送る場合は何日かかるかと郵便局の人に聞いたようだが、郵便局の人にそれも分からないかのような顔をされたという。そこでKR2は「ここがもし韓国だったらあなたたちに聞かなくてもよく分かる。ここは日本だから、日本では速達で何か送ったりした経験がないので、手続きの知識がないので、聞いている」と頭の

中では思ったが、言えなかったという。ここではKR2の相手のインターアクションに対する管理がうかがえる。特にKR2が日本語母語話者の行った自分に対する調整行動を留意し、それを否定的に評価しているところは、相手の規範を常に受け入れようとしていたKR2の来日直後の意識と比べると、かなり変わってきており、接触場面のインターアクションをめぐる意識の変化の一端がうかがえる。

　以上、KR2のインターアクション管理を見てみたが、ここからは現在のKR2の接触場面の参加の態度や日本語のインターアクションをめぐる意識が明らかになっただけではなく、KR2の言語バイオグラフィーの調査でうかがえたKR2の言語意識の変化がどのように現在のインターアクションに反映されているかについてもみることができたと言える。

5.5　2つのケーススタディーから見えてくる韓国人居住者の接触場面の参加の特徴

　KR1とKR2のインタビュー調査からは以下のような通時的管理に基づく現在の接触場面の参加の特徴がうかがえる。

（1）異なるスピーチ・コミュニティー規範の抑制と管理
　KR1の場合、韓国語のスピーチ・コミュニティーの規範を基にするインターアクション能力が日本での生活においては長年使用されず、抑制されていたと考えられる。つまり、KR1にとっての日本での接触場面への参加は、韓国語のスピーチ・コミュニティーであることを潜在化させて、相手の日本語スピーチ・コミュニティーに同化するための参加であった可能性が考えられる。それに対し、KR2の場合は、KR1が時代や社会的環境によって無意識のうちに自らの韓国語によるインターアクション能力を抑制していたのとは異なり、意識的な言語管理によって自らの韓国語スピーチ・コミュニティーとしてのインターアクション能力を抑制し、日本語でインターアクションする接触場面に参加しようとしていたと考えられる。また、KR1もKR2も来日以前、以後しばらくは単純に外来性を抑制する意識が強かったのに対し、現在は自身の属するコミュニティーをはっきりと、韓国語コミュニティーと外国人コミュニティーとして位置づけることによって、より多様な接触ネットワークを持つよ

うになり、さらにそれはKR1とKR2の現在の多様な接触場面の参加につながっていると言える。

(2) 参加者の言語習慣の通時的変化とインターアクション管理

KR1は、来日前と直後はそれぞれ、出身地では単言語使用者として、日本では主として日本語を使用するモノリンガルのグループに入っていた。しかし、時間が経つにつれ韓国語と日本語の二言語を使用するバイリンガルの言語使用グループに変わっている。こうしたKR1の言語使用の変化は、実際のインターアクション場面においても、KR1が日本語母語話者の言葉づかいを留意したり、韓国人の日本語風の話し方を留意したり、あるいは自己の韓国語を管理したりする形で現れている(5.4(5)を参照)。またKR2は来日前から韓国語と日本語の二言語使用者であったが、来日直後は意識的に日本語を中心とするモノリンガルの言語使用に変えており、KR1とは逆の言語生活をしていた。しかし、KR1と同様に時間が経つにつれ、KR2も韓国語と日本語の二言語中心の言語使用に変えている。さらに、KR2は現在大学で英語の習得も積極的に行うなど、多言語使用グループとして、自身の言語使用を管理しており、その一連の言語管理は今後KR2の言語意識や接触場面の参加にさらなる影響を与えるものと考えられる。

(3) 接触ネットワークの管理

KR1は、来日直後は日本人のネットワークしか持っていなかったため、ネットワークの使用や接触場面への参加においても自分を常に抑制した形での参加しかできなかった。しかし、現在においては、在日朝鮮人のネットワーク、韓国人ネットワークなど様々な接触ネットワークが増えることにより、自身を抑制せず、自己を呈示するようになり、その結果、接触場面の参加や言語使用においてバリエーションが見られるようになっている。一方、KR2は、来日直後は積極的に日本人とのネットワークを作るために、韓国人ネットワークを意識的に回避していたものの、最近では二つのネットワークが維持されるように管理しており、特に日本語母語話者とのネットワークの管理においては上記の例からも確認できたように相手や話題に応じて自身の外来性を管理していることが

分かる（例えばp.330の「KR2のインターアクション管理」(2)を参照）。

6 おわりに

　以上、本章では言語バイオグラフィー・インタビューとインターアクション・インタビューという2種類の調査方法を使用し、ケーススタディとして、韓国人居住者2名の言語意識や接触場面の参加をめぐる意識の変化を取り上げてみた。調査の結果から韓国人居住者の接触場面研究および接触場面の変容について次のような点が示唆できるだろう。

(1) KR1のような言語背景を持つ韓国人にとって日本での接触場面への参加は、常に自己を抑制した形での参加である。つまり、個と個での対等な関係の接触場面ではなく、一方的に相手言語を受入れる形での参加であった可能性が高い。それは接触場面の形をとっているものの、自らの外来性を取り除こうとする管理だけが強調される非対称的な接触場面の形になっていたと考えられる。

(2) 「参加者」の視点から韓国人居住者の多様な言語事情を捉える必要がある。特にKR1のような形の参加は、ポストモダン以前のパラダイムの中の接触場面への参加にも似ており、初期ニューカマーの韓国人居住者の中には、KR1のような言語意識を持ち、接触場面の参加を経験してきた人たちが少なくないと予想される。従来の接触場面の研究においてあまり取り上げることのなかったKR1のようなタイプの接触場面研究は、日本での韓国人居住者を取り巻く言語環境の流れを理解する上でも、またそれに基づく多様な接触場面の変容を捉える上でも大きなヒントになると思われる。

(3) 言語環境の通時的変化とともに接触場面への参加意識と管理も変容することが明らかになる。韓国人居住者の来日直後に見られる接触場面への参加からは、自分を出さない、いわゆる外来性を潜在化させることにより、相手言語規範に合わせるという意識がうかがえる。それはKR1のように主として社会的な環境の要因による場合もあれば、KR2のように意識的に接触場面の参加を管理し

た結果による場合もある。しかし、どちらの場合においても、社会的な位置や接触場面をめぐる状況の変化、接触場面の経験が増えるにつれ、外来性が接触場面において留意されなくなると、今度は自分を出したい、外来性を顕在化させたいという、これまでとは違った接触場面への参加の意識や管理が生じている。またこのような参加者の接触場面の参加意識と管理は、参加者の接触場面の参加の歴史の長いスパンの中で見ることもできれば、現時点の接触場面におけるインターアクションからも見ることができる。

最後に、本調査はケーススタディーに過ぎず、上記の結果を韓国人居住者の接触場面に特有なものであると一般化するにはまだ不十分な点が多い。しかしながら、本章での考察からは、外国人居住者による接触場面の変容の実態を見るためには参加者のライフヒストリーや現在の言語使用を通時的にまた共時的に捉えていくことが重要であることが示唆された。またこれらの研究において言語バイオグラフィーとインターアクション・インタビューの有効性も明らかになったと思われる。今後の研究の方向性を確認して、本稿を閉じることとしたい。

注　[1]　生越（2005）では日本に居住する韓国人は、来日時期によって大きく二つに分けることができるとしている。一つは日本の植民地時代前後に来日した人たちとその子孫で、いわゆるオールドカマー（old comer）であり、もう一つのグループは近年になってビジネスや結婚、留学などのために来日した人たちと家族で、いわゆるニューカマー（new comer）と呼ばれる人たちである（生越2005: 11）。本稿では後者のグループのうち、韓国籍を持つ人たちを対象にしている。ニューカマーと在日の関係については前田（2005）が詳しい。
　　　[2]　法務省ホームページ（http://moj.jo.jp/）「2015年12月現在における外国人登録者統計について」より。
　　　[3]　「生活者としての外国人」は、在留資格や使用言語にかかわらず、日本人との接触が頻繁にあり、日本での様々な接触場面に参加しているとされる（ファン2008）。

[4] 日本人の国際結婚のカップルのうち配偶者の片方が韓国・朝鮮籍（在日を含む）を持つカップルの数は40,272（2005年現在）で、日本人との国際結婚による日本への移住者は年々増えている。

[5] 本研究におけるインターアクションインタビューは韓国語で行っており、データは筆者による翻訳である。

[6] 本書の第11章に加筆修正して所収。

参考文献

ファン，サウクエン（2006）「接触場面のタイポロジーと接触場面研究の課題」国立国語研究所（編）『日本語教育の新たな文脈——学習環境、接触場面、コミュニケーションの多様性』pp.120–141．アルク

ファン，サウクエン（2008）「地域日本語教育システムづくり検討プロジェクト」『外国人に対する実践的な日本語教育の研究開発（「生活者としての外国人」のための日本語教育事業）報告書』（平成19年度文化庁日本語教育研究委託）pp.6–13．日本語教育学会

Hymes, D. (1972). Models of the interaction of language and social life. In Gumperz, J. & Hyems, D. (Eds.), *Directions in sociolinguistics* (pp.35–71). New York: Holt, Rinehart and Winston.

前田達朗（2003）「「在日」の言語意識」真田信治他（編）『在日コリアンの言語相』pp.87–116．和泉書院

キム，キョソン（2008）「韓国人超上級日本語話者の言語管理——事前調整を中心として」村岡英裕（編）『言語生成と言語管理の学際的研究——接触場面の言語管理研究 vol.6』（千葉大学大学院人文社会科学研究科研究プロジェクト報告書198）pp.13–27．千葉大学大学院人文社会科学研究科

金美善（2003）「混じり合う言葉——在日コリアン一世の混用コードについて」『月刊言語』6, pp.46–52．

金徳龍（1991）「在日朝鮮人子女のバイリンガリズム」マーハ，J. C.・八代京子（編）『日本のバイリンガリズム』pp.125–148．研究社出版

金銀美（2005）「接触場面におけるコミュニケーション調整行動——日本語母語話者と韓国人日本語学習者の会話より」『言語情報学研究報告』6, pp.243–260．東京外国語大学

高民定・村岡英裕（2009）「日本に住む中国朝鮮族の多言語使用の管理——コードスイッチングにおける留意された逸脱の分析」『言語政策』5, pp.43–60．

今千春（2010）「日本の韓国人居住者のインタビュー場面におけるfooting」村岡英裕（編）『接触場面の変容と言語管理——接触場

面の言語管理研究 vol.8』（千葉大学大学院人文社会科学研究科研究プロジェクト報告書 228）pp.61–78. 千葉大学大学院人文社会科学研究科

今千春（2012）「韓国人居住者の接触場面に向かう言語管理——言語バイオグラフィーからの記述の試み」『外来性に関わる通時性と共時性——接触場面の言語管理研究 vol.10』（千葉大学大学院人文社会科学研究科プロジェクト報告書 248）pp.49–67. 千葉大学大学院人文社会科学研究科

マーハ, J. C.（1997b）「日本のコリア・バイリンガリズム」『多言語・多文化コミュニティのための言語管理——差異を生きる個人とコミュニティ』pp.75–89. 国立国語研究所

村岡英裕（2002）「質問調査：インタビューとアンケート」『言語研究の方法——言語学・日本語学・日本語教育学に携わる人のために』pp.125–142. くろしお出版

村岡英裕（2003）「社会文化能力はどのように習得されるか——社会文化規範の管理プロセスからシラバスの構築へ」『日本語総合シラバスの構築と教材開発指針の作成論文集 第3巻 日本語教育の社会文化能力』pp.458–495. 国立国語研究所

村岡英裕（2008）「接触場面における多言語使用者の footing について」村岡英裕（編）『言語生成と言語管理の学際的研究——接触場面の言語管理研究 vol.6』（千葉大学大学院人文社会科学研究科研究プロジェクト報告書 198）pp.113–129. 千葉大学大学院人文社会科学研究科

Nekvapli, J. (2004).「Language biographies and management summaries」村岡英裕（編）『接触場面の言語管理研究 vol.3』（千葉大学大学院社会文化科学研究科研究プロジェクト報告書 104）pp.9–34. 千葉大学大学院社会文化科学研究科

Neustupný, J. V. (1985). Problems in Australian-Japanese contact situations. In Pride, J. B. (Ed.), *Cross-cultural encounters: communication and mis-communication* (pp.44–64). Melbourne: River Seine.

ネウストプニー, J. V.（1994）「日本研究の方法論——データ収集の段階」『待兼山論叢 日本学篇』28, pp.1–24.

ネウストプニー, J. V.（1997）「言語管理とコミュニティ言語の諸問題」『多言語・多文化コミュニティのための言語管理——差異を生きる個人とコミュニティ』pp.21–37. 国立国語研究所

生越直樹（1991）「在日韓国・朝鮮人の言語生活」『月刊言語』8, pp.43–47.

生越直樹（2005）「在日コリアンの言語使用意識とその変化」真田信治他（編）『在日コリアンの言語相』pp.11–52. 和泉書院

任榮哲（1993）『在日・在米韓国人および韓国人の言語生活実態』くろしお出版
植田晃次（2001）「「総聯朝鮮語」の基礎研究——そのイデオロギーと実際の重層性」野呂香代子・山下仁（編）『「正しさ」への問い——批判的な社会言語学の試み』pp.111–148. 三元社

第15章 接触場面に向かう言語管理
多言語使用者の会話における footing と言語バイオグラフィーによる分析[1]

村岡英裕

1 はじめに

　実際の時空間の中に出現する接触場面を考えるとき、言語に対する行動（Fishman 1972）の中には、その場で行われるミクロな「接触場面における言語管理」[2]（e.g.聞き返しや簡略化とそこに至るプロセス）だけでなく、習慣化されパターン化された「接触場面に向かう言語管理」もまた含まれている（村岡2010）。こうした管理を理解するためには参加者の言語使用の原則やストラテジーなどの継続的な管理を対象にする必要があるように思われるが、それはコミュニケーションの中でどのように現れるのであろうか。

　接触場面における逸脱にはメッセージ伝達にかかわる命題的な逸脱とともに、自分らしさを表示できない表出的な逸脱（presentational deviation）の存在が指摘されている（Neustupný 1985, 1994）。流暢さに欠けるために自分から口を開かない日本人英語話者が"shy"と判断されたり、外国人日本語話者が議論に夢中になってしまい反友好的な人間と思われたりするこうした表出的な逸脱は、パーソナリティの誤解と名付けられる。

　しかし、表出的な逸脱はパーソナリティの誤解に限られない。会話において付与される話し手や聞き手といった役割には、話題や相手の発話に対する態度を表示し、会話相手との関係の中に自己を位置づける重要な働きがある。こうした会話上の役割にあらわれる逸脱もまた表出的な逸脱につながるだろう。

　まず、会話上の役割を通じて参加者は自己をどのように位置づけるかを2003年に収録した内的場面における友人同士（共に男子学生）の会話例

で見てみる。

　話し手のBは大学に進学した理由を述べる中で、兄弟が多く大学に進むことを断念して会社で苦労した父親の話を始める。家族の話をすることは友人同士でもほとんどないため、Bは何度も念を押して、自分の私的領域を開示してもよいかどうかを確認しており、聞き手のAも聞く用意があることを伝えている（会話1）。

会話1

27B　これちょっと悲しい話になるけどいいの？
28A　うんいいよ．
29B　すごい悲しい話，しかも長いよこれ．
30A　＝いいよ．
31B　＝いいの？ちょっと（0.2）足りないかもしんないよ．
32A　＝うんいいよ．
33B　＝あのねーあ，おれそういう話したことないよねー．
34A　うんしたことない．[知らなかったxxxxx
35B　　　　　　　　　　　　　　　[聞きたい，聞きたい，聞きたい？
36A　うん，聞きたい．

　Bの父親の話題は次の会話2のように終結を迎える。

会話2

110B　そうそうそうそう．キャリア組．あのね．キャリア組にどんどん抜かれていくわけよ．そうすると．ほらおやじにいうと，こう．口とかには出さないけど悔しいんだよねー．でその思いを＾子供たちにはさせたくないと（A:うん）だから少しでもいい大学に行きなさいと（A:うん）といって．おれを—xxxx
111A　はあー．<u>話うまいね</u>
112B　だれが？
113A　<u>いいストーリーになった</u>
114B　いやxxx実話なんだ
115A　うん舐めなくていい？（飴の袋を取る）
116B　えいやいいと思うけど

第5部　接触場面の変容

340

117A	舐める？
118B	いや．いいや（笑）ちと感動でしょ？
119A	感動だね
120B	うん
121A	おとうさんのーがんばりにもね

　Bの話が終了した後、Aは下線部のようにすぐには聞き手としての優先的応答（cf. Levinson 1983）となりうる共感的な反応を示さない。Aの感想は非優先的（つまり、隣接ペアにおける優先的応答の規範からの逸脱）であり、「話」や「ストーリー」といった語によってBの話を茶化し、フィクションであるかのように扱おうとする姿勢が見られる。この姿勢はさらに話題から外れて飴をすすめる行為につながっている。

　聞き手Aの応答に対して、話し手Bは「だれが?」と疑問を呈し、さらに「いやxxx実話なんだ」と反論しており、BにとってAの応答は意外だったことが推測されるが、すぐに共感的なコメントの要求と提示によって、意外性は回収されている。

　このように、聞き手に与えられた応答の役割において非優先的なリソースを用いて示されたのは、まず話題に対して距離を取る姿勢である。つまり、Bの父親の話という私的領域に入っていたAが、Bに対して位置調整をして、私的領域に入り込まなかったフリをする、非関与（non-involvement）の位置調整を示したと考えることができる。

　以上の非関与のような会話上の自己の位置付けはfooting（Goffman 1981）と呼ばれる。もし聞き手Aの非関与の位置調整がその場限りの反応ではなく、2人の友人関係に従来から見られた相互行為のパターンであったとすれば、会話上の自己の位置づけにも、参加者個人の話題、人間関係、会話参加などに関する原則やストラテジーが表現されていることになるだろう。

　本章では接触場面に参加する外国人日本語話者がときに会話上の役割に逸脱しながらどのようなfootingを示そうとしているかを記述してみることにする。

2 研究の枠組み

2.1 会話上の自己の位置づけ

会話上の自己を考えるとき、その多重性ないし可変性を前提とすることが重要になる。たとえば、Zimmerman（1998）は相互行為の参加者について、談話上のアイデンティティ、状況上のアイデンティティ、可搬的なアイデンティティという3つの自己を挙げてその多重性を指摘している。

本章で取り上げるGoffman（1981）はこうした多重性、可変性をfootingとして概念化する。Nilep（2006）は、相互行為は一般にその目的や文脈の変化だけでなく参加者の役割の変化が特徴的であり、footingはそうした多様なスタンスないし多重ポジションを説明する有効な理論であると強調している。

Footingは、「参加者の位置調整、調節、立場、姿勢、投射された自己」に関連しており、「footingの変化は、人が自分や他の人々に対して取る位置調整（alignment）の変化を含意しており、人が発話の生成あるいは受容を管理するやり方において表現される」（"A change in footing implies a change in the alignments we take up to ourselves and the others present as expressed in the way we manage the production or reception of an utterance"）（Goffman 1981: 18）。

つまり、footingは発話の生成と受容において会話上のリソースをどのように管理するかを通して表示されるものであり、さらに言えば、話題に対する自己の姿勢も含んではいるが、むしろ焦点は相手に対する自己の相互行為的な位置調整にある。

接触場面研究においては、会話上の役割という問題は、基底規範をもとに構築される言語ゲスト―言語ホストの概念によって追求されてきた（Fan1994, ファン2006）。これは基底規範となった言語に対して参加者がどのような相互行為的な立場をとるかという観点から相手言語接触場面の会話上の役割を考察したものである。これにより、たとえば第2言語習得論で議論されてきた母語話者と非母語話者の会話調整（cf. Miyazaki 2001, Larsen-Freeman & Long 1991）はメッセージ伝達の問題解決手段というだけでなく、言語ホスト側の会話支援ストラテジーと言語ゲスト側の支援要

請ストラテジーとしてとらえることができるわけである。

　本章では言語ホスト－言語ゲストの役割は、母語話者－非母語話者に替わる、基底規範に基づく会話相手との流動的な役割関係と考え、接触場面におけるfootingの1つとして捉えることとする。

2.2　コミュニケーション・リソースと指標的機能

　発話の生成と受容の管理は、プロソディ、ピッチ、笑い、身体位置、コード・スイッチング、スピーチスタイル、人称表現、注釈表現、優先体系などさまざまなコミュニケーション・リソースを使って実現される[3]。

　参加者はこれらのリソースによって自己の位置づけとしてのfootingを示すことになる。リソースの変化はfootingの変化を示すが、もっとも明瞭に現れるのは、例2の聞き手Aの非優先的な応答のように、有標化されたリソースが現れたところであり、さらに言えば、規範からの逸脱が表示された箇所となる。本章の分析では、こうした有標的な発話に注目し、その中に接触場面に向かう管理の可能性をさぐっていく。

2.3　接触場面に向かう言語管理の時間的要素

　例2で指摘したことは、聞き手Aの発話「はあー．話うまいね」の距離をとる姿勢は、相手との関係においては非関与のfootingを示すということであった。しかし、このfootingが埋め込まれている、話し手Bの「だれが?」から始まる意外性の回収までのやりとりが示す意味はこれだけでは理解できない。茶化しと反論が、いつものパターンであり変わらぬ友人関係の確認であったのか、それとも私的領域を開示した結果として聞き手Aが批判的になり友人関係が危うくなったことを示していたのかは、彼らの人間関係の歴史と相互行為のパターンから理解されなければならない。いつものパターンであれば、Aの発話は配慮として意味づけられるし、そうでなければ、話し手Bのフェイス侵害行為（Brown & Levinson 1987）と解釈される可能性がある[4]。

　接触場面においても、こうした相互行為のパターンの歴史が見つかるとすれば、それは原則やストラテジーにつながる参加者の接触場面に向かう管理として考えることが可能であろう。本章では1つの試みとして

個人の言語経験を語る言語バイオグラフィー（Nekvapil 2003）から解釈に有効な時間的要素を取り出すこととする。言語バイオグラフィーとは調査対象者の言語形成、言語学習、言語使用についての報告からそのあらましを記述する方法であり、事実レベル（どんな出来事がどのように起こったか）、主観的レベル（どのように出来事を経験したか）、テキスト・レベル（出来事はどのように語られたか）のデータが収集できるとされる方法論である（Nekvapil 2003: 75）。

3 調査研究の概要

調査は2007年2月から3月にかけて、表1の3名を対象に行われた。日本滞在歴が5年以上であること、3言語以上の言語を日常的に使用したり、それらの言語によるネットワークが恒常的に確立していること、英語を第1言語としていないことを条件とした。多言語使用者を対象にしたのは、彼らがコミュニケーション・リソースを管理しながら多くの場面に参加しており、言語問題に対して事前に管理を行っていると考えたからである。

表1 調査協力者の背景

	ML1	ML2	ML3
出身	フィリピン	アルゼンチン	ブルガリア
性別・年齢	女性・40代前半	男性・20代後半	女性・30代前半
使用言語	タガログ語、英語、日本語	スペイン語、英語、日本語	ブルガリア語、英語、ロシア語、日本語
日本滞在歴	16年	6年	7年
家族構成	子供2人との3人暮らし	独身	独身
職業・身分	スーパーマーケット従業員	大学院在籍	求職中（博士取得）

データ収集は、インタビュー、会話録音、さらにML3については録音された会話時の意識を報告してもらうフォローアップ・インタビュー（Neustupný 1990, ファン2002）も実施した。

インタビューでは多言語使用の現在の状況と過去の言語使用につい

て、言語バイオグラフィーを報告してもらった。インタビューの記録時間は、ML1が29分50秒、ML2が72分26秒、ML3が94分43秒である。ML3に行ったフォローアップ・インタビューは41分46秒である。

また、調査協力者の会話の特徴を把握するためにICレコーダによって会話データの収集を行った。ML1についてはインタビュー時の録音データを使用し、ML2、ML3には日本語による友人との自然な会話の収集を依頼した。会話データのうち、footingが観察された箇所については文字化資料を作成した[5]。具体的な会話場面は以下の通りである。

ML1のインタビュー会話：
　ML1と調査者との初対面でのインタビューである。某日本語教室に出向き、3言語が使える外国人居住者に対するインタビューに協力を求めたところ、ML1が自発的に応じてくれた。インタビューは教室の外のロビーで行われた。インタビュー会話収録時間は29分50秒であった。
ML2の友達との会話：
　学部時代からの親友の男性との自宅での会話である。就職している友人が久しぶりに訪ねてきたため、近況、知人のうわさなどが話題として取り上げられていた。会話収録時間は25分45秒であった。
ML3の友達との会話：
　女友達とカフェおよびレストランでの会話である。カフェでの会話収録時間は42分50秒、レストランが44分43秒であったが、本章では集中的に会話が行われたカフェ場面を取り上げる。

4 言語バイオグラフィー

本節では、3名の多言語使用者が言語形成を行った社会の言語環境の素描から始め、ついでインタビューから明らかになったそれぞれの言語習得、言語使用の経験と態度について簡潔にまとめる。

4.1 ML1の言語バイオグラフィー
ML1の出身国であるフィリピンは人口9,910万人（World Bank 2014）、民

族構成としては「マレー系が主体。他に中国系、スペイン系、及びこれらとの混血、更に少数民族がいる」（外務省・各国地域情勢による）。フィリピン社会は英語とフィリピノ語が支配的とは言え、ポリグロシアな多言語社会と言うことができる（河原2002）。

ML1はフィリピンのバイリンガル環境で言語形成をしている。家庭、地域生活ではタガログ語、幼稚園から大学までの教育機関では英語を使用し、本人の自己申告ではほぼ同じ程度の言語能力を持っている。したがって、成人になってから外国語を学習した経験は日本語が初めてであった。

1991年（20代後半）に来日、日本人と結婚し、2人の子供をもうけた。その間、日本語は独学で学んでいた。5年前（30代半ば）に離婚し、子供2人と関東圏都市部に居住している。離婚してからは、学校からの配布物を理解するために、日本語教室に通い、書き言葉の習得を目指している。

ML1の言語選択は場面と相手によって異なる。職場では日本語、フィリピン人の友人や自分の子供たちとは3言語併用となる。フィリピン人の友人との会話ではタガログ語と英語が優勢である。子供とは日本語と英語が優勢になるが、叱ったり指示する場合にはタガログ語がでる。しかし、英語が国際語であることから子供には英語で話しかけるように心がけているという。

4.2 ML2の言語バイオグラフィー

ML2の出身国アルゼンチンは、人口4,298万人（World Bank 2014）、民族的には「欧州系（スペイン、イタリア）97％、インディヘナ系3％」（外務省・各国地域情勢より）、主流言語はスペイン語である。

ML2は大学まで母語であるスペイン語で生活をしていた。イタリア語、ポルトガル語は聞いて理解できる。中等教育で英語を学んだが、興味がなかった。ただし、コンピュータ・プログラミングに興味があり、必要な英語を独学で学んだという。

20代になり、奨学金を得て日本に留学し大学の集中日本語コースで初めて日本語を学んだ。各国の留学生とは、共通語が英語であったが、日本語学習に専念するために英語を使うことを避けていた。しかし、留学生とつきあううちに英語も話せるようになった。また、映画から多くを

学んだため、英語は悪口やスラングが多く、ヤクザのような英語になったと述べている。

ML2は来日当初、日本語母語話者のように日本語を使えるようになることを目標としていたが、不可能だと理解した。最近は、日本語のスタイルが、自分個人の習慣的な言語使用のスタイルに変わってきたと言い、ユーモア、アイロニー、逆接などを使用して会話をするのは母語のスペイン語の場合と同じであると述べている。

4.3　ML3の言語バイオグラフィー

ML3の出身国、ブルガリアは人口が723万人（World Bank 2014）、民族構成はブルガリア人（約80%）、トルコ系（9.7%）、ロマ（3.4%）などとなる（外務省・各国地域情勢による）。主流言語はブルガリア語で、スラブ語派・南スラブ語群に属し、ヨーロッパではスロバキア語やデンマーク語などのように中言語である。

ML3はブルガリア語を母語として育った。ただし、幼い頃から外国人（ロシア人の友達）と遊ぶ環境があり外国語に触れていた。英語で全教科を学ぶ高校に入学し、英語には不自由がない。ロシア語は第1外国語として学んだ。日本については子供のときから関心があった。大学で日本語専攻となり日本語を学んだ。1995年（20代前半）に日本に短期留学生として来日したが、自分が日本人のように話せないことにショックを受けて2ヵ月間日本語を話すのをやめたという。大学卒業後、ブルガリア駐在の日本の機関に就職。退職後、奨学金を得て2000年（20代半ば）に再度来日し、2006年（30代前半）に日本語研究で博士号を取得した。「日本語は自分のライフワーク」であると述べている。

現在、ML3はロシア語、英語、日本語をほぼセミネイティブの段階まで習得し、さまざまな言語背景を持つ人々とネットワークを広げており、東京圏では多くの外国人と知り合う機会があることを肯定的に評価している。

5　会話における自己の位置づけ

本節では、調査協力者3名について会話データから会話上の逸脱と目

される有標的なリソースを取り上げ、それがどのような発話者の自己の位置づけとして解釈できるかという点から、footingのラベル付けを試みる。

5.1 ML1の事例
5.1.1 分析
（1）インタビュアーを誉める

会話3はインタビュー開始後2分55秒のところである。調査者J1はインタビューにあたって、初対面のML1に対し英語でも可能なことを伝えていた。1J1でJ1は、日本語教室のクラスメートがML1を待っているが質問を続けられるかどうかを聞いている（なお、左端の数字は会話例での行番号を表す）。

会話3（インタビュー会話）

1J1 　　後は僕のほうで、ちょっ（1.5）だいじょうぶ[ですか20分位ですけど
2ML1 　[うん、だいじょうぶ They are waiting there（笑）
3J1 　　（笑）
4ML1 　<u>英語うまいですね</u>, thirteen years in Australia?
5J1 　　いや, あのー, thirteen years in Japan（笑い）
6ML1 　（笑い）and then xxx
7J1 　　five years in Australia an d
8ML1 　Australia

　ML1は独り言のように英語に切り替えてthey are waiting thereと述べた後、「英語うまいですね」とJ1の英語能力を誉め、さらに英語にコード・スイッチングしてJ1の個人的な背景を質問している。インタビューに答える側が質問する側の能力を誉めることは、インタビューというコミュニケーション・イベントにおいては有標であり、規範からの逸脱と考えられる。

　ML1は、インタビュアーを誉めることによって応答者の立場から質問者の立場へと移行しているが、その後、コード・スイッチングを繰り返しながらインタビューに答えるようになり、結果としてインタビュー場

面の基底規範は二重規範（Neustupný 2005）となったと言える。

　一方で、ここに見られる誉めは、英語へのコード・スイッチングが可能な場面においてML1が常套的に行っている相互行為と同類のものと言えそうである。同じインタビュー会話の会話4において職場でのコミュニケーションの状況が語られている。ML1は休憩中に日本人の従業員がMLIに対して英語で話しかけてきたときには英語で答え、さらに「Oh! very good English」と誉めているという。

会話4（インタビュー会話）
1ML1　sometimesたまに, もしじょうだん, あるんだったら, (J1：笑) どうしても, あー, むほうは, むほうは, 英語さいしょはいう, 返事は英語, for example, because, あのー, あのー, (J1：うん) I'm eh, foreigner (J1：uh) and then, then じゅうぎょうじんもいっしょうけんめい英語, むこうもわかるから, 英語をだからむこうもがんばってる, 英語を (J1：uh). だから eh, answer in English, and then he is happy because <u>Oh! very good English</u> (笑) そうそう, ジョジョーク (笑い)

　ML1の誉める行為は、二重規範を意図しながら、日本語の言語ホストである相手に対して、日本語の言語ゲストとしての自分の位置を英語の言語ホストとして再調整するfootingであると言えるかもしれない。

（2）英語へのコード・スイッチング
　ML1は、日本語と英語の交替ないし混交を繰り返していたが、以下の会話5でも英語へのコード・スイッチングが現れていた。ただし、会話5では周辺言語的な特徴によって有標性が強い。

会話5（インタビュー会話）
1ML1　だって, ほとんど使えるーからですね, フィリピンはだって, あの, フィリピンはなん, ちっちゃいから大学まで, だってこれはinternationalだから, どこいっても仕事できるの,
2J1　　[うん, 英語でね
3ML1　[だから, うん, だから, みんな, 3歳から大学まで, 学校はー, それなんだっ

　　　　　け, あのー compulsory? (J1:はい) ぜったい勉強, しないと, いけない (J1:う
　　　　　ん) ですね.
4L1　　日本ではそういう, インターナショナルな場所はあまりないですね
5ML1　<u>(笑い) そうですねもしたとえばなんだっけ, that is an opinion, (L1:うん) yeah
　　　　　to, you have freedom to of your own opinion ですね, 日本, so I can the president, I
　　　　　can say why that is 中学校, xxx you can only teach English (J1:uh) you can 3歳か
　　　　　ら, なれる (L1:うん) から,</u>

　1ML1–3ML1において、ML1は「だってこれ（英語、稿者註）はinternationalだから」と言い、フィリピンでは「3歳から大学まで（中略）あのーcompulsory」であると述べている。J1が同調的な応答をしたためか、その直後にML1の発話には声量の増大、笑いなどの有標の周辺言語的反応が現れる。そして発話のスピードを速めながら英語へとコード・スイッチングを行い、日本でも英語教育を早期から始めるべきであるという意見を開示している。
　ML1の話しぶりの変化は、インタビューの応答者の立場から離れたことを表示しているとともに、彼女の提供した話題、つまり英語の重要性に対する積極的な関与を表示していると言ってよいだろう。そうした表示によって、ML1は目の前にいるインタビュアーに対して、というよりは日本人一般に対して、国際語としての英語の使用者あるいは習得者としてのfootingを示したと考えられる。

5.1.2　ML1における接触場面に向かう管理
　ML1とのインタビューから明らかなことは、彼女がタガログ語と英語のバイリンガルであり、コードを常に切り替えながらコミュニケーションを行うことが常態となっていることである。以下に自分の言語使用についてのML1の語りを示す。

　　　{でもあの, friendは, フィリピン語だから, わかるから, だからほとんどタガログ語, タガログ語しゃべる. もしむこうが英語だったら私も英語, しゃべる, むこうがタガログ語だったら, わたしも返事はタガログ語. むこうから, なんか, 日本語は日本語, タガログ語はタガログ語, でもむこうからですね, わたし最初

じゃなくて，むこうは．日本語は日本語．あ，なんだっけ, adjust, adjust, I can adjust what is, ことば. he can talking about me. For example, 英語，私も英語．}

　ただし、タガログ語は「自分のdialect」であり、子供を叱るときに選択する言語であるが、英語については「タガログ語も英語も、いつも両方だから。同じレベル、レベルですね」と述べる一方で、「みんな英語勉強して、どこいっても仕事できるように、しゃべるもできる」とも言っており、その機能は道具的である。
　タガログ語や英語と比べると、日本語はまったく異なる位置づけになる。

{私は英語と，タガログ語は簡単ですね．もう勉強いらないんですね．ただ，日本語だけですね．今，漢字が分からないし，読めないし，ひらがな，かたかないけどさ，漢字は子供のために，それは頑張らないと．それが難しいですね。}

　ML1にとって日本語は難しいものであり、流暢に話せるものとは言えず、理解も困難なことが少なくないことがわかる[6]。日本語が基底規範として設定される接触場面を経験してきたML1にとって、自己評価の高い英語能力を誇示しうるネットワークを構築できるとすれば、日本語の規範を緩め、二重規範を実現することも可能になる。
　インタビュー会話に見られた2つのfooting（英語ホスト、英語の使用者）は、短いインタビュー会話に現れたものではあるが、そうしたML1の望ましい言語環境を実現する試みであり、言い換えれば、ML1の接触場面に向かう管理の1つであったと考えられる[7]。

5.2　ML2のfooting
5.2.1　分析
（1）相手の心的状態を直接に問う
　次の会話6と会話7はひと続きの会話であり、そこで行われているのは、訪ねてきたJ2の誘い（ないし提案）とML2の承諾の相互行為である。
　まず会話6を見てみる。ML2は久しぶりに訪ねてきた友人J2に対してこれからの予定を聞いている。

会話6

1ML2　明日帰るつもり
2J2　　うん，明日っていうか
3ML2　今日か（J2:うん）っていうか今日呑みたいの？
4J2　　今日？（笑い）
5ML2　<u>呑みたいんでしょ？もてたいん[でしょ？呑みたいんでしょ？</u>
6J2　　　　　　　　　　　　　　　　[xxx
　　　　こういうときに限ってねー[x
7ML2　　　　　　　　　　　　　　[<u>呑みたいんだろ？（笑）</u>
8J2　　（笑）

　J2が曖昧な答えしか返さなかったため、ML2は声量を増し、スピードをあげて相手の心的状態、つまり何をしたいのかについて強引に確認要求をしたわけである（5ML2）。最後にはマイナスのスタイルシフトによって（「のみたいんだろ」）、J2の意向を先取りして決めてしまっている（7ML2）[8]。

　こうした相手の心的状態を直接に問う質問は、「あなたはお酒を飲みたいですか」が運用上の誤用となるように、相手の私的領域の侵入となるため、一般的に規範からの逸脱として留意されると考えられる。

　相手との位置調整から見れば、この質問は、相手の行いたいはずの「誘い」の代弁として述べられており、発話意図を持つ他者（principal）の代わりに発話するanimator（発話者）としてのfootingが実施されていると言えるだろう（Goffman 1981）。

　ただし、ML2は誘う相手の代弁者であるが、同時に誘われる当事者でもある。さらに誘う相手にその発話意図を確認するという私的領域への侵入を行うことで、ML2とJ2の間の距離は一層なくなったと思われる。

（2）非優先的な承諾を与える
　会話6で確認要求を繰り返したML2は、J2の意図である誘いに対して自分で承諾を与える。

会話7

9ML2 わかんない,いいよ,明日わたしは休みだから明日,うん（1.5）明日ちょっとなんか勉強しよ,<u>かなってと思ったんですけど</u>,せっかくですから（笑い）,ちょっと勉強のばしましょう

　会話7では、ML2はプラスにスタイルをシフトさせて距離をつくるとともに、自分に負荷のかかることを示す非優先的な承諾を与えている。スタイル・シフト（Wardhaugh 1986）、または日本語における待遇レベル・シフト（三牧2002）は、相手との距離を管理する手段の1つであるが、同時に冗談のリソースとしても使用される（大津2007）。つまり、ここでは相手のJ2に対して、意図的に恩を売るフリのfootingを示していると考えられる。

　（3）非優先的な応答としての逆説
　以下に見る会話8と9は非優先的な応答が見られる例であるが、2例とも逆説のスタイルが現れている。
　会話が収録された3月は大学院生のML2にとっては春休みである。そこでJ2は久しぶりに再会した場面での会話の切り出しとして相手の近況をたずねることを選択し、話題を開始したと考えられる。

会話8

1J2　　もうずーっと休みでしょいまんところ[4月までは
1M2　　　　　　　　　　　　　　　　　[<u>ずっと　ずっと</u>
　　　<u>休み,ずっと休みだから頭痛い</u>（笑い）
2J2　　（笑い）そうだよねー
2ML2　いや,休みっていうか,ま,そろそろ（2.0）

　この近況を尋ねる発話行為に対する優先的な応答は、あいづちによる同調（e.g.「そうだね」）や、情報の追加（e.g.「のんびりしている」）であると思われるが、ML2の応答は非優先的である。会話開始の儀礼的制約（Ritual Constraints, Goffman 1976）の期待を外すように、ML2は声量を増し「ずっとやすみだからあたまがいたい」と逆説を展開している。

一方、会話9は、ML2がJ2も知っている学部時代の女性の友人と一緒に呑んだことを話し、J2が関心を示して、冷やかした後の会話である。

会話9
1ML2　友達でしょ？（1.5）xx友達的な感じで呑んでたんだよxxおれはできねんだよ調子に乗れねん（J2:笑）そんな人じゃないからさ（J2:笑）だからそういう人でよかったから私はxxだめ
2J2　　（笑い）調子に乗るといいことないからね
3ML2　<u>いいことないかどうかわかんないんだよ</u>（J2:笑）ちょっといい？（煙草をもらう）
4J2　　ああまそのときはよくてもさ
5ML2　（笑い）あとからね？（J2:笑）後悔するか（笑い）
6J2　　後悔する（笑い）

　関係を怪しんで質問をしたJ2に対して、ML2は調子に乗って仲良くするようなことはできないのだと述べている。ML2の「調子に乗れない」という発言に対して、J2は決まり文句である「調子に乗るといいことないからね」と同調的な応答をしたが、ML2は声量を増し、「いいことないかどうかわかんないんだよ」と逆説的に付け加えている。
　以上の2つの例における逆説は、非同調的であり非優先的な応答と言ってよいが、同時に2例とも参加者のどちらからも笑いが頻繁に現れており、ML2の非優先的な発話が受け入れられていたと考えなければならない。ML2は、逆説のコミュニケーション・スタイルによって、仲間としてのfootingを示していたと言えよう。

5.2.2　ML2における接触場面に向かう管理
　ML2と友人との会話に見られた、相手の意向を代弁する、恩を売るフリをする、仲間であることを示す、といったfootingは、言語バイオグラフィーで報告された、スペイン語による会話スタイルを反映しているように思われる。ML2は以下のように述べている。

　　｛たぶん2年前は私は自分の日本語を作ろうと思ったんです．日本人使わない日

第5部　接触場面の変容

本語使ってみようと．(中略) なぜかって言うと，むこうで言葉遊びは友達とよくやっていたこと，新しい言語を作るというのは．}

　ML2個人の社会言語規範（e.g.逆説や非優先的な応答）が現れるというML2のスタイルは、最初は日本語の母語話者を目指し挫折した経緯からつくり出されていったことが、インタビューで述べられている。

{昔はもっと面白かった私は．いろんなね，試してみた．あ，これは何でしょう？分析したり，新しい形を作ったり，たとえば，「いただきます」って言うんですね，それを「いただかない」とか言ってみる（笑い），日本人の前で言ってみたり，どういう反応するか．}

　ML2がこうした試みをしたのは、次の言葉にあるように日本語の母語話者並になることを諦めたことによる。

{日本語は，言葉だけじゃなくて，文化とか考え方とかね，いろんなこと，含めているんですよね．だからね，ネイティブみたいな話し方は難しいですよね．たとえば，私のケースだったら，頑張りましたね，じゃ日本人になろうと．できるところまでですね．結構，自分の性格もあるわけですよね．話し方もあるわけ．20年のそだち方，学んだことは，記憶は全部捨てないんですよね．こっちに5年，6年いてもね．無理，無理に決まってると思いますよね．結局は，ネイティブじゃないってことが私は自分でわかって．}

　さらに、ML2は日本人ホスト社会の外国人に対する態度に言及する。

{あの，外国人はどうがんばっても外国人扱いいつもされるわけですよ．そこが問題．だから自分を認めて，自分の日本語を話せばよいと思いますよ．}

　以上のように、ML2は日本語の母語話者になることは難しく、日本人側も外国人扱いし続けることがわかった時点で、自分自身の日本語を追求していくことになったと思われ、ML2の会話のスタイルはその結果であったと考えられる。

久しぶりに会った友人との会話で示されたものは、再会で生じた心理的緊張を解き、ML2の友人ネットワークのコミュニケーション・スタイルが変わらずに共有されていることを相互に確認する作業であったと言えよう[9]。

5.3 ML3 の footing
5.3.1 分析
（1）確認要求する

ML3は、流暢な日本語を話し、会話にほとんど問題がない。しかし、メッセージが不確かであったり、日本語の自信がない部分については、イントネーション上昇によって相手に確かめながら会話を続けている。

会話10

1ML3　ジャパンタイムズで見てー,（中略）募集してますと書いてあって,あーあれ,研究,けんきゅうー関係の仕事じゃないかなと思ったら,昨日行ってみたら, <u>head hunting?</u>（J3：うん）の,会社でー（J3:えー）わたしヘッドハントの仕事にはむいてないと思ってねー（J3:笑）<u>話を聞いて?</u> だけど,（J3：えー）なんか,で,そその場で私言ったの私たぶんせ,性格に,（J3:笑）ちょっとあわない,と思うんだけどーって言っても,だけどむこうはねーなんかやっぱりもーいろんな人と接して,いろんな,もうー,人を<u>みみぬみぬ,みぬける?</u>

2J3　うん

会話10では英字新聞ジャパンタイムズで見つけた就職面接での経験が話されている。この会話では下線部のように上昇イントネーションを用いた発話が見られる。ML3が自分の発話をJ3が理解しているかどうかを確認したり、また下線部「みぬける」のように動詞可能形の生成に不確かさを感じたために（逸脱の留意）、J3に確認したりしている。どの場合もML3が自己開始するもので、問題があるだけでなくそれを把握していることが伝えられたものである。つまり、日本語に流暢なML3にとっては必ずしも必要とは言えないが、確認要求をすることで、J3を日本語の言語ホスト、自分を言語ゲストとするfootingを示し、適切な日本語使用のためのフィードバックを得ていると考えられる。

（2）優先的・同調的な応答

　ML3の会話には社会言語的な逸脱がほぼ皆無であり、有標的なコミュニケーション・リソースの使用を探すことは難しい。たとえば、下の会話11のように、誉めに対しては謙遜を示す隣接ペアが現れる。

会話11

1J3　　で, 基本的には日本人しか（0.5）[とらないんでしょう?
1ML3　　　　　　　　　　　　　　　　　　　[そうそうそうそう,
　　　　あのーやっぱりあのー言葉の面で, 外国人だといろいろ大変なので, だから
　　　　よっぽどわたしも頑張らないとだめだわ
3J3　　いや十分だいじょう[ぶ
3ML3　　　　　　　　　　　[ううん, いやいやいや, いろいろちゃんと, ちゃんとした日本語, 敬語とか, 話さないとだめだわ
4J3　　だいじょうぶ,[ちゃんとしてるから
4ML3　　　　　　　　[あーいやいや（笑い）

　ここでは内定をもらった就職先の話が語られているが、ML3はインタビューで次のように、謙遜の応答が規範的な応答であることを知っていると述べている。「もちろん本当の気持ちでもあるんですけど, でも気持ちより表現のほうが先に出てると思います. 表現っているか, マナーわかってるので」。
　会話12でもJ3の話に対して、ML3は聞き手として優先的かつ同調的な応答をしている。

会話12

1J3　　でね, その, ソニーの, やつなんだけ[ど,（ML3:うん）あたしが, xxx好きな番
　　　　組どんどん録っていくでしょう?（ML3:うんうん）それをね, 機械がね, 覚え
　　　　ていくだって, わたしの好みを覚えるんだって[それで勝手にね,
2ML3　　　　　　　　　　　　　　　　　　　　　　　[うわ頭がいい
4J3　　機械がね,[あなたこれ好きでしょって録っていくだんよね
5ML3　　　　　　[頭が
6J3　　[ハードに（笑い）

第15章　接触場面に向かう言語管理

357

7ML3　［頭いい，いいなー
8J3　　やっぱすごいおもしろいと思って，うん（ML3:ねー）
9ML3　頭がいいよねほんとに，いやー機械だと思わない，xx
　　　　ともだ［ちって感じ
10J3　　　　　　［ちょっとこわいね
11ML3　［ちょっとね，
12J3　　［でもちょっと［こわいよ，どうしてそこまでやるの/
13ML3　　　　　　　　　［ちょっとこわいね
14J3　　［（0.5）うれしいけど，うれしいけどちょっと
15ML3　［そうそうそう

　J3の主旨は、使用者の好みをレコーダーが自動的に覚えてテレビ番組を録画していくのが「すごいおもしろい」（8J3）が、その一方でそうしたシステムが怖い気もするというところにある（10J3、12J3）。
　ML3は、J3のどちらの感想についても同調的に応答をしている（9ML3と13ML3）。フォローアップ・インタビューによると「相手が話しているところだったので、相手が気持ちよく話ができるように」対応したと述べて、同調的であることを優先する姿勢がみとめられる。さらに、インタビューでは、日本語の恩師に会ったときに「そうですね」が口癖になっていると厳しく注意されたため、「たぶん，あの，今意識して気をつけてるのは，ただ1つの言葉だけで終わらせない（後略）」と述べており、ML3はあいづちに止まらない応答を心がけていることもここでは同調性を高める結果になったと思われる。過剰な同調（李2001）とも解釈できるため、有標的な例としてあげることにしたい。ただし、J3には過剰とするような反応が見られないため、ここでは同調的な日本語の聞き手としてのfootingを示しているものとする。

5.3.2　ML3における接触場面に向かう管理

　友人との会話に現れたML3のfootingは、どちらも日本語の規範の尊重に関連している。日本語の言語ゲストとしてのfooting、同調的な日本語の聞き手としてのfootingは、どちらもML1のような国際語の価値の主張、ML2のような母語規範の優先、などの日本語以外の規範や価値を

指標するものではない。

　ML3のこうしたfootingには、母語話者並みの外国語能力を目標とする接触場面に向かう管理が見られるように思われる。インタビューによると、ML3にとってブルガリア語は「マイナー言語」であり、外国語習得の目標については、どの外国語でも次のような原則を持っていること明示的に語っている。

　　｛できればネイティブスピーカーと同じくらいしゃべりたいと思ってるので，日本語に対してもそうですし，あの，英語に対してもそうですし，(中略)ただコミュニケーションできたから，とは私は満足できないんですね．通じたとか思って，よかったと思ってないので．｝

　こうした母語話者並みの能力の中には、文法外コミュニケーション能力も含まれている。ML2では障害になった日本語の側面がML3にとってはむしろ目標の一部となっていることがわかる。

　　｛インタビュアー：たとえば，日本語にしろコミュニケーションにしろ，日本人くさいところがあるじゃないですか．「どうぞよろしくお願いします」とか．あああいうものを面倒くさいとか思ったりしないんですか？
　　ML3：まったく思ってないんですね．これは1つの文化，言語の文化の中にあるものなので，面倒くさいと思ったら，もう….｝

　ただし、こうした母語話者並みの日本語能力を目標とする接触場面に向かう管理が、何の心理的なストレスもなく、相手文化規範の促進（加藤2010, 村岡2006）に向かっているということでは必ずしもない。ML3は大学卒業後に勤めたブルガリア在駐の日本の機関で、「髪の毛が抜ける」ほどストレスを感じたことがあり、「今，笑って，私に言ってるんですけど，なにを，なにを思ってるんですかね（笑い）と思うときはあります」と述べるように、日本人とのコミュニケーション問題についてもインタビューで語り、一般の日本人とは「私からはやっぱり話題を選んで，ほんとのあたしが思ってることもそんなに言わないで，こううまく（1.0），あの，表面的なコミュニケーションですよね」と報告している。

第15章　接触場面に向かう言語管理

以上のような言語問題を抱えながらも、ML3は母語話者並みの日本語能力を身につけてコミュニケーションができるようになることを目標に、日本語の規範を尊重する接触場面に向かう管理を行っていると言えるだろう。本章でのML3の会話データは、ML3自身が自分の自然な会話を見てもらいたいと思って友人J3との会話を提供してくれたものであり、話題や表現を抑制せずに会話をしていたと報告している。従って、本章の会話データに見られたML3のfootingは、表面的なコミュニケーションのための管理ではなく、原則に基づいた接触場面に向かう管理の一部であると考えられる[10]。

6　今後の課題

　グローバル化がどのようなものであったとしても、世界の多言語化、多文化化はますます拡がっていく。接触場面研究もまたそうした多言語化を対象に進めていかなければならないだろう。
　本章では、そうした変化の先頭にいると思われる多言語使用者の接触場面に向かう管理を、会話相手や自己に対する位置調整であるfootingと言語バイオグラフィーから分析することを試みた。分析から次の2点を今後の課題としたい。
　まず、多言語使用者にとって、談話上に生じる言語問題とその逸脱の多くはすでに経験ずみであり、解決すべき問題というよりは、避けられない問題として、あるいはコミュニケーションを促進させる資源として理解されているように思われる（Muraoka 2009）。こうした理解のあり方はおそらく、さまざまな接触場面における管理の蓄積によって獲得されたものであり、多言語使用者はこうした会話上の事前調整のセットを適用し、また言語そのものよりも、会話上の相手に対する自己の位置を管理することによって、言語問題を弱めたり、潜在化させたりする原則やストラテジーを確立している可能性がある。ただし、本章は接触場面に向かう管理の例証をディスコースの中に求めた事例研究であり、ここで浮き彫りにされた接触場面に向かう管理がどの程度までその他の場面にも適用可能か、言い換えればそれらの管理を原則やストラテジーとみなしてよいかどうかはさらに検証する必要がある。

第2に本章の分析で印象的だったことは、対象となった多言語使用者3名の管理の多様さであった。三者三様の接触場面における生きられた時間が強く作用しているように思われる。一方で、その接触場面に向かう管理の多様さは本人が何を重視するかという観点からも整理可能かもしれない。たとえば、使用言語の能力重視、求められるコミュニケーション機能の重視、指標される社会的位置づけの重視、あるいは内在化された言語イデオロギーの重視、など多様性の理由づけが必要になるように思われる[11]。

注　[1]　本章は、「接触場面における多言語使用者のfootingについて」村岡英裕（編）『言語生成と言語管理の学際的研究——接触場面の言語管理研究 vol.6』（千葉大学大学院人文社会科学研究科研究プロジェクト報告書198, 2008）に掲載された論文を大幅に改稿したものである。
　　　[2]　本章はNeustupný（1994）による言語管理理論をもとにデータの考察を行う。言語管理理論は、言語問題やコミュニケーション問題とその解決のために言語行動のプロセスを、規範からの逸脱、逸脱の留意、評価、調整計画、調整実施としてモデル化している。本章ではディスコースにこのモデルを適用させた場合を接触場面における言語管理と呼ぶ。
　　　[3]　コード・スイッチングに見られるfootingについてはAuer（1988）を参照のこと。
　　　[4]　社会的意味を解釈するもう1つの方法は、フォローアップ・インタビュー（Neustupný 1990, ファン 2002）によって、会話時の当事者の解釈を聞くことである。
　　　[5]　文字化規則は以下の通り：
　　　　　　, ：短い息継ぎ　　? ：上昇イントネーション　　[：重なり
　　　　　　(1.0)：ポーズ（1秒）　　xxx：不明箇所
　　　[6]　インタビューの別の箇所では、小学校に通う子供の担任教師との会話では日本語しか話さないが、わからないときには聞き返しなどを使って理解するようにしていることが報告されている。
　　　[7]　河原（2004）でも日本在住のフィリピン人が英語への切り換えを行おうとする傾向があることが指摘されており、ML1だけの管理ではないようである。
　　　[8]　若い世代におけるポジティブ・ポライトネスとも重なるマイナスの待遇表現については西尾（1998）を参照のこと。

[9]	この節で明らかになったML2のコミュニケーション・スタイルは、学部生時代の友人ネットワークで許容されていたことがインタビューで報告されている。
[10]	言語管理研究会第21回定例研究会（2009年11月28日　千葉大学）の話題提供者であったブルガリア出身のヨフコバ四位氏は、稿者のML3の事例に関する質問に対して、バルカン半島の出身者は高い外国語能力によって身を立てようとする意識があるという趣旨のことを話していた。ML3の接触場面に向かう管理はML3個人の独自の管理ではないことも考えられる。
[11]	ここで挙げた整理の仕方は、高（2007）の多言語使用のバラエティに関して提唱されたコミュニケーション機能重視、接触場面の言語規範重視、言語能力重視、言語習得重視という分類を参考にした。

参考文献

Auer, J. C. P. (1988). A conversation analytic approach to codeswitching and transfer. In Heller, M. (Ed.), *Codeswitching: Anthropological and sociolinguistic perspectives* (pp.187–214). Berlin: Walter de Gruyter & Co.

Brown, P. & Levinson, S. C. (1987). *Politeness: Some universals in language usage*. Cambridge: Cambridge University Press.

Fan, S. K. (1994). Contact situations and language management. *Multilingua*, 13(3), pp.237–252.

ファン，サウクエン（2002）「対象者の内省を調査する（1）――フォローアップ・インタビュー」ネウストプニー J. V.・宮崎里司（編）『言語研究の方法――言語学・日本語学・日本語教育学に携わる人のために』pp.87–95．くろしお出版

ファン，サウクエン（2006）「接触場面のタイポロジーと接触場面研究の課題」国立国語研究所（編）『日本語教育の新たな文脈――学習環境、接触場面、コミュニケーションの多様性』pp.120–141．アルク

Fishman, J. A. (1972). *Language in sociocultural change: Essays by Joshua A. Fishman*. (Ed. by Anwar S. Dil). Stanford: Stanford University Press.

Goffman, E. (1976). Replies and responses. *Language in Society*, 5(3), pp.257–313.

Goffman, E. (1981). *Forms of talk*. Philadelphia: University of Pennsylvania Press.

加藤好崇（2010）『異文化接触場面のインターアクション――日本語母語話者と日本語非母語話者のインターアクション規範』東海大

学出版会
河原俊昭（2002）「フィリピンの国語政策の歴史——タガログ語からフィリピノ語へ」河原俊昭（編）『世界の言語政策』pp.65–98. くろしお出版
河原俊昭（2004）「在住フィリピン女性の新しい言語アイデンティティ」小野原信善・大原始子（編著）『ことばとアイデンティティ』pp.177–199. 三元社
高民定（2007）「多言語話者のバラエティと言語管理」『2007年度日本語教育学会春季大会予稿集』pp.318–320.
Larsen-Freeman, D. & Long, M. H. (1991). *An introduction to second language acquisition research*. New York: Longman.
Levinson, S. C. (1983). *Pragmatics*. Cambridge: Cambridge University Press.
李善雅（2001）「議論の場におけるあいづち——日本語母語話者と韓国人学習者の相違」『世界の日本語教育』11, pp.139–152.
三牧陽子（2002）「待遇レベル管理からみた日本語母語話者間のポライトネス表示——初対面会話における「社会的規範」と「個人のストラテジー」を中心に」『社会言語科学』5(1), pp.56–74.
Miyazaki, S. (2001). Theoretical framework for communicative adjustment in language acquisition. *Journal of Asian Pacific communication*, 11(1), pp.39–60.
村岡英裕（2006）「接触場面における社会文化管理プロセス——異文化の中で暮らすとはどのようなことか」国立国語研究所（編）『日本語教育の新たな文脈——学習環境、接触場面、コミュニケーションの多様性』pp.172–194. アルク
Muraoka, H. (2009). A typology of problems in contact situations. In Nekvapil, J. & Sherman, T. (Eds.), *Language management in contact situations: Perspectives from three continents* (pp.151–166). Frankfurt Am Mein: Peter Lang.
村岡英裕（2010）「接触場面における習慣化された言語管理はどのように記述されるべきか——類型論的アプローチについて」村岡英裕（編）『接触場面の変容と言語管理——接触場面の言語管理研究 vol.8』（千葉大学大学院人文社会科学研究科研究プロジェクト報告書 228）pp.47–59. 千葉大学大学院人文社会科学研究科
Nekvapil, J. (2003). Language biographies and the analysis of language situations: On the life of the German community in the Czech Republic. *International Journal of the Sociology of Language*, 162, pp.63–83.
Neustupný, J. V. (1985). Problems in Australian-Japanese contact situations.

In Pride, J. B. (Ed.), *Cross-cultural encounters: Communication and mis-communication* (pp.44–64). Melbourne: River Seine.
Neustupný, J. V. (1990). The follow-up interview. *Japanese Studies Association of Australia Newsletter*, 46(2), pp.107–111.
Neustupný, J. V. (1994). Problems of English contact discourse and language planning. In Kandiah, T. & Kwan-Terry, J. (Eds.), *English and language planning: A Southeast Asian contribution* (pp.50–69). Singapore: Times Academic Press.
Neustupný, J. V. (2005). Foreigners and the Japanese in contact situations: Evaluation of norm deviations. *International Journal of the Sociology of Language*, 175–176, pp.307–323.
Nilep, C. (2006). Code switching in sociocultural linguistics. *Colorado Research in Linguistics*, 19. (http://www.colorado.edu/ling/CRIL/Volume19_Issue1/paper_NILEP.pdf).
西尾純二（1998）「マイナス待遇行動の表現スタイル――規制される言語行動をめぐって」『社会言語科学』1(1), pp.19–28.
大津友美（2007）「会話における冗談のコミュニケーション特徴――スタイルシフトによる冗談の場合」『社会言語科学』10(1), pp.45–55.
Wardhaugh, R. (1986). *An introduction to sociolinguistics*. (second edition). Oxford, U.K. and Cambridge, U.S.A: Blackwell Publishers.
Zimmerman, D. H. (1998). Identity, context and interaction. In Antaki, C. & Widdicombe, S. (Eds.), *Identities in talk* (pp.87–106). London: Sage.

（インターネット・ホームページ）
World Bank, Country at a glance in HNPStats Home.
    <http://go.worldbank.org/YB2ATM3HY0>（2014.3.1 閲覧）
外務省各国地域情勢
    <http://www.mofa.go.jp/mofaj/area/index.html>（2014.3.1 閲覧）

終わりにかえて
これからの接触場面研究を考えるために

サウクエン・ファン

　本書の終わりにかえていくつかの思い出から述べてみたい。

　イギリス植民地時代の香港では、やや複雑な教育制度になっていた。小学校は6年制で日本と同じだが、日本の中高一貫校に相当する中学は「中文中学（中中）」と「英文中学（英中）」の2種類に分かれていた。そして、英中の方がずっと人気があった[1]。

　中中では英語のクラスでだけ英語を使い、ほかの授業はすべて地元の共通語である広東語を使って、標準中国語で書かれた教科書を教えていた。それに対して、英中の方は中文[2]と中国歴史以外の授業は全部英語で教えており、教科書も全部英語だった。普段広東語で生活していた香港の中学生にとっては、英語の負担がかなり大きなものになっていたことが容易に想像できるだろう。

　英中学生への道のりがさらに厳しいのには、実はもう1つの事情あった。それは、香港中文大学を目指す中中なら6年の課程で済むのに、英中の最終目標になっていた香港大学は3年制の大学であったため[3]、英中学生は5年間の前期課程と2年間「預科」と呼ばれる後期課程を修めなければならず、前期課程修了試験の難関で挫折してしまう人が少なくなかったのだ。

　我が家の場合、中中を選んだ私と英中を選んだ一年下の妹がいたが、このような教育制度のために、学習内容はそんなに違わないはずなのに、同じ世界史を勉強しても「徳川」と「Tokugawa」が同じ人物だということは当然わからないし、数学もまったく相談できる状態ではなかった。

　厳しいにもかかわらず、英中に人気が集まる理由は、単に当時の香港市民にとって英語が主権国イギリスの言語だからというよりも、伝統から脱出して近代化の階段に登るためにもっとも有力な武器として意識さ

れていたからほかならない。

　しかし、教育制度にも反映されているが、すべての人が積極的に英語の世界に入り込もうとしたわけではなく、逆に最初から英語を敬遠する態度を取って中国語だけの世界で落ち着こうとする英語とのつきあい方も許されていた。当時の香港社会では、英語と全く関係なく暮らす地元の香港人もいたし、中国語[4]と全く関係なく暮らすイギリス人やインド人もたくさんいた。

　一般市民にとっての言語問題と言えば、どの言語を選ぶかではなく、どのように自分の選んだ世界に向かってそこで必要な言語能力を「きちんと」身につけるかというプレッシャーだったと言えよう。言語間の溝が大きいため、それぞれの言語の世界を行き来できる翻訳や通訳の専門家が活躍できたわけだ。

　そんな言語の専門家を目指す人は大学の英文系に入ることが一番主流だった。香港の大学ではLinguisticsに当たるような学科がないため[5]、言語そのものに興味のある人は、哲学以外で選ぶとすれば必然的に中文系に入ることになる。私もその中の一人だった。

　言うまでもなく、中文系には中国語の専門家を目指す人も多くいるので、そのためか英文系の名前が「Department of English」であるのに対して、中文系の正式名称は「中国語言及文学系（Department of Chinese Language and Literature）になっていた。

　80年代、香港は経済成長期に入り、外資系の会社で働く人が増え、海外への出張や観光や留学などで、地元の香港人はイギリス人以外の外国人と接触する機会が増えて来た。またマスコミを通して海外との距離も縮まっていった。今まで視野に入っていなかったほかの外国語にも目が向くようになり、外国語学習のブームが静かに始まっていた。

　この変化は特に私と同じように基本的に1つの言語の世界で落ち着こうと思う多くの一般市民にとって大変好都合だった。なぜかというと、ゼロから外国語を学ぶことは、英語と同じように外の世界を味わうことができる一方で、「きちんと」身につけなければならないというプレッシャーが少なく、言語学習そのものを楽しむことができたからだ。当時テレビの教育番組やコミュニティー・センターなどでさまざまな外国語講座が開講されていた。私は最初特に人気だったフランス語の講座をとっ

てみたが、大学に入ってからは日本語やドイツ語を受講した。

　学習者の立場から言えば、英語とほかの外国語の学習プロセスから受けるプレッシャーは違うと思われるが、目指すことは目標言語の母語話者と同じようになることで、変わりがない。つまり、学習プロセスの終点は母語場面での使用ということになる。このことは特に香港の教員に意識されていたのか、よく受講する学生にまず外国人の名前を選ばせて、授業で目標言語の母語話者になりきってもらって練習をさせたりしていたものだ。「擬似母語場面」の練習は、学習者にとっては英語の授業ならときどきネイティブの先生とも練習できるので当たり前だと思うし、珍しい外国語を勉強する場合でも教室外に親切でやさしい外国語の母語話者がいてくれるので、ある程度満足することができたわけである。

　中文系の勉強が終わり、思い切ってモナシュ大学の日本研究科に入った年には、ちょうど接触場面についての古典とも言える2つの論文が発表された。1つはNeustupný（1985a）の「Problems in Australian-Japanese contact situations」[6]、もう1つはNeustupný（1985b）の「Language norms in Australian-Japanese contact situations」[7]である。指導教員だったネウストプニー先生からコピーをいただいた記憶が今もまだ鮮明に残っている。「The dualism of internal (native) and contact (foreign) situations emphasizes the necessity to develop their study on an equal footing」（Neustupný 1985a: 45）と論文の中でも強調されているように、接触場面研究の意義を教えて下さった。

　その後、メルボルン郊外にある保養地Warburtonで日本語教育のセミナーが開かれ、私もほかの日本研究科のメンバーと一緒に参加した。

　セミナーの目玉であった「モダニティーと日本語教育」のワークショップでさらにpost-modernの社会と接触場面について議論されたのだが、残念ながら基本的に個々の言語を別個のものとして考え、pre-modernかmodernの頭の持ち主だった私にはあまりにも衝撃的で、なかなか理解することができなかった。

　接触場面での言語使用と個々の母語場面での言語使用と違うことは当然と言えば当然なので、あまり驚かなかったが、なぜ外国語教育でその区別が大切なのか、そもそもpost-modernの社会とどんな関係があるのか、わからないながらに大変気になったことを覚えている。

21世紀に入ってからすでに10年以上が過ぎ、香港社会も、日本社会もそれぞれのペースで近代化の道を歩んできたと言えるだろう。接触場面研究がなぜ大切なのかという質問に答えるのに、接触場面研究がなぜ大切ではなかったのかというところから糸口が見えてくるのではないだろうか。

　何よりも接触場面研究の古典となった上記2つの論文がともに80年代半ばのオーストラリア（1つはメルボルン、もう1つはキャンベラ）で刊行されたという点が興味深い。

　上で述べたように、同じ時期の香港社会では英語学習者をはじめ、外国語学習者のほとんどは母語話者と同じようになることを最終目標とし、学習プロセスの終点に至るまでは充実した練習であれば特に不満がないという態度を取っていたと思われる。そのために、目標言語の体系から外れた使用は必要があったとしても望んでいなかったし、常に取り除く対象としていた。

　しかし、80年代のオーストラリアでは同化を求める白豪主義から多言語多文化主義に変わり[8]、この変化に伴った言語政策のもとで、急増した移民の言語を学校で教えたり、テレビや、ラジオで放送したりすることが普及し始めていた。結果として、新時代のオーストラリア人の多くは、同じ「学習者」と言っても、今までのように「非母語話者」として学習するよりも、外国語を何らかの自分の社会文化活動に結びつけて実際に使っていこうとする人々に変わっていたのだと言える。たとえば、日本語学習について言えば、当時、オーストラリアにこぞって進出していた日本企業や日本人観光客の存在が、人々の実践的な動機を高めることにつながったと思われる。

　彼らの外国語使用は目標言語の体系から見ると問題だらけだったが、その使用によってある社会文化活動につながるコミュニケーション場面に参加できるという事実は、本人のみならず、その場面に参加しているほかの人にとっても「きちんとできているかどうか」以上の意義をもたらしていたわけだ。

　外国語教育関係者だけではなく、言語政策、移民政策を担う自治体の関係者もまた、こうした人々の態度が教室外の日常生活にも一般化していったことに注目せざるを得なくなったことは想像に難くない。

当時、実践的に日本語を使用したいと思っていた学習者にとって、日本語を使用することが実は接触場面への参加ともなるという事実はどのように理解されるのか。彼らの日本語使用を促進させようとする日本語教育の現場担当者は、どのような役割を持つべきなのか。多言語化・多文化化がますます浸透していくオーストラリア社会の変化に伴って、接触場面そのものの社会における位置づけをどのように考えればよいか。これらの問題をめぐって、Warburtonのワークショップでは白熱した議論が交わされたのではないかと今は想像している。

　多文化多言語社会の揺籃期においては、接触場面に含まれる外来性が研究の焦点になり、母語場面と比較し、構造的に言語使用そのものを分析するような近代的な手法が多かったと言えよう。

　しかし、80年代のオーストラリアのように、あるいは2010年代の香港や日本や韓国のように、多文化多言語社会が成熟していくにつれ、いつか外来性は逸脱として留意されなくなり、外来性を前提とした接触場面への参加も可能になってきたように思われる。

　変容していく接触場面を研究するためには、「接触場面」を一定のものとして実体化させずに、場面に参加する言語使用者に注目し、彼らがどのように交渉して接触場面を意味づけ、構築していくかを探っていくことがまずは求められる。その1点から、接触場面の言語学が射程におく言語の変化や多言語使用のありかたを明らかにしたり、さらにはpost-modern時代における日本語をはじめとする外国語プログラムの担当者たちの役割や言語政策といった課題を考えることができるようになるはずである。

注　[1]　2009年度から日本の「六三三四制」に近い「新教育制度」が実施され、イギリス植民時代の教育制度が終了することになった。
　　[2]　正しくは、地元の広東語で書き言葉の中国標準語を勉強する授業になる。
　　[3]　2009年度の教育改革によって、2012年に4年制大学として香港大学は最初の入学者を迎えることになった。
　　[4]　具体的には、話し言葉は広東語、書き言葉は標準中国語になる。

[5]	香港中文大学では「語言学及現代語言系」(Department of Linguistics and Modern Languages) が成立したのは2004年だった。
[6]	John B. Pride編集の *Cross-cultural encounters: communication and miscommunication.* (Melbourne: River Seine) 44–84頁に収録。
[7]	Michael Clyne 編集の *Australia, Meeting Place of Languages.* (Pacific Linguistics, ANU Canberra) 161–170頁に収録。
[8]	オーストラリアの言語政策の変遷についてClyne (1991)では次の4期に分けて紹介されている。第1期（1870年代の中頃まで）「ACCEPTING BUT LAISSEZ-FAIRE」、第2期（1870年代から1900年代初頭まで）「TOLERANT BUT RESTRICTIVE」、第3期（1914年ころから1970年ころまで）「REJECTING」、第4期（1970年代初頭から）「ACCEPTING」。 参照：Clyne, Michael. (1991) *Community Languages: The Australian Experience.* Cambridge: Cambridge University Press.

索引

[あ]
- 合図……193
- あいづち……90, 120, 139, 229
- 曖昧表示……194
- アコモデーション理論……56
- 足場架け（scaffolding）……56

[い]
- 逸脱……20, 115, 133
- ——表出的な逸脱……339
- 異文化交流……127
- 意味の交渉……40, 55
- インターアクション……21, 39, 289
- ——インターアクション管理……217, 317
- ——インターアクション能力……112, 320
- インターアクション・インタビュー……322

[え]
- 英語力……297

[お]
- オールドカマー……318, 335

[か]
- 外見（的特徴）……173, 280, 303
- 外国語使用場面……5
- 開始部……91
- ——話題開始部……92
- 回避……24, 43
- 外来性／外来性要因……9, 20, 335
- ——言語的外来性……10, 33
- ——社会言語的外来性……10, 33
- ——社会文化的外来性……10, 33
- 会話参加……120, 134
- 会話のスタイル……90
- 会話分析……9
- 間接ストラテジー……195, 199
- 簡略化……52, 137
- 緩和的表現……195, 205

[き]
- 聞き手への配慮……106
- 帰国子女／帰国生……157
- 規範……26, 116, 154
- ——基底規範……6, 150
- ——規範意識……46, 64, 79
- ——言語規範……21, 155, 274
- ——社会言語規範……30, 330, 355
- ——社会文化規範……32, 264, 320
- ——独自規範……246, 251
- ——二重規範……349, 351
- ——母語規範……197, 201, 246
- 教授者……117
- 教授能力……117
- 協働的……97

[く]
- グローバル化……3, 153

[け]
- 結束性……91
- 言語意識……269, 292, 321
- 言語環境……317, 322
- 言語管理……155
- ——管理プロセス……26, 29, 243, 270
- ——言語管理プロセス……160, 214, 231
- ——言語管理理論……26, 84, 133
- ——個人言語管理……263, 264, 266
- ——習慣化された言語管理……301, 302, 308
- ——接触場面における言語管理……308, 361
- ——接触場面に向かう言語管理……298, 339, 343
- ——二次的な言語管理……149
- 言語ゲスト……10, 136
- 言語行動……21, 43
- 言語政策……33, 266, 285
- 言語接触論……4
- 言語選択……263
- 言語的収束……79
- 言語に対する行動……5
- 言語能力……21, 112, 291
- 言語バイオグラフィー……319, 344
- 言語バラエティー……124, 140
- 言語プロセス……246
- 言語プロダクト……9, 243
- 言語ホスト……10, 135
- 言語問題……19, 21, 33, 132
- 権力関係 → 力関係（Power）
- 権力作用……14, 15

[こ]
- 行動特性……158

コード・スイッチング……265, 343
国際語……131, 153
コミュニケーション行動……29
コミュニケーション能力……6, 185
コミュニティー……320
――スピーチ・コミュニティー……320
誤用／誤用分析……29, 210, 241
語用論……210
語用論的転移……209, 210

[さ]
参加管理……134
――参加回避……135
――支援懇請……136
――参加支援……135
――参加譲渡……136
――参加達成……135
――参加要請……135
参加者の緊張度……292
個人ネットワーク……321
参加者の視点……5, 291

[し]
時間稼ぎ……248, 250
実質行動……20, 31
実質的発話……64
社会言語規範……29, 318
社会言語能力……112, 185
社会的距離（Social Distance）……84
社会文化規範……264
社会文化行動……31
社会文化能力……24, 185, 290
社会文化的理論……56
借用……4, 22
習慣化された言語に対する行動……13
終助詞……65, 68
習得／第二言語習得……39, 55, 56, 201
終了部……91, 92
述部表現……186, 190, 195
主要部……194
準母語話者……241, 242
上昇イントネーション……252,

356
少数言語話者……13
初対面会話……90
新英語……153

[す]
スタイル……90, 160
ステレオタイプ……76
ストラテジー……21, 42, 91, 286
スピーチスタイル……61, 64, 343
――スピーチスタイルシフト……61
――スピーチレベル……83

[せ]
生成／生成プロセス……21, 243, 246, 343
生得的上下関係……304, 307
接触性／contactedness……155, 291
――躍動・流動する接触性……300
接触場面の参加者……263, 320
接触場面の変容……262, 317
前部……193, 198

[そ]
相互行為……9, 92, 342
相互行為的社会言語学……56

[た]
ターン……107, 193
第二言語習得 → 習得
待遇レベル……83
態度保留……191
タクティクス……40
多言語社会……14, 265
多言語使用者……13, 263, 282
多言語話者……12
ダ体……61
ためらいのマーカー……193
談話……6, 23, 247

[ち]
力関係（Power）／権力関係……12, 64
中間言語……7, 22, 141
中国語母語話者……92, 186
チューター……111
中立的評価……115
調整（計画）……26, 39, 115
――自己調整……27, 146
――事後調整……25, 42, 160
――事前調整……24, 42, 160, 176,

　　　　　　246
　　――事中調整……25, 160
　　――調整行動……24, 115
　　――調整ストラテジー……29,
　　　　133, 248
　　――調整リクエストマーカー
　　　　……259
　　調整実施……115
　　直接ストラテジー……194
　　直接的表現……195
　　沈黙……90, 217
[て]　定住外国人……242
　　ディスコース……9, 38
　　デス・マス体……63
　　転移……7, 132
　　――母語からの転移……202, 204
[と]　同感表示……204
　　同調（性）……190
　　――同調的な応答……249, 357
　　――同調的なマーカー……193
　　――非同調的……191, 354
　　――非同調的なマーカー……197
[に]　ニューカマー……318
[は]　バイリンガル……13, 242, 318
　　パターン……90
　　発話行為（理論）……29, 185, 210
　　場面……6
　　――場面要素……6
　　――挨拶場面……163, 176
　　――相手言語接触場面……10,
　　　　132, 155
　　――外国語使用場面……5
　　――共通言語接触場面……11,
　　　　158
　　――接触場面……4, 8, 19, 156
　　――第三者言語接触場面……11,
　　　　131, 153
　　――内の場面／母語場面……7,
　　　　19, 40
　　バリエーション……11, 22, 52
[ひ]　非言語行動……40, 43, 169, 215
　　否定表示……194
　　非母語話者……12, 131, 242
　　非優先的……341

　　評価……133, 127, 211, 241
　　――肯定的評価……122
　　――否定的評価……121, 127, 222
[ふ]　不一致……185
　　――不一致応答……188
　　フィラー……217, 251
　　フォリナー・トーク……39
　　フォリナー・ライティング……56
　　フォローアップ・インタビュー
　　　　……163, 187
　　プロセス……9, 23, 115, 132
　　プロダクト……16, 23, 154
　　文化間……4
　　文化内……4
　　文法外コミュニケーション……
　　　　15, 159
　　――文法外コミュニケーション能
　　　　力……9, 21
　　文法能力……24, 27
　　母語話者……12, 241, 291
[ほ]　ポライトネス理論……210
　　――オフ・レコード……84
　　――ネガティブ・フェイス……63
　　――ネガティブ・ポライトネス
　　　　……84
　　――フェイス／面子（face）……
　　　　62
　　――ポジティブ・フェイス……62
　　――ポジティブ・ポライトネス
　　　　……84
　　――ポライトネス・ストラテジー
　　　　……62, 209
　　――ボールド・オン・レコード
　　　　……84
[ま]　前置き表現……65, 198
　　まとめのマーカー……193
　　マレーシア……268
[み]　ミクロレベル……32, 116
[も]　問題分析……21, 26, 29
[や]　優先的……357
[ゆ]　リカースト……118
[り]　理解可能なインプット……39
　　留意……27, 133
　　――事前留意……246

索引
373

	留学生支援……111
	隣接応答ペア／隣接ペア……214, 357
[れ]	レジスター（言語使用域）……39
[わ]	話題転換……89
	話題転換表現……92
	話題導入……94
[C]	contactedness → 接触性
[F]	face-threatening act（FTA）……62, 232
	face-work……74
	footing……319, 342
	FTAの度合い（Wx）……62
[O]	OPIテスト……259

編著者紹介

[編者]

村岡 英裕　Muraoka, Hidehiro

千葉大学教授。オーストラリア、モナシュ大学大学院日本研究科修士課程修了。修士（応用日本語学）。ウィーン大学、モナシュ大学常勤講師、大阪大学、千葉大学助教授などを経て、2004年より現職。専門は、社会言語学、教室談話分析。主な論文に、「外国人住民は被災情報をどのように受容したか─浦安市の事例にみるリテラシー・ネットワークの意義」（2013年、共著、『社会言語科学』16号1巻、pp.39–48）、「接触場面のコミュニケーション─日本に住む外国人の言語管理を通してみた言語問題の所在」（2009年、『日本語学』臨時増刊号、pp.153–169）、著書に『Language Management in Contact Situations: Perspectives from three continents』（2009年、共著、Peter Lang）、『日本語教育の新たな文脈─学習環境・接触場面・コミュニケーションの多様性』（2006年、共著、アルク）などがある。

ファン サウクエン　Fan, Sau Kuen

神田外語大学教授。オーストラリア、モナシュ大学大学院日本研究科博士課程修了。博士（Ph.D.）。モナシュ大学常勤講師、神田外語大学助教授を経て、2006年より現職。専門は、社会言語学。主な論文に、「Accustomed language management in contact situations between Cantonese speaking Hong Kong employers and their Filipino domestic helpers: A focus on norm selection」（2015年、『Slovo a Slovesnost』76号、pp. 83–106）、「第三者言語接触場面と日本語教育の可能性」（2011年、『日本語教育』150号、pp.42–55）、著書に『琉球諸語の保持を目指して─消滅危機言語をめぐる議論と取組み』（2014年、共著、ココ出版）、『シリーズ朝倉〈言語の可能性〉言語と社会・教育』（2010年、共著、朝倉書店）などがある。

高 民定　Ko, Minjeong

千葉大学准教授。桜美林大学大学院国際学研究科博士後期課程修了。博士（学術）。桜美林大学、青山学院大学、神田外語大学非常勤講師を経て、2005年より現職。専門は、社会言語学、日本語教育。主な論文に、「日本の韓国人移民の言語習慣に向かう評価─語りに見られる言語習慣の通時的管理との関わりから」（2014年、『接触場面における言語使用と言語態度─接触場面の言語管理研究Vol.11』千葉大学大学院人文社会科学研究科研究プロジェクト報告書278、pp.131–144）、「日本に住む中国朝鮮族の多言語使

用の管理―コードスイッチングにおける留意された逸脱の分析」(2009年、共著、『言語政策』5号、pp.43–60)、著書に『接触場面と日本語教育』(2003年、共著、明治書院) などがある。

[著者]

石田 由美子　　Ishida, Yumiko

ホーチミン市師範大学専任講師。桜美林大学大学院国際研究科博士課程修了。博士 (学術)。トリニティ大学、神田外語大学非常勤講師を経て、2011年より現職。専門は、言語政策。主な論文に、「個人と政策・談話とのつながりを考える―個人レベルの言語管理を中心にして」(2010年、『接触場面の変容と言語管理―接触場面の言語管理研究 Vol.8』千葉大学大学院人文社会科学研究科研究プロジェクト報告書228、pp.24–33)、「個人は地域の英語に対してどのような言語管理を行っているか―シンガポール、マレーシア、フィリピンのケース・スタディから」(2006年、『言語政策』2号、pp.21–40)、著書に『日本語教育の現場から―言葉を学ぶ／教える場を豊かにする50の実践』(2015年、共著、ココ出版) などがある。

伊集院 郁子　　Ijuin, Ikuko

東京外国語大学大学院准教授。東京大学大学院総合文化研究科博士前期課程修了。修士 (学術)。2006年より現職。専門は、日本語教育、談話分析。主な論文に、「日韓の意見文に見られるタイトルと文章構造の特徴―日本語母語話者と韓国語母語話者と韓国人日本語学習者の比較」(2015年、共著、『社会言語科学』18巻1号、pp.147–161)、「日本・韓国・台湾の大学生による日本語意見文の構造的特徴―『主張』に着目して」(2012年、共著、東京外国語大学国際日本研究センター『日本語・日本学研究』2号、pp.1–16)、著書に『日語教学研究』(2016年、共著、外语教学与研究出版社、中国・北京)、『研究社日本語教育事典』(2012年、共著、研究社) などがある。

王 玉明　　Wang, Yuming

大連理工大学准教授。千葉大学大学院文学研究科博士前期課程修了。修士（文学）。2005年より現職。専門は日本語教育。主な論文に、「不一致表明研究の概観と今後の展望―日本語使用場面を中心に」（2014年、『日本言語文化研究』3号、pp.17–29）、「接触場面における不一致応答―中国人学習者と日本語母語話者の相違」（2006年、『多文化共生社会における言語管理―接触場面の言語管理研究Vol.4』千葉大学大学院社会文化科学研究科研究プロジェクト報告書129、pp.67–78）、著書に『中日异议表达行为对比研究』（2015年、世界图书出版公司）などがある。

御舘 久里恵　　Otachi, Kurie

鳥取大学講師。大阪大学大学院文学研究科博士後期課程単位取得満期退学。龍谷大学、大阪大学非常勤講師を経て、2003年より現職。専門は、日本語教育。主な論文に、「外国にルーツを持つ子どもの支援活動に参加する渡日経験者の語り―かれらのライフコースと支援活動における当事者性」（2011年、『異文化間教育』33号、pp.115–126）、「日本語学習者のタスク遂行過程における『気づき』」（2001年、『阪大日本語研究』13号、pp.33–52）、著書に『外国人と対話しよう！ にほんごボランティア手帖』（2010年、共著、凡人社）、『日本語の教育から研究へ』（2006年、共著、くろしお出版）などがある。

キム キョンソン　　Kim, Kyongseon

千葉大学大学院人文社会科学研究科博士前期課程修了。修士（文学）。現在、日韓通訳・翻訳家。

編著者紹介

榊原 佳苗　Sakakibara, Kanae

コロンビア大学大学院国際開発教育学修士課程修了。修士（教育学）。元在ニューヨーク日本国総領事館勤務（教育・広報担当）、元香港バプティスト大学非常勤講師。

武田 加奈子　Takeda, Kanako

白百合女子大学講師。千葉大学大学院社会文化科学研究科博士課程修了。博士（学術）。ロシア国立モスクワ大学講師、神田外語大学非常勤講師を経て、2016年より現職。上智大学国際言語情報研究所共同研究所員。専門は、日本語教育、接触場面研究。主な論文に、「日本語非母語話者間の日本語使用と使用意識」（2015年、『上智大学国際言語情報研究所年次報告2014年度』、pp.33–35）、「接触場面の観点による発話行為の研究へ向けて」（2007年、『接触場面と言語管理の学際的研究―接触場面の言語管理研究Vol.5』千葉大学大学院人文社会科学研究科研究プロジェクト報告書154、pp.1–11）などがある。

舛見蘇 弘美　Masumi-So, Hiromi

元ニューサウスウエールズ大学シニアレクチャラー。オーストラリア、モナシュ大学大学院日本研究科修士課程、マックオーリー大学大学院翻訳通訳学科修士課程修了。修士（日本語教育、言語学、翻訳）。国立シンガポール大学レクチャラーを経て、ニューサウスウエールズ大学を2011年に引退。専門は日本語教育、社会言語学。主な論文に、「Meeting the challenges in language for specific purposes: The incorporation of sociolinguistics and learner autonomy into course design」（2001年、共著、『Japanese Studies』（Japanese Studies Association of Australia）21号1巻、pp.85–91）、「海外における日本語教育活動に参加する日本人協力者：その問題点と教師の役割」（1999年、共著、『世界の日本語教育』9号、pp.15–28）、著書に『学習者主体の日本語教育―オーストラリアの実践研究』（2009年、共著、ココ出版）などがある。

楊 虹　　Yang, Hong

鹿児島県立短期大学准教授。お茶の水女子大学大学院人間文化研究科博士課程修了。博士（人文科学）。お茶の水女子大学アソシエイトフェロー、立命館大学嘱託講師を経て、2011年より現職。専門は、談話分析、対照言語学。主な論文に、「初対面会話における話題上の聞き手行動の中日比較」（2015年、『日本語教育』162号、pp.66–81）、「中日母語話者の話題転換の比較―話題終了のプロセスに着目して」（2007年、『世界の日本語教育』17号、pp.37–52）、著書に『ベーシック日本語教育』（2007年、共著、ひつじ書房）などがある。

吉田 千春　　Yoshida, Chiharu

元神田外語大学上級講師。東海大学大学院文学研究科修士課程修了。修士（文学）。チェンマイラチャパット大学、国立タマサート大学、神田外語大学留学生別科専任講師などを経て、2014年度より明治大学大学院国際日本学研究科博士後期課程に所属。専門は日本語教育、異文化間教育。主な論文に、「混住寮では何が学ばれているのか―レジデント・アシスタントの語りを中心に」（2016年、『国際日本学研究論集』4号、pp.1–16）、「メール交換による継続的な異文化接触場面―日本人参加者の評価を中心に」（2011年、神田外語大学『異文化コミュニケーション研究』21号、pp.121–141）、著書に『日本語でインターアクション』（2014年、編著、凡人社）などがある。

日本語教育学研究 7

接触場面の言語学
母語話者・非母語話者から
多言語話者へ

2016年9月30日　初版第1刷発行

編者……………………村岡英裕
　　　　　　　　　　　サウクエン・ファン
　　　　　　　　　　　高民定
発行者…………………吉峰晃一朗・田中哲哉
発行所…………………株式会社ココ出版
　　　　　　　　　　　〒162-0828
　　　　　　　　　　　東京都新宿区袋町25-30-107
　　　　　　　　　　　電話　03-3269-5438
　　　　　　　　　　　ファックス　03-3269-5438

装丁・組版設計………長田年伸
印刷・製本……………モリモト印刷株式会社

ISBN 978-4-904595-84-8